"十三五"高职院校财经精品系列教材

个人理财

主　编◎赖金明　刘星辛　廖春萍

副主编◎梁辉盛　陈孟君　廖旗平　陈倩媚

西南财经大学出版社

Southwestern University of Finance & Economics Press

中国·成都

总序

ZONGXU

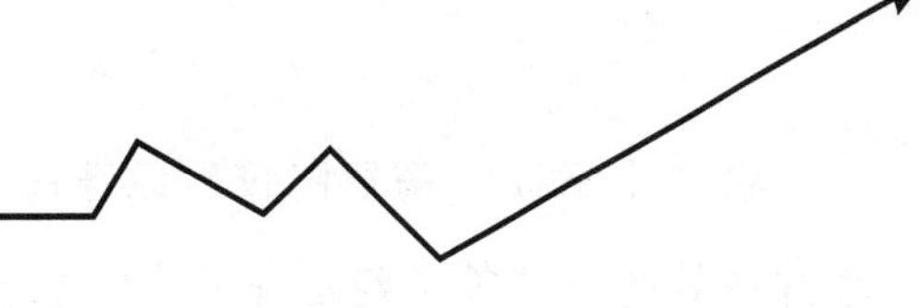

为全面贯彻习近平新时代中国特色社会主义思想和党的十九大精神，落实《教育部2018年工作要点》《职业教育与继续教育2018年工作要点》，推进高等职业教育高质量发展，完善职业教育和培训体系，深化产教融合、校企合作，2018年高等职业教育创新发展行动计划工作会在北京召开。会议指出：改革开放40年是我国职业教育从曾经的筚路蓝缕到内涵式发展、与经济建设和社会发展同频共振的40年，特别是党的十八大以来，以习近平同志为核心的党中央把职业教育摆在了突出位置。习近平总书记对职业教育做出一系列重要指示和批示，明确了“高度重视、加快发展”的要求，科学回答了职业教育怎么看、谁来办、怎么办、为谁办等一系列重大问题，为职业教育创新发展指明了方向。李克强总理多次对办好职业教育做出重要批示，指出加快发展现代职业教育，对于发挥我国人力和人才资源巨大优势、提升实体经济综合竞争力具有重要意义。在党和政府的高度重视下，我国职业教育和继续教育快速发展、不断壮大，实现了新跨越，站上了新起点。

对于高等职业教育来说，教材建设历来是高职院校重要的基本建设任务之一。高质量的教材是专业教学实施方案最主要的载体，是培养高质量的职业人才的基本保证，更是实现高等职业教育培养目标的重要手段。大力发展高等职业教育，培养和造就适应社会生产、建设、管理、服务和技术一线的高技术、应用型人才，需要我们高度重视高等职业教育的教材改革和建设，编写和出版体现高等职业教育特色的优秀教材。

“十三五”高职院校财经精品系列教材编写的指导思想是在适度的基础知识与理论体系覆盖下，针对高职院校学生的特点，夯实基础，强化训练。本系列规划教材在编写时，一是注重教材的科学性和前沿性，二是注重教材的基础性，三是注重教材的实践性，力争使本系列规划教材做到“教师易教，学生乐学，技能实用”。

在“十三五”高职院校财经精品系列教材编委会的组织协调下，本系列规划教材由各院校具有丰富教学经验并有高级职称的教师担任主编，由各书主编拟定大纲，经编委会审核后组织编写。同时，每种教材均吸收多所院校的教师参与编写，以集众家之长。本系列规划教材首批规划了《基础会计》《会计实训》《出纳实务》《税务会计》《财务会计》《成本会计》《管理会计》《金融企业会计》《财务管理》《EXCEL 在财务中的应用》《税法实务》《个人理财》《资产评估》《金融学基础》《经济学基础》《物流基础》《供应链管理实务》《新编统计基础》《新编统计基础同步训练》《经济数学基础》《商务秘书实务》等教材，下一步将根据各院校的教学需要，组织规划第二批教材，以补充、完善本系列规划教材。我们希望把每种教材都打造成精品教材，力争让多种教材能成为省级精品课程教材，部分教材成为国家级精品课程教材及规划教材。

我们希望通过编委会、编写教师以及使用教材的师生共同努力，将本系列规划教材打造成适应新时期普通高职院校发展需求的高水平、高质量的系列精品规划教材。在此，我们对各高职院校领导的大力支持、各位作者的辛勤奉献以及西南财经大学出版社、广东新华发行集团的鼎力相助表示衷心的感谢！

“十三五”高职院校财经精品系列教材编委会

2018 年 6 月

前言

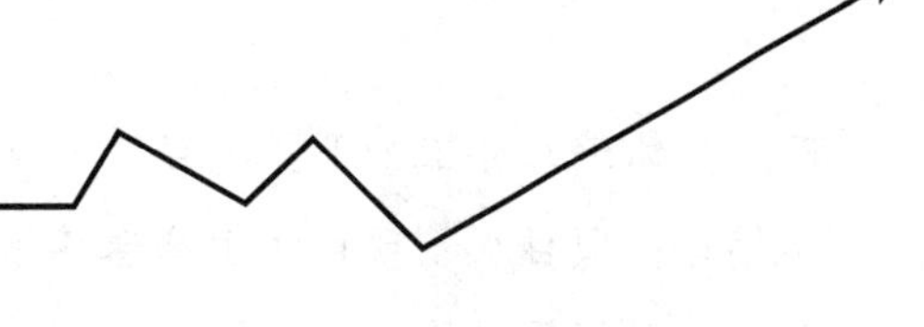

随着中国经济的快速发展和居民收入水平的不断提高，国内理财市场呈现出快速发展的态势，金融理财产品层出不穷，人们的理财意识不断增强，想通过理财提高生活质量是逐渐富裕起来的社会公众的迫切愿望。与此同时，随着理财市场的蓬勃发展，金融行业对理财规划专业人才的需求也日益增加。因此，本教材结合我国个人理财教育发展特点，按照理财规划师职业发展的要求进行编写。本教材满足了高职高专人才培养模式改革的需求，以项目和任务为载体，基于工作岗位和工作过程设计教学内容，突出学生职业能力的培养及职业素质的养成，力求集“教、学、做”于一体，形成符合职业教育规律和培养目标的教材。本教材主要有以下特色：

第一，内容更新。国家理财规划师资格考试内容现已修订多次，本教材结合国内外理财教育发展的趋势，参照新修订的国家助理理财规划师考试要求，结合高职学生从事理财业务的工作岗位需求，教材内容体现理财一线工作的职业特点。

第二，形式灵活。本教材结合职业教育“工学结合”的模式，联系个人理财教育的工作需求，采用案例导入形式，以案例分析启发学生思维能力的锻炼和提升。本教材设计了课后技能实训，便于学生复习和巩固所学知识。每个项目内容，都链接了网络知识拓展，扩大学生学习视野。

第三，实践性强。本教材结合国家助理理财规划师考试知识点，按照项目和任务驱动教学模式设计章节，将案例、学习任务和理论知识融为一体，符合高职高专教育突出实践能力的教学特点。本教材理财基础知识部分重点介绍了我国现有主要理财领域的各类理财产品的功能、特点和操作实务，包括证券产品理财、保险产品理财和房地产投资理财等。理财实务操作部分主要介绍现金与消费规划、教育规划、个人税收筹划、退休养老规划等主要的理财规划设计。

本教材由私立华联学院赖金明任第一主编，负责拟定全书的编写大纲，并对全书修订稿进行修改和统稿；广东省财政职业技术学校刘星辛任第二主编，负责协助统稿工作；广东工程职业技术学院的廖春萍任第三主编，负责审查和修改工作；私立华联学院梁辉盛、陈孟君，广东农工商职业技术学院廖旗平、陈倩媚任副主编，对部分章节进行了审查和修改。具体编写分工如下：项目一、项目三、项目五由赖金明编写；项目二、项目四由刘星辛编写；项目八、项目九由廖春萍编写，项目六由梁辉盛编写，项目十由陈孟君编写，项目七由廖旗平、陈倩媚编写。

在本教材编写过程中，编者得到西南财经大学出版社、中国建设银行、中信银行、平安银行和前海人寿保险公司等校企合作单位的大力支持，参考了金融行业和教育行业专家与学者的研究成果，并从互联网上选用了一定的案例和资料，在此谨向有关单位和作者表示衷心的感谢！由于我们的水平有限，加上时间仓促，书中难免会有不当或纰漏之处，敬请广大读者批评指正。

编者

2018 年 7 月 31 日

目录

MULU

项目一　个人理财和个人理财规划

学习目标

1. 理解个人理财、个人理财规划的含义
2. 掌握个人理财规划的主要内容
3. 了解我国个人理财业务相关的主体

重点及难点

1. 区分个人生活理财与投资理财
2. 掌握个人理财的两大目标：财务安全和财务自由

【案例导入】

在就业、创业和投资三种积累财富的途径中，您会如何选择?

在做出选择之前，请先看下面三种不同人物关于积累财富的案例。

通用电气前总裁杰克·韦尔奇号称“打工皇帝”。在韦尔奇近20年的精心经营下，通用电气的总资产从120亿美元（1美元约合6.874元人民币，下同）增长到3 000亿美元。韦尔奇2001年退休前的年度工资为1.44亿美元。从薪酬收入角度来看，韦尔奇已经算是打工致富的传奇。根据2003年韦尔奇与妻子离婚时披露的财务报告，韦尔奇当时的个人资产为4.56亿美元，在打工业界处于“打工皇帝”的位置，但与创业致富的一位传奇人物相比还是有较大的差距。

创业致富的世界第一成功人士非比尔·盖茨莫属。当年盖茨在车库里创业起家并缔造出微软帝国，截至2017年年底，盖茨已经连续24年当选世界上身价最高的人。在2016年时，盖茨的身价为760亿美元，仅过了一年不到的时间，2017年他的身价就增长了21%，创纪录地达到了919亿美元。比尔·盖茨身价的增长主要得益于所持上市公司股票的强劲表现。

投资致富第一人是沃伦·巴菲特，巴菲特当年收购伯克希尔·哈撒韦公司时投入了1 500万美元，其在2017年的资产为607亿美元，在2017年全球富豪榜上紧随盖茨身后。不过，巴菲特的年薪仅为48.78万美元。

（三个富豪的比较）

讨论：看完上述案例，您去选择打工、创业、投资？请说明理由。

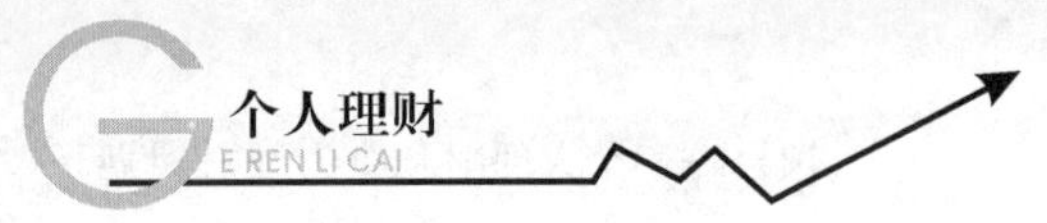

任务一　个人理财规划基础知识

一、什么是个人理财

（一）个人理财的定义

什么是理财？一般人谈到理财，想到的不是投资，就是赚钱。实际上理财的范围很广，理财是理一生的财，也就是个人一生的现金流量与风险管理。权威理财协会美国理财师资格鉴定委员会对理财的定义是：个人理财是指如何制定合理利用财务资源、实现个人人生目标的程序。国内发行量最大的财经杂志《理财周刊》对于理财的定义是：理财是为了实现个人的人生目标和理想而制定、安排、实施和管理的一个各方面总体协调的财务计划的过程。

关于个人理财的定义，目前业内有不同的说法。本书认为个人理财是在对个人收入、资产、负债等数据进行分析整理的基础上，根据个人对风险的偏好和承受能力，结合预定目标运用储蓄、保险、证券、外汇、收藏、住房投资等多种手段管理资产和负债，合理安排资金，从而在个人风险可以接受的范围内实现资产增值最大化的过程。

人的一生，从出生、幼年、少年、青年、中年直到老年，各个时期都需要用钱。具体说来，理财要应对人一生六个方面的需要。

第一，应对恋爱和结婚的需要。对绝大多数的人来讲，恋爱和结婚是人生必经的过程。恋爱是需要钱的，结婚也需要钱。每一个家庭的成立，从夫妻双方的开始恋爱，到双方组成家庭，组建家庭的过程，也是经济消耗的过程。

第二，应对提高生活水平的需要。每个人都希望过上越来越好的生活。从租房子到自己买房子，从开始的满足住房需求，再到满足改善住房条件需求；从没有汽车到自己有汽车，再从普通汽车换上更高级的汽车……这都是人们提高生活水平的普遍愿望，但要提高生活水平，就需要钱的支持。

第三，应对赡养父母的需要。人们常说："养儿方知父母恩。"父母的恩情是我们一辈子都报答不完的。赡养父母是每个人应尽的义务。现在有些年轻人的父母有比较稳定的收入，有各种各样的社会医疗保险，年轻人的财务负担就减轻了。但是也有一些年轻人的父母没有稳定的收入，需要儿女来提供财务上的支持。因此，很多年轻人每月都要有固定的钱供父母养老。

第四，应对抚养子女的需要。从孩子出生，到孩子上幼儿园、小学、中学、大学，每个时期都需要用钱。因此，抚养子女也是一个很重要的理财需要。在孕育小孩的时候，家庭就面临这样一种财务现象：支出在增加，而收入在减少。一般的家庭普遍现象是夫妻二人通过工作获得工资收入。一般人的工资都分成两部分，即基本工资和效益工资。当妻子生小孩、休产假期间，她只能领到基本工资而领不到效益工资，因此家庭收入是减少的。但是，照顾婴幼儿时，家庭的支出却在增加。

第五，应对意外事故的需要。人们常说："天有不测风云，人有旦夕祸福。"有些意想不到的事情发生会对家庭生活造成巨大的影响。我们应该通过理财来达到转嫁风险的目的。

第六，应对养老的需要。人口老龄化成为21世纪中国社会的常态。我国人口老龄化形势严峻，老龄人口呈现爆发式的增长趋势。从全国老龄办召开的人口老龄化国情教育新闻发布会可知，截至2017年年底，我国60岁及以上老年人口有2.41亿人，占总人口17.3%；预计到2050年前后，我国老年人口数将达到峰值4.87亿人，占总人口的34.9%……因此，养老真的是谁都避不开的烦恼。那么养老金这笔钱，又该靠谁呢？年幼靠父母，成年靠自己，那么年老靠什么呢？"养儿防老"曾经是中国人的传统心理，但是社会发展到今天，人们的观念已经发生了变化，"养儿防老"也越来越难实现。在这种情况下，要想有一个幸福的晚年，自己就要在年轻时未雨绸缪，搞好理财，多留一点积蓄，为自己家的"水库"积蓄足够数量的"水"，以期应对晚年的需要。

综上所述，人的一生至少要应对六个方面的理财需求，为了能够实现财务自由，过上体面有尊严的幸福生活，我们从现在起就要注重理财，学习理财。

（二）个人理财的范围

个人理财包括个人生活理财和个人投资理财。

1. 个人生活理财

个人生活理财，即通过制订财务计划对个人消费性财务资源进行适当管理，并通过不断调整计划以追求财务安全和财务自由为目标的经济活动。个人生活理财的核心在于根据个人的消费性资源状况和消费偏好来实现个人的人生目标。

2. 个人投资理财

个人投资理财，即通过制订财务计划对个人投资性财务资源进行适当管理，并通过不断调整计划以追求财务安全和财务自由为目标的经济活动。个人投资理财是在生活理财目标得到满足以后，追求投资于股票、债券、黄金等各种投资工具以期得到优厚的回报，加速个人或家庭资产的增长，从而提高家庭生活质量和生活水平。个人投资理财的核心在于根据个人的投资性资源状况和风险偏好来实现个人的人生目标。

3. 个人理财具体范围

（1）收入。一生的收入包含运用个人资源产生的工作收入和运用金钱资源产生的理财收入。工作收入是以人赚钱，理财收入是以钱赚钱，由此可知理财的范围比赚钱、投资都要广泛。收入主要包括：

①工作收入，包括薪资、佣金、工作奖金、自营事业所得等。

②理财收入，包括利息收入、房租收入、股利、资本利得等。

（2）支出。一生的支出包括个人及家庭由出生至终老的生活支出以及因投资与信贷运用产生的理财支出。有人就有支出，有家就有负担，赚钱的主要目的是要支付个人及家庭的开销。支出主要包括：

①生活支出，包括衣、食、住、行、育、乐、医疗等家庭开销。

②理财支出，包括贷款利息支出、保障型保险保费支出、投资手续费用支出等。

（3）资产。当期的收入超过支出时会有储蓄产生，而每期累积下来的储蓄就是资产，也就是可以帮人钱滚钱，产生投资收益的本金。年老时当人的资源无法继续工作产生收入时，就要靠钱的资源产生理财收入或变现资产来应对晚年所需。资产主要包括：

① 紧急预备金，即保有一笔现金以备失业或不时之需。

② 投资，即用来滋生理财收入的投资工具组合。

③ 置产，即购置自用房屋、自用车等提供使用价值的资产。

（4）负债。当现金收入无法支应现金支出时就要借钱。借钱的原因可能是暂时性的入不敷出、购置可长期使用的房地产或汽车家电以及拿来扩充信用的投资。借钱而没有马上偿还便会累积成负债。债务人要根据负债余额支付利息。负债主要包括：

①消费负债，如信用卡循环信用、现金卡余额、分期付款等。

②投资负债，如融资融券保证金、发挥财务杠杆的借钱投资。

③自用资产负债，如购置自用资产所需房屋贷款与汽车贷款。

（5）节税。在现代社会中，不是所有的收入都可以用来应对支出，有所得要缴纳所得税、出售财产要缴纳财产税，财产移转要缴纳赠与税或遗产税。因此，在现金流量规划中如何合法节省所得税，在财产移转规划中如何合法节省赠与税或遗产税，也成为理财中重要的一环。对高收入者而言，节税更成为其理财首要考虑的对象。节税主要包括：

① 所得税节税规划。

② 财产税节税规划。

③ 财产移转节税规划。

（6）保险与信托。理财的一个重点在于风险管理，是指预先做保险或信托安排，使人力资源或已有财产得到保护，或者当发生损失时可以获得收益来弥补损失。保险的功能为当发生事故使家庭现金收入无法应对当时或以后的支出时，仍能有一笔金钱或收益可以弥补缺口，降低人生旅程中意料之外的收支失衡时产生的冲击。为得到弥补人或物损失的人寿保险与财产保险保障，必须支付一定比率的保费，一旦保险事故发生时，理赔金产生的理财收入可以取代中断的工作收入来应付家庭的生活支出，或者以理赔金偿还负债来降低理财利息支出。此外，信托安排可以将信托财产独立于其他私有财产之外，不受债权人的追索，有保护已有财产免于流失的功能。保险与信托主要包括：

①人寿保险（寿险），包括寿险、医疗险、意外险、失能险。

②财产保险（产险），包括火险、责任险。

③信托。

综上所述，个人生活理财侧重于现有消费性资源的规划和管理，而个人投资理财则侧重于现有投资性资源的规划和管理，满足未来消费需求和人生目标。

学习任务

请根据个人理财品种，按个人资产品种和负债品种进行归类：共同基金、股票、债券、存款、人寿保险、住房抵押款、个人消费信贷、分期付款购车（见表 1-1）。

表 1-1　　个人理财品种归类

个人资产	个人负债

（学习任务答案）

二、个人理财工具

个人理财必须通过理财工具获得理财收益，实现资产的保值增值。选择理财工具时应考虑三个方面的特性，即收益性、风险性、流动性，在三者之间选择一个最佳的平衡。结合目前我国金融市场和金融机构的理财工具，从收益和风险的角度进行综合分析，认识相应的理财工具（产品）便于后续理财规划中对理财工具进行运用。

（一）国债

国债是目前公认的最具安全性的投资工具，其收益略高于银行定期存款，但流动性不佳。

（二）储蓄类产品

储蓄类产品主要指存于银行等金融机构的存款，其收益主要来源于存款利息，收益较为稳定，但收益率较低。储蓄类产品的本金和利息通常能够得到保障，安全性较高。在通货膨胀率高涨的情况下，固定利率低的收益存款产品的实际收益水平将会受到较大影响。

（三）银行理财产品

银行理财产品指银行充分运用专业投资知识，运用不同的基础资产开发出不同收益和风险以满足不同客户需求的理财产品。银行理财产品与投资工具挂钩，若出现较大的风险，收益将大受影响，甚至收益为零；而非保本理财型的产品，存在严重亏损的风险。

（四）基金

基金是指为了某种目的而设立的具有一定数量的资金，介于证券与储蓄之间的一种投资工具。基金具有中高收益、中低风险和流动性一般的特征。基金不仅可以投资证券，也可以投资企业和项目。基金管理公司通过发行基金单位，集中投资者的资金，由基金托管人（即具有资格的银行）托管，由基金管理人管理和运用资金，从事股票、债券等金融工具投资，然后共担投资风险、分享收益。

（五）股票

股票是股份公司发行的所有权凭证，是股份公司为筹集资金而发行给股东作为持股凭证并借以取得股息和红利的一种有价证券。每股股票都代表股东对企业拥有一个基本单位的所有权。每只股票背后都有一家上市公司。同时，每家上市公司都会发行股票。股票是股份公司资本的构成部分，可以转让、买卖，是资本市场的主要长期信用工具，但股东不能要求公司返还其出资。股票是典型的高风险、高收益、高流动性的投资工具。

（六）保险产品

保险产品指由保险公司创造的、可供客户选择的、在保险市场进行交易的金融工具，保险公司向市场提供并可由客户取得、利用或消费的一切产品和服务，都属于保险产品服务的范畴。保险产品包括保险合同和相关服务的全过程。

（七）房地产

房地产是指覆盖土地并永久附着于土地上的一类实物，如建筑物。房地产可以有三种存在形态，即土地 、建筑物、房地合一。房地产具备位置的固定性和不可移动性等特性，包括建筑在土地上的各种房屋，如住宅、厂房、仓库和商业、服务、文化、教育、卫生、体育以及办公用房等。

（八）外汇

外汇指各种外汇资产，包括以外汇为主要投资对象的外汇实盘交易、虚盘交易、杠杆交易等。

（九）贵金属产品

贵金属主要指金、银和铂族金属。贵金属产品在国际上有现货黄金投资，在国内银行有纸黄金或实物黄金投资交易。贵金属交易受地域政治、供销变化、货币汇率和能源因素等影响，具有安全性高、收益性中等和流动性低、变现能力较差等特点。

（十）衍生金融产品

衍生金融产品是指一种金融合约，其价值取决于一种或多种基础资产或指数，合约的基本种类包括远期、期货、掉期（互换）和期权，还包括具有远期、期货、掉期（互换）和期权中一种或多种特征的混合金融工具。衍生金融产品与交易制度决定的杠杆倍数密切相关，具有风险高、收益高的特点。

三、个人理财规划

（一）个人理财规划的概念和作用

个人理财规划是个人或家庭根据家庭客观情况和财务资源（包括存量和增量预期）而制订的旨在实现人生各阶段目标的一系列互相协调的计划，包括职业规划、现金规划、子女教育规划、退休规划、房产规划、风险管理与保险规划、投资规划、资产传承规划、税收规划等。个人理财规划是一个人一生的财务计划，通过不断调整计划实现人生目标，达到财务自由和财务尊严的最高境界。

理财规划可以帮助一个人平衡现在和未来的收支，追求高品质的生活，高效运用自身有限的财务资源，科学合理地分析日后的财务状况，抵御风险和灾害，促进家庭关系的和谐，造福子女和造福社会。我们运用个人理财规划，最终目标是实现个人的财务安全和财务自由。

1. 财务安全

财务安全指个人或家庭对自身的财务状况有充分的信心，认为现有的财务足以应对未来的财务支出和其他生活目标的实现，不会出现大的财务危机，即个人或家庭可以依赖现有稳定、充足的收入和充足的现金储备维持个人或家庭一段时间的财务支出和其他目标的实现。个人或家庭财务安全的衡量标准如表 1-2 所示。

表 1-2　　财务安全的衡量标准

财务安全的衡量标准	是否有稳定、充足的收入
	是否拥有个人职业发展的潜力
	是否有充足的现金储备
	是否有适当的住房
	是否购买适当的财产和人身保险
	是否有适当、收益稳定的投资
	是否享受社会保障
	是否有额外的养老保障计划

财务安全度的计算公式为：

财务安全度=投资性资产市场价值/投资性资产原值×100%

如果财务安全度大于 100%，表示个人投资性资产保值能力强；反之，则表示个人投资性资产保值能力弱。

【案例 1-1】A 君在 2017 年 1 月 13 日购入中兴通讯股票共购入 5 000 股，当日中兴通讯股价行情如图 1-1 所示。2018 年 7 月 13 日，中兴通讯股价如图 1-2 所示。请为 A 君计算其在 2018 年 7 月 13 日的金融资产安全度。

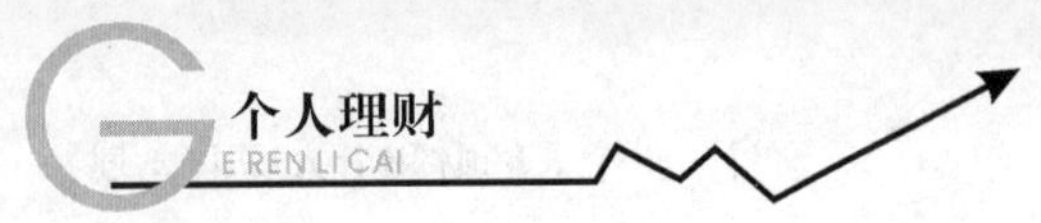

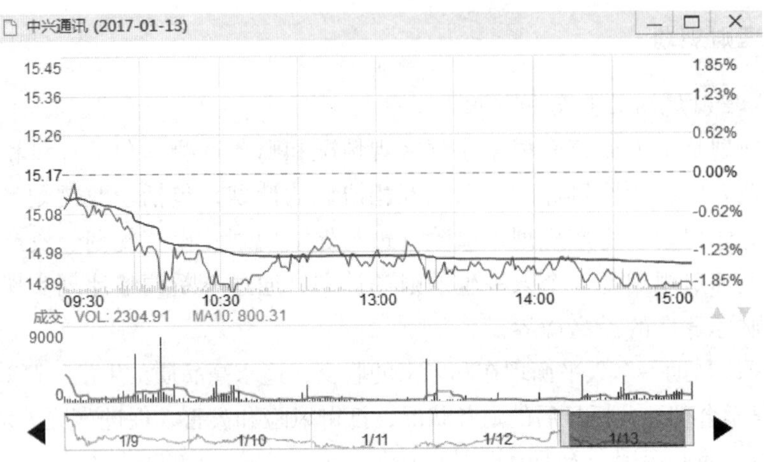

图 1-1 2017 年 1 月 13 日中兴通讯股价行情

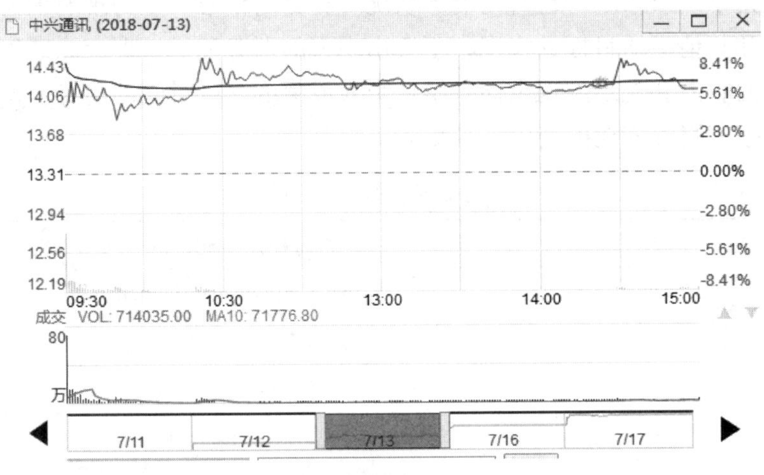

图 1-2 2018 年 7 月 13 日中兴通讯股价行情

（案例分析）

2. 财务自由

根据收入是否与投入时间成正比，收入可分为主动收入和被动收入。其中，主动收入是与投入时间成正比的收入，如薪酬收入等；被动收入是指不与投入时间成正比的收入，如投资收入等。财务自由度的表达公式为：

财务自由度=投资收入（非工资收入）/日常消费支出×100%

当个人或家庭的被动收入大于全部支出时，个人或家庭就不必依靠工资来维持生活，并且即使不再继续花费时间，资产也会继续增值。这时个人或家庭就达到了财务自由，投资收入将成为个人收入的主要来源。

【案例 1-2】B 君的家庭每月消费支出为 5 000 元，夫妻双方工资月收入合计为 5 万元，现拥有投资性资产共计 90 万元，预计每年能带来的投资收益为 9 万元。请为 B 君计算其家庭的年度财务自由度。

（案例分析）

（二）个人理财规划的内容

个人理财规划主要包括现金规划、保险规划、投资规划、税收规划、房产规划、教育规划、退休规划、财产分配与传承规划等内容。

1. 现金规划

现金规划就是确保个人或家庭有足够的现金支付计划中和计划外的费用，并且消费模式是在预算限制之内的。在个人理财规划中，现金规划有助于个人或家庭将拥有的资金在满足家庭费用的同时又能满足储蓄的计划。预期的需求可以用手头现金来满足，而未预期的或将来的需求则可以通过各种类型的储蓄或短期理财工具来满足。现金规划通过分析家庭现金流结构寻找提高家庭储蓄的可能方式，设计出合理的家庭储蓄方案，从而提高家庭的储蓄额。

2. 保险规划

保险规划是完备理财计划中不可缺少的一部分。个人参加保险的目的就是为了个人和家庭生活、生命和财产的安全与稳定。从这个目的出发，个人或家庭投保时主要应掌握转移风险、量力而行的原则，通过对家庭的风险进行分析，确定行之有效的保险规划来实现其他理财产品所不能实现的功能和目的。

3. 投资规划

投资规划在个人总投资中往往占有很高的比例。根据期限长短和风险收益特征，证券投资工具分为固定收益性工具、权益性工具和金融衍生工具。证券投资规划要求个人在充分了解自己的风险偏好与投资需求的基础上，通过合理的资产分配，使投资组合既能满足流动性要求与风险承受能力，又能够获得充足的回报。

4. 税收规划

税收规划是在充分了解本国税收制度的前提下通过运用收入分解转移、收入延期、投资于资本利得、资产销售、杠杆投资、税负抵减等各种税务筹划策略，合法地减少税负。

5. 房产规划

房产投资是一种长期的大额投资，房产除了用于个人居住以外，还具有明显的投资价值。投资者购买房产主要出于四种考虑：自己居住、对外出租、投机获利和减免税收。这就要求我们既要对所在国的房地产方面的法律法规和影响房地产的各种因素有一定的了解，又要详细了解自己的支付能力及金融机构关于房地产的各种规定，以帮助确定最合理的房地产购置计划。

6. 教育规划

教育投资是一种智力投资，不仅可以提高人的文化水平和生活品位，还可以使受教育者增加人力资本。教育投资可以分为两类，即对自身的教育投资和对子女的教育投资。在进行教育投资规划时，首先要对自身的教育需求和子女的基本情况进行分析，确定未来的教育投资资金需求；其次要分析收入状况，并根据具体情况确定自身和子女教育投资资金的来源；最后要综合运用各种投资工具来弥合教育投资来源和需求之间的差距。

7. 退休规划

退休规划是一个长期的过程，并不是简单地通过在退休之前存一笔钱就能解决的。个人在退休之前的几十年就要开始确定目标，进行详细的规划。提早做好退休规划不仅可以使自己的退休生活更有保障，同时也可以减轻子女的负担。

8. 财产分配与传承规划

财产分配与传承规划是个人理财规划中不可或缺的部分。从形式上看，制定财产分配和传承规划能够对个人及家庭财产进行合理合法的配置。从更深层次来看，财产分配与传承规划为个人和家庭提供了一种规避风险的保障机制，当个人及家庭在遭遇到现实中存在的风险时，这种规划能够帮助个人及家庭隔离风险或降低风险带来的损失。

【案例 1-3】财商测试，了解自己的财商，为理财做好准备（见表 1-3）。

表 1-3　　财商测试表

你在驾驭金钱，还是被金钱驾驭？		
1. 平时的休闲活动会选择刺激项目，如高空弹跳、峡谷漂流。		
A. 是	B. 有时会	C. 不会
2. 在对股市不是很熟悉，但身边朋友或其他渠道透露某只股票即将上涨，会考虑投入全部存款购买。		
A. 是	B. 有可能	C. 不会
3. 朋友突然借钱，基于交情，想尽办法帮助他。		
A. 是	B. 有可能	C. 不会

表1-3(续)

你在驾驭金钱，还是被金钱驾驭？
4. 喜欢使用不同的理财工具进行投资，如股票、基金或期货，若行情看涨时，觉得投资机会很好时，会通过借款增加投资额度。
A. 是　　B. 有可能　　C. 不会
5. 涉及投资方面的讲座或会议，参加意愿强烈。
A. 是　　B. 有可能　　C. 不会
6. 注重拥有健康的生活方式，如参加健身俱乐部、外出到清新空气中散步。
A. 是　　B. 有可能　　C. 不会
7. 在大型商场发现地上有一个信封，打开发现有一沓现金，选择据为己有。
A. 是　　B. 有可能　　C. 不会
8. 某商场举办凭消费金额申请珠宝抽奖活动，自己会向亲戚朋友凑齐该商场的消费发票来参加抽奖。
A. 是　　B. 有可能　　C. 不会
9. 大学同学创业，其公司时下属于热门且颇具潜力的新产品正开发，需对外融资，自己会选择参股。
A. 是　　B. 有可能　　C. 不会
10. 公司要推行新管理政策，涉及影响自身既得利益时，一定会合法合理地表达意见。
A. 是　　B. 有可能　　C. 不会

注：选 A 得 3 分，选 B 得 2 分，选 C 得 1 分。

（案例分析）

四、货币的时间价值

货币的时间价值计算在个人理财中的应用非常重要，即通过量化的方法具体分析如何满足人生的各个财务目标，从而将理财规划体现于实际的数据中。

货币的时间价值也称资金的时间价值，是指货币经过一定时间的投资和再投资增加的价值。由于不同时间单位货币的经济价值不同，不同时间单位的货币收入需要换算到相同时间单位的基础上才能相互比较。

货币之所以具有时间价值，至少有三个方面的原因：第一，货币可用于投资，获得利息，从而在将来拥有更多的货币量。例如，将现在持有的一单位的货币存入银行获得利息，从而在将来获得一定增量的货币。现在的一单位货币可以给投资者带来未来的超额收益，因此现在的单位货币价值要高于未来的单位货币价值。第二，货币的购买力会因为通货膨胀的影响而随时间改变。如果现在持有一单位货币，但经济中存在通货膨胀，那么在将来由于物价的上涨使得未来一单位货币的购买力小于现在的一单位货币的购买力。第三，一般来说，未来的预期收入具有不确定性。对于普遍厌恶风险型的投资者而言，确定的获得一单位货币肯定要比风险中的一单位货币有更大的效用。

（一）单利与复利的计算

1. 单利

单利是指按照固定的本金计算的利息。单利的特点就是对已过计息日而不提取的利息不计利息。

单利的计算公式如下：

$C=P\times r\times n$

$S=P\times(1+r\times n)$

其中：C 为利息额，P 为本金，r 为利息率，n 为借贷期限，S 为本金和利息之和（简称本利和）。

单利计算简单，便于理解。目前，我国银行存款利息和到期一次性还本付息的国债都采用单利计息的方式。

【案例 1-4】L 君今天到银行存入 1 000 元，假定银行的存款利率为 3%，那么按照单利计算，L 君在 8 年后能得到多少本息？

案例分析：L 君 8 年后的本利和 = 1 000×(1+3%×8)= 1 240（元）

按照单利计算，8 年后能得到本息收入为 1 240 元。

2. 复利

复利是指由本金和前一个利息期内应计利息共同产生的利息，即由未支取利息按照本金的利率赚取的新利息，常称息上息、利滚利，不仅本金产生利息，利息也产生利息。爱因斯坦称复利是“世界第八大奇迹”。

复利的计算公式如下：

$S=P(1+r)^n$

注：在后面的学习过程中，我们将都以复利法来计算货币的时间价值。

【案例 1-5】本金为 50 000 元，利率或投资回报率为 3%，投资年限为 30 年，那么 30 年后所获得的利息本息收入按复利来计算是多少？

案例分析：30 年后的本利和 = 50 000×$(1+3\%)^{30}$ = 121 363（元）

按复利计算，30 年后获得的本息收入为 121 363 元。

（二）终值与现值的计算

1. 终值

终值又称未来值，是指从当前时刻看，发生在未来某时刻的一次性支付（收入）的现金流量。终值通常是把现在或未来某些时刻之前多次支付（收入）的现金额，按照某一利率（亦可以理解为贴现率）计算出的在未来某一时点的值。终值按计算利息的方法不同，可分为单利终值和复利终值。

复利终值的计算公式如下：

$F=P\ (1+i)^n$

其中：F 为终值，P 为现值，i 为利率，n 为计息期数。

该公式是计算复利终值的一般公式，其中的 $(1+i)^n$ 被称为复利终值系数或 1 元的复利终值，用符号（F/P，i，n）表示。例如，（F/P，6%，2）表示利率为6%，2 年期复利终值的系数。为了便于计算，可通过财经计算器计算出复利终值系数。通过计算可知，（F/P，6%，2）= 1. 123 6，可以理解为在货币时间价值为6%的情况下，现在的 10 000 元和 2 年后的 11 236 元在价值上是相等的。根据复利终值系数，可以把现值换算成终值。

在复利终值计算过程中，可以按年，也可以按半年、按季度、按月和按日等不同的周期计算复利，称为周期性复利。

周期性复利的计算公式如下：

$F=P\ (1+i/m)^{mn}$

其中：F 为终值，P 为现值，i 为利率，m 为 1 年中计算复利的次数，n 为年数。

【案例 1-6】H 君将 100 000 元投资于一个项目，年报酬率为 6%，计算分别经过1 年、2 年和 3 年后的终值是多少？

案例分析：经过 1 年时间的期终金额计算如下：

$F=100\ 000\times(1+6\%)=106\ 000$（元）

若 H 君并不提走现金，将 106 000 元继续投资于该项目，则第 2 年年末本利和计算如下：

$F=100\ 000\times(1+6\%)^2=100\ 000\times1.123\ 6=112\ 360$（元）

同理，第 3 年的期终金额计算如下：

$F=100\ 000\times(1+6\%)^3=100\ 000\times1.191\ 0=119\ 100$（元）

【案例 1-7】本金的现值为 1 000 元，年利率为 8%，期限为 3 年。如果每季度计算复利一次，则 3 年后的终值为多少？

案例分析：$F=1\ 000\times(1+8\%/4)^{3\times4}\approx1\ 268.24$（元）

3 年后的终值约为 1 268. 24 元。

2. 现值

现值指未来的货币收入在目前时点上的价值。现值既可以是未来一次支付（收入）的现金流量折算到现在的值，也可以是未来某些时刻多次支付（收入）的现金流量，按某种利率贴现到现在的价值。

现值按计算利息的方法不同，也可分为单利现值和复利现值。

复利现值计算公式可以从复利终值公式中推导出如下计算公式：

$P=F/(1+i)^n$

其中：P 为现值，F 为未来的现金收入，i 为利率，n 为计息期数。

公式中 $(1+i)^n$ 称为现值系数，它与贴现率和年限有关，也称为贴现因子。这个数值可以理解为 n 期以后的 1 元钱以贴现率 i 折算到现在的数值。

同样，对于周期性复利，其现值计算公式如下：

$P=F/(1+i/m)^{mn}$

可见，现值计算是终值计算的逆运算。终值是计算现在一笔钱在未来某一时刻的本利和，而现值是计算将来一笔钱相当于现在多少钱。这是现金流量计算和分析中最基本也是最重要的换算关系。随着期限的增长，现值系数 $(1+i)^n$ 将减少，即同样一笔钱，离现在时间越长，现值越小（如按揭贷款）。同时，随着利率（贴现率）的提高，现值系数将减少，即同样一笔钱，利率（贴现率）越大，现值越小。反之，随着年数的增长，本利和系数将增大，即同样一笔钱，离现在时间越长，终值越大。同时，随着利率的提高，本利和系数将增大，即同样一笔钱，利率越大，终值越大。

【案例 1-8】K 君的舅舅允诺在 K 君年满 25 岁时给 K 君 10 000 元。K 君现在已经 20 岁了，假设 5 年期债券的平均年收益率为 6%，那么 K 君的舅舅现在应该给 K 君多少钱才会在 5 年后刚好等于 10 000 元？

案例分析：$P=10\ 000\div(1+6\%)^5=7\ 472.58$（元）

K 君的舅舅现在应该给 K 君 7 472.58 元钱，才会在 5 年后刚好相当于 10 000 元。

（三）年金的计算

1. 年金

年金是指等额、定期的系列收支。例如，分期付款赊购、分期偿还贷款、发放养老金、分期支付工程款、每年相同的销售收入等，都属于年金收付形式。

年金额是指每次发生的金额，简称年金。相邻两次年金额的间隔时间算作一期，年金时期是指整个年金问题的起讫期间，分为若干期。

依起讫日期划分可以将年金划分为确定年金和不确定年金。确定年金是指起讫日期都确定的年金。不确定年金是指起始日期或终了日期取决于某种意外事故的发生而发生的年金。

依每期年金额发生的时刻划分可将年金划分为期末年金和期初年金。期末年金是指在年金时期内，每期年金额都在每期末发生的年金。期初年金是指在年金时期内，每期年金额都在每期初发生的年金。

依年金时期是否有限划分可将年金分为有限年金和无限年金。有限年金是指年金时期有限的年金。无限年金是指年金时期无限长的年金。

依年金发生期间与计息期间的关系划分，可将年金分为简单年金和一般年金。简单年金是指年金发生期间与计息期间相同的年金。一般年金是指年金发生期间与计息期间不相同的年金。

递延年金是指迟延若干期后才开始发生的年金额。

年金计算可以分为年金终值计算和年金现值计算。

2. 年金终值的计算

（1）复利期初年金终值。每期期初发生等额的现金流量 A，利率为 i，则 n 期的现金流量按复利计算的和称为复利期初年金终值。按年金发生的时间，可以分为期初年金终值和期末年金终值，利率通常采用复利形式，年金终值用符号 Fa 表示。

$Fa=A(1+i)[(1+i)^n-1]/i$

其中：$(1+i)[(1+i)^n-1]/i$ 称为期初年金本利和系数。

【案例 1-9】某个客户在未来 10 年内能在每年期初获得 1 000 元，年利率为 8%，则 10 年后这笔年金的终值是多少？

案例分析：$1\,000\times(1+8\%)[(1+8\%)^{10}-1]/8\%=15\,645.49$（元）

10 年后这笔年金的终值是 15 645.49 元。

（2）复利期末年金终值。每期期末发生等额的现金流量 A，利率为 i，则 n 期的现金流量按复利计算的和称为复利期末年金终值。

$Fa=A[(1+i)^n-1]/i$

其中：$[(1+i)^n-1]/i$ 称为期末年金本利和系数。

【案例 1-10】如客户的年金在每年期末获得 1 000 元，年利率为 8%，则 10 年后这笔年金的终值是多少？

案例分析：$1\,000\times[(1+8\%)^{10}-1]/8\%=14\,486.56$（元）

10 年后这笔年金的终值是 14 486.56 元。

（3）偿债基金。偿债基金是指为使年金终值达到既定金额，每年应支付的年金数额。

根据年金终值计算公式 $Fa=A[(1+i)^n-1]/i$，可知偿债基金计算公式如下：

$A=Fa\times i/[(1+i)^n-1]$

其中：$i/[(1+i)^n-1]$ 是期末年金终值系数的倒数，称为偿债基金系数，记作（A/s，i，n），它可以把年金终值折算为每年需要支付的金额。偿债基金系数可以根据年金终值系数求倒数确定。

【案例 1-11】如果你想向银行借款 100 000 元，期限 5 年，银行利率为 10%，那么每年年末应还银行多少钱才能够还清债务？

案例分析：

$$
\begin{aligned}
A &= 100\,000\times(A/s,i,n)\\
&= 100\,000\times10\%/[(1+10\%)^5-1]\\
&= 100\,000\times0.163\,8\\
&= 16\,380(\text{元})
\end{aligned}
$$

在银行利率为10%时，每年年末存入16 380元，5年后便可得100 000元用来还清债务。

3. 年金现值的计算

将每期等额的现金流量 A，按一定贴现率折算到现在，称为年金现值。按年金等额发生量发生的时间，可以分为期初年金现值和期末年金现值，贴现率通常采用复利形式。年金现值用符号 Pa 表示。

（1）复利期初年金现值。每期期初发生等额的现金流量 A，利率为 i，则 n 期的现金流量按复利计算的现值和称为复利期初年金现值。

$Pa=A\left[(1+i)^{n}-1\right]/i(1+i)^{n}-1$

其中：$A\left[(1+i)^{n}-1\right]/i(1+i)^{n}-1$ 称为期初年金现值系数。

【案例1-12】某个客户在未来10年内能在每年期初获得1 000元，年利率8%，则这笔年金的现值是多少？

案例分析：

$Pa=1\ 000\times[(1+8\%)^{10}-1]/8\%\times(1+8\%)^{10}-1=7\ 246.89$（元）

这笔年金的现值是7 246.89元。

（2）复利期末年金现值。每期期末发生等额的现金流量 A，利率为 i，则 n 期的现金流量按复利计算的现值和称为复利期末年金现值。

$Pa=A\left[(1+i)^{n}-1\right]/i(1+i)^{n}$

$\quad=A\left[1-(1+i)^{-n}\right]/i$

其中：$\left[1-(1+i)^{-n}\right]/i$ 称为期末年金现值系数。

【案例1-13】接【案例1-12】，如客户的年金在每年期末获得1 000元，年利率8%，则这笔年金的现值是多少？

案例分析：

$Pa=1\ 000\times[(1+8\%)^{10-1}]/8\%\times(1+8\%)^{10}=6\ 710.08$（元）

如果该客户的年金在每年期末获得，则这笔年金的现值是6 710.08元。

【案例1-14】假设某人以10%的利率借款200 000元，投资于某个寿命为10年的设备，每年至少要收回多少现金才是有利的？

案例分析：根据期末年金现值的计算公式可知：

$Pa=A[1-(1+i)^{-n}]/i$

$A=Pa\times i/[1-(1+i)^{-n}]$

$\quad=200\ 000\times10\%/[1-(1+10\%)^{-10}]$

$\quad=200\ 000\times0.162$

$\quad=32\ 400$（元）

因此，每年至少要收回现金32 400元，才能还清贷款本利。

上述计算过程中的 $i/[1-(1+i)^{-n}]$ 是期末年金现值系数的倒数，它可以把现值折算为年金，称为投资回收系数。

当年金的期数永久持续，即 $n\to\infty$ 时，无限期定额支付的年金就称为永续年金。现实中的存本取息可视为永续年金的一个例子。永续年金的终值是发散的，终值无穷大或者说没有极值，即永续年金没有终止的时间，也就没有终值。永续年金的现值是收敛的，有极值。永续年金的现值可以通过普通年金现值的计算公式导出来。

根据复利期末年金现值公式：

$Pa=A[1-(1+i)^{-n}]/i$

当 $n\to\infty$ 时，即 n 趋向于无穷大时 $(1+i)^{-n}$的极限为零，上式可写为：

$Pa=A/i$

因此，永续年金的现值就是每期年金数额除以贴现率。

【案例 1-15】某人拟在某中学建立一项永久性的奖学金，每年计划颁发 10 000 元奖金。若利率为 10%，现在应存入多少钱？

案例分析：$P=10\ 000/10\%=100\ 000$（元）

据计算，现在应存入 100 000 元钱。

上述关于年金计算的方法在个人理财中有广泛用途，如分期付款购房、养老金策划、筹措教育基金等。

知识链接

我们要明白理财最大的奥妙在于何处，那就是利用了货币的时间价值，也就是“复利”投资的奥妙。“数学有史以来最伟大的发现”，爱因斯坦曾经这样形容复利。复利听起来复杂，说白了就是除了用本金赚利息，累积的利息也可以再用来赚利息，即利滚利。

关于复利，美国早期的总统富兰克林还有一则轶事。1791 年，富兰克林过世时，捐赠给波士顿和费城这两个他最喜爱的城市各 5 000 美元。这项捐赠规定了提领日，提领日是捐款后的 100 年和 200 年：100 年后，两个城市分别可以提 50 万美元，用于公共计划；200 年后，才可以提领余额。1991 年，200 年期满时，两个城市分别得到将近 2 000 万美元。

富兰克林以这个与众不同的方式向我们显示了复利的神奇力量。富兰克林喜欢这样描述复利的好处：“钱赚的钱，会赚钱。”

理财中最重要的数字又是多少呢？几乎所有的理财专家都会告诉我们，不是 100%，而是“72”——也就是“七二法则”，一个与复利息息相关的法则。

所谓“七二法则”，就是一笔投资不拿回利息，利滚利，本金增值一倍所需的时间为 72 除以该投资年均回报率的商数。例如，你投资 30 万元在每年平均收益率为 12%的基金上，约需 6 年（72 除以年报酬率，即 72 除以 12）本金就可以增值一倍，变成 60 万元；如果基金的年均回报率为 8%，则本金增值一倍约需要 9 年时间。

掌握了这其中的奥妙，就能够帮助我们快速计算出财富积累的时间与收益率的关系，非常有利于我们在进行不同时期的理财规划时选择不同的投资工具。例如，某人现在有一笔 10 万元的初始投资资金，希望给 12 年后上大学的女儿用作大学教育基金，同时考虑各种因素，估算出女儿的大学教育金到时候一共需要 20 万元。那么为了顺利实现这个目标，他应该选择长期年均收益率在 6% 左右的投资工具，比如平衡型基金。

再拿比较保守的国债投资者来说，年收益水平为 3%。那么用 72 除以 3 得 24，就可以推算出投资国债要经过 24 年收益才能翻番。

当然，想要利用复利效应快速累积财富，前提就是要尽早开始储蓄或投资，让复利成为我们的朋友，否则我们和别人财富累积速度的差距会越来越大。

任务二　理财规划相关职业资格证书简介

理财规划是一个评估个人或家庭各方面财务需求的综合过程，是由专业理财人员通过明确客户理财目标，分析客户的生活、财务现状，从而帮助客户制订出可行的理财方案的一种综合性金融服务。

理财规划师是指运用理财规划的原理、技术和方法，针对个人、家庭以及中小企业、机构的理财目标，提供综合性理财咨询服务的人员。理财规划要求提供全方位的服务，因此要求理财规划师要全面掌握各种金融工具及相关法律法规，为客户提供量身订制的、切实可行的理财方案，同时在对方案的不断修正中，满足客户长期的、不断变化的财务需求。

理财规划师国家职业资格认证分为三个等级，即助理理财规划师（国家职业资格三级）、理财规划师（国家职业资格二级）、高级理财规划师（国家职业资格一级）。国家人力资源和社会保障部已开展一级、二级、三级理财规划师认证工作。

（理财规划师报名条件和考试内容）

项目小结

本项目主要介绍了什么是个人理财、个人理财工具、个人理财规划、货币的时间价值。其中，货币的时间价值中具体介绍了单利与复利的计算、终值与现值的计算、年金的计算。这些是个人理财的基础。

项目实训

实训案例：洛施来自广东粤西地区，东柏来自东北某市，两人于大学时在广州相识，2002 年毕业后供职于同一家贸易公司，洛施任职财务岗位，东柏任职销售岗位。2003 年两人喜结连理，为了安全和便于上班，婚后两人小房换大房，搬到天河区岗顶某小区居住，适逢 2003 年广州出现“非典”疫情，广州房产租赁行情低迷，夫妻俩很快就租到两室一厅的房子，并按业主要求签订了一年租约。

由于租金不高，业主没有提供太多的生活家私。两人认为，若让业主添置家私，必然会提升房租，还不如自己慢慢添置，既可以拥有物权也可以避免使用二手物品。根据天气逐渐转凉和沐浴安全，两人先存钱购置了强排式热水器。2003 年年初，在购置冰箱和空调时，考虑经济能力有限，两人先决定购买冰箱，便于生活食物储存。2003 年下半年，两人又购置了一台空调。在结婚一周年即将到来前的大半年，夫妻俩计划存一笔钱到云南大理旅游。

2003 年年底，业主提前告知，由于房产租赁不再受“非典”疫情影响，需提升房租 50%，由于不舍小区居住环境和上下班便利，夫妻俩只好将积攒旅游的存款预交了下一年房租。到了第五年，夫妻俩已经将生活家私和家电基本购置完毕，并将居住环境做了小装饰。

2007 年年底，夫妻俩接受同事邀请参加同事乔迁新居仪式。夫妻俩总结多年的租房生活，如果当初能咬咬牙，将支付的租金加上减少日常消费，还不如按揭一套房子，至少还可以拥有房子的产权。于是夫妻俩开始边攒钱边物色房源。同时，东柏在一次同乡聚餐时发现当年的股市行情不错，经受不住同乡的建议，抽出部分存款入市，并按老乡的推荐购买了几只股票。随着股市行情大涨，东柏不断增加入市资金，寄希望于股市收益增加财富，购置心仪的房源。2008 年 4 月，夫妻俩在越秀区物色到具备省一级学位的房源，由于房产资源稀缺，夫妻二人毫不犹豫地签订了购房合同。2008 年 5 月底，股市大跌，夫妻俩损失了将近 50%的购房首付款。为了履行购房合约，夫妻俩不得已向亲朋好友借款，筹款交付首付款，财务状况十分狼狈，幸亏亲朋好友帮助才渡过难关。

2014 年，夫妻俩供职的公司拟新三板上市，由于夫妻岗位涉及公司现代供产销的资金环节，公司进行内控调整，告知夫妻二人必须进行岗位调整，也将影响其目前的薪酬收入。在按揭月供房产和小孩刚上幼儿园开支日渐增加的情况下，夫妻俩陷入了家庭财务和职业发展的困境。

实训任务：请根据洛施和东柏的家庭理财计划，结合你的理财观点，谈谈如何改变家庭理财的效果。

（实训思考）

项目二　个人财务管理和家庭财务管理

学习目标

1. 认识生命周期理论
2. 掌握家庭资产负债表、收支储蓄表、现金流量表的相关概念、编制方法
3. 掌握家庭财务预算编制和控制的方法及途径

重点及难点

1. 家庭财务报表的编制
2. 家庭财务预算的编制

【案例导入】

"月光族"的苦恼

20 岁的永亮还在广州念大学，今年大三了，是学生会干部。由于家境还不错，永亮每个月的生活费有 2 000 元，再加上永亮有时候兼职赚个几百元钱，按说小日子应该过得挺滋润的，可由于他个人追求高消费的生活方式，还经常请同学们下馆子，因此每到月末都过得紧巴巴的，甚至需要向家里提前预支下个月的生活费。

30 岁的颖诗在深圳工作，月入 20 000 元，按理说算是高收入人群中的一员，可由于尚未有家庭负担，她总是赚多少花多少，根本不知道钱花到哪里去了。有时候，颖诗还拮据到一天只吃一顿饭或吃方便面。

40 岁的李勤在北京上班，是公务员，他的妻子在国企上班，儿子 2 岁，家庭和美。目前李勤一家的家庭月收入是 50 000 元，可由于家庭开支巨大，花钱没有计划，一年到头没有攒下什么钱。虽然李勤和妻子都意识到要储备点钱以防万一，但也不知从何入手去削减不必要的开支。

数据显示，成为"月光族"的人在很大程度上是由于其消费与收入不匹配，或者是背负了过重的贷款本息偿还压力，沦为"房奴""车奴""卡奴"和"学奴"。而在收入大半用来偿债的状况下，更多生活需求又需要靠借更多的债才能满足，于是陷入了恶性循环当中。

虽然中国是全球储蓄率最高的国家之一，但随着消费习惯的改变，"月光族"群体越发庞大起来。财富是需要管理的，也就是所谓的"你不理财，财不理你"，学会一些理财

知识对积累财富来说很有必要。

请给处于不同年龄阶段的永亮、颖诗和李勤支支招：怎么样才能从苦恼的“月光族”华丽转身为“理财族”呢？

案例分析：不管处于哪个年龄阶段，都应该从以下几个方面进行个人财务管理，脱离“月光族”的困扰。

第一，养成记账的好习惯。理财是一项有计划、需落实的财务安排，靠着自觉和毫无规划，这件事几乎是无法实现的。因此，我们要养成记账的好习惯，并且要定期简要分析资金去向和大致分布，这样我们的钱才不会“跑丢”。记了账，就已经向理财迈出了第一步。

第二，强制储蓄。大部分富豪都有强制储蓄的好习惯。因为不论你收入多高，都是流动的水，最终判定你是不是富人还要看财富积累。我们应当合理分配工资性收入，按固定比例做好刚性储蓄，可以是投资稳健收益的定期存款，或者是投资保证本金收益的理财产品。

第三，做到量入为出。我们应明确自身需求并合理定位消费水平，确保生活类支出充足，享受类支出适当，奢华类支出慎选。特别是“月光族”，要用好信用卡，合理享受信用卡带来的结算方便和资金融通功能。我们应改掉工资全部用于信用卡还款的不良习惯，理性消费。除此之外，“月光族”更应管好各类快捷支付工具，最好取消各种银行卡与虚拟透支账户的绑定，留有必备支出的余额后，限制随性消费。理财除了节流，当然还要开源，合理规划自己的财富才能实现财富保值增值。我们要管好零钱，灵活运用各类互联网“宝宝”类产品，让日常零星支出备用金钱生钱。各类在线平台都能实现实时到账的理财服务，既保证了零星资金使用的灵活性，又兼顾了比活期存款高不少的收益。

第四，做好防守型投资。为了防止因病致贫，在缴纳社保的基础上，我们可以在专业寿险规划师的建议下，购买基础意外险和重大疾病类保险，做足人生保障。此外，对于进攻型投资，大部分资金可以配置稳健理财，实现安全稳健的保值增值，小部分资金可以投资一些基金定投和基金组合，或者可以适当投资黄金、股票、期货、公司债等较高风险的金融产品，以小搏大，获取资本性收入。需要注意的是，不论是防守型投资还是进攻型投资，一定要谨慎负责，任何一笔投资都要遵守收益风险对应的平衡，切莫因小失大。收益固然要兼顾，但风险更重要。在不影响自身资金流动性需求的前提下，投资者可以考虑选择风险较低的长期投资，以时间换空间，积少成多，规避短期市场波动风险，获取更稳健、可观的收益。

任务一　个人财务管理

一、了解生命周期理论

个人财务管理是贯穿个人整个生命周期的终身财务规划，只有将个人未来必须面对的教育、职业发展、医疗、保险、购房、纳税、养老、遗产继承等各方面的经济事项妥善安排，才能最终达到终身的财物安全和有品质的生活。

生命周期理论从个人（家庭）的生命周期整体出发来规划理财，根据人生各阶段的特征，让人们结合实际情况设计理财方案，选择适当的产品，以达到在整个人生过程中合理分配财富，实现人生效用最大化的目标。生命周期理论是个人财务管理也是个人理财的核心基础理论之一。

生命周期假说由经济学家弗兰科·莫迪利安尼、理查德·布伦伯格与艾伯特·安多共同创建。该理论创造性地将个人的储蓄、消费行为和个人终身收入乃至整个生命周期联系起来，明确人的消费与储蓄决策应充分考虑自己的现实财富、未来预期收入、未来预期支出等诸多因素，在相当长的时间内做好自己的消费和储蓄计划，可以避免在一生之中消费水平出现大的波动，以期获得人生的最大总效用。

二、生命周期的三个阶段

莫迪利安尼认为，理性的消费者要根据一生的收入来安排自己的消费与储蓄，使一生的收入与消费相等，理性的消费者为了保持平稳的消费水平，应将一生之中可以得到的所有收入平摊到一生中去消费，以达到最大的效用。生命周期理论将人的一生分为青年时期、中年时期和老年时期三个阶段。

青年时期为积累阶段，个人一般会有相对稳定的收入来源，但收入水平较低，而收入的绝大部分将用于教育、置业、交通、婚姻等消费。处于积累阶段的个人往往开始积累财富，但净资产较少。

中年时期为巩固阶段，个人收入随着事业的发展逐步增加，其收入超过了消费支出，消费在收入中所占的比例降低。处于巩固阶段的个人开始偿还青年时期的负债，巩固与积累财富用于防老，净资产大幅增加。

老年时期为支付阶段，个人退休后，收入下降，消费超出收入。处于支付阶段的个人消费支出由社会养老保险和先前积累的财富来补偿，净资产不断减少。

由此可见，人生各阶段的收入、支出情况各不相同，只有以长远的目光来安排自己的消费与储蓄行为，做好理财规划，才能未雨绸缪、掌握主动、规避风险，达到财务自由。

任务二 家庭财务管理

一、什么是家庭财务管理

（一）家庭财务管理的定义

家庭财务管理，即家庭理财，是利用企业理财和金融方法对家庭经济（主要指家庭收入和支出）进行计划和管理，增强家庭经济实力，提高抗风险能力，增大家庭效用。从广义的角度来讲，合理的家庭理财也会节省社会资源，提高社会福利，促进社会的稳定发展。

从技术的角度讲，家庭理财就是利用开源节流的原则，增加收入，节省支出，用最合理的方式来达到一个家庭希望达到的经济目标。这样的目标小到增添家电设备、外出旅游，大到买车、购房、储备子女的教育经费，直至安排退休后的晚年生活等。

（二）家庭财务管理的内容

就家庭财务管理的整体来看，其包含三个层面的内容：首先是设定家庭理财目标，其次是掌握现时收支及资产债务状况，最后是如何利用投资渠道来增加家庭财富。

二、认识家庭的财务状况的必要性

在实际生活中，每个家庭在不同的阶段有着不同的需求，如购房需求、旅行需求、退休保障需求等，也有着各种风险，如失业、意外伤害等。认识家庭的财务状况、收支储蓄情况和现金流量可以帮助每个家庭满足需求、摆脱财务困境。

学习任务

（学习任务答案）

根据家庭生命周期四个阶段的特征，填列不同阶段的需求，分组讨论合理性和必要性（见表2-1）。

表2-1　家庭生命周期特征

阶段	家庭特征	需求
形成期	夫妻两人组建新家庭，脱离原生家庭，尚未有儿女，夫妻双方年龄介于25~35岁居多	
成长期	建立父母角色，有子女初长成，完成学业，夫妻年龄介于35~55岁居多	
成熟期	子女完成学业至夫妻均退休，双方事业发展高峰，子女参加工作并独立，夫妻年龄介于55~65岁居多。	
衰老期	夫妻均退休至其中一人过世，老两口居住，子女组建新的家庭，夫妻年龄介于65~85岁居多。	

三、个人（家庭）财务报表编制

企业有企业的财务报表，家庭也有家庭的财务报表，编制一套包括资产负债表、收支损益表、现金流量表等在内的家庭财务报表，有利于清楚地认识家庭的财务状况，这样才能知道该从什么地方入手进行财务规划。

家庭财务报表分析可以弄清楚如下几个方面的情况：

第一，现在有多少资产，其中自用资产（自用的房产、汽车等）占比多少、生息资产（存款、投资品等）占比多少，这些比例是否合理。

第二，现在有多少负债，其中消费方面的负债、投资方面的负债、自用资产形成的负债各占比多少，这些比例是否合理。

第三，每月家庭收入中有多少是工作收入，有多少是理财收入（一旦退休或停止工作，理财收入能支撑多少家庭支出）。

第四，每月家庭支出中日常必需品支出是多少、非必需品支出是多少，比例是否合理，可以进行怎样的调整。

第五，每月能有多少储蓄，储蓄比例是否合理，是否能够支持理财计划。

第六，家庭资产中对哪些市场因素比较敏感，利率、汇率、股市表现等因素会对家庭资产产生怎样的影响等。

由此可见，深入了解家庭的财产内容，及时合理地计量家庭财产，有利于正确了解个人（家庭）的资产状况，对正确设定理财目标、选择合适的投资组合、合理安排收入支出比例及资产的保值增值途径有十分重要的意义。

因此，学习理财，首先要学会阅读简单的财务报表，明白每项投资对现金流量的影响。资产负债表能够帮助我们了解自己有多少财可理，有多少债还没有偿还；收支表能够帮助我们做好收支管理，记录好每天的收支情况，定期检查是否有不必要的开支，对未来的收入和支出预先做好规划。

（一）家庭资产负债表的编制

家庭资产负债表是根据家庭在某一时点的资产负债和资产净值的基本情况编制的。该报表能清晰地反映家庭拥有资产的情况以及这些资产从何而来、其间的比例关系等（见表 2-2）。

表 2-2 家庭资产负债表的简易格式

资产		负债及净资产	
项目	金额（元）	项目	金额（元）
流动资产		消费负债	
现金		信用卡欠款	

表2-2(续)

资产		负债及净资产	
活期银行存款		小额消费贷款	
其他流动资产		其他消费性负债	
流动资产合计		消费负债合计	
投资资产		投资负债	
定期银行存款		金融投资借款	
股票投资		实物投资借款	
债券投资		投资房地产贷款	
基金投资		投资负债合计	
实物投资		自用负债	
投资性房地产		自用房地产贷款	
保单现金价值		自用汽车贷款	
其他投资性资产		其他自用贷款	
投资资产合计		自用负债合计	
自用资产		负债合计	
自用房地产		净资产（资产-负债）	
自用汽车		负债及净值合计	
其他自用资产			
自用资产合计			
资产合计			

（财务指标安全配置建议范围）

（二）家庭收支储蓄表的编制

家庭收支储蓄表反映一段时期内家庭收支及储蓄状况，是对一定时期内家庭财富增长的总括反映。编制家庭收支储蓄表的目的，是提供家庭生成现金的能力和时间分布，以利于准确地做出消费和投资决策。编制中需要遵循真实可靠原则、充分反映原则、明晰性原则、及时性原则和充分解释原则。

家庭收支储蓄表反映的是一定时期家庭现金信息，由收入、支出和储蓄三部分构成，为了更好地分析收入的质量和支出的控制，在收支储蓄表中将三者进行了分类。具体分类如下：

1. 收入

收入可以分为工作收入和理财收入。工作收入是通过付出脑力、体力而获得的收益，包括薪资收入、养老保险储蓄、医疗保险储蓄、住房公积金储蓄、其他工作收入等。理财收入是通过持有或变现资产而获得的收益，包括利息收入、资本利得、其他理财收入等。总收入是工作收入加上理财收入之和。

2. 支出

支出可以分为生活支出和理财支出。生活支出适用于家庭日常开支的支出，包括家庭支出、子女教育支出、其他支出等。理财支出适用于投资项目的支出，主要包括利息支出和保障型保费支出以及购买基金等资产支付的手续费或请理财规划师做出规划支付的费用等。总支出是生活支出加上理财支出之和。

3. 储蓄

根据收入和支出的分类，储蓄也可以分为工作储蓄和理财储蓄。储蓄、收入、支出之间的关系可用下列公式表示：

总储蓄 = 总收入 − 总支出

= （工作收入 + 理财收入）−（生活支出 + 理财支出）

= （工作收入 − 生活支出）+（理财收入 − 理财支出）

= 工作储蓄 + 理财储蓄

家庭收支储蓄表的格式如表 2-3 所示。

表 2-3　　　家庭收支储蓄表

项目	金额（元）
工作收入	
薪资收入	
养老保险储蓄	
医疗保险储蓄	
住房公积金储蓄	
其他工作收入	
减：生活支出	
家庭支出	
子女教育支出	
其他支出	
工作储蓄	
理财收入	
利息收入	

表2-3(续)

项目	金额（元）
资本利得	
其他理财收入	
减：理财支出	
利息支出	
保障型保费支出	
理财储蓄	
总储蓄	
减：养老保险储蓄	
住房公积金储蓄	
自由储蓄	

【案例 2-1】A 君所在家庭是广州的双薪家庭，夫妻月薪合计 10 000 元，每月固定支出生活费 5 000 元。9 月底，家庭资产有存款 50 000 元，股票投资成本 100 000 元。10 月初，A 君出售部分股票，出售价为 110 000 元，获得 10 000 元投资收益。家庭购置市价 500 000元的从化区房产一套，房贷负债 350 000 元，每月缴房贷本息 3 000 元，其中本金 1 000元，利息 2 000 元。

图 2-1 为 A 君家庭 9 月的活期存款户记录。

日期	摘要	账户注记	支出	收入	结存
9 月 1 日		期初结存			50 000
9 月 1 日	工资薪金所得	服务公司转入		10 000	60 000
9 月 1 日	股票利得	证券公司转入		110 000	170 000
9 月 1 日	购房首付款支出	转出至房地产公司	150 000		20 000
9 月 1 日	9 月生活费用支出	取现	5 000		15 000
9 月 30 日	房贷本息支出	转账	3 000		12 000

图 2-1　活期存款户记录（单位：元）

要求：

（1）根据案例资料以表 2-2 的格式编制 A 君的家庭资产负债表。

（2）根据案例资料以表 2-3 的格式编制 A 君的家庭收支储蓄表。

（3）通过检验资产负债表和收支储蓄表，分析其勾稽关系。

案例分析：

（1）A 君的家庭 9 月 30 日的资产负债表如表 2-4 所示。

表 2-4 家庭资产负债表

资产	金额（元）		负债及净资产	金额（元）	
项目	期初	期末	项目	期初	期末
流动资产			消费负债		
现金			信用卡欠款		
活期银行存款	50 000	12 000	小额消费贷款		
其他流动资产			其他消费性负债		
流动资产合计	50 000	12 000	消费负债合计	0	0
投资资产			投资负债		
定期银行存款			金融投资借款		
股票投资	100 000		实物投资借款		
债券投资			投资房地产贷款		
基金投资			投资负债合计	0	0
实物投资			自用负债		
投资性房地产			自用房地产贷款		349 000
保单现金价值			自用汽车贷款		
其他投资性资产			其他自用贷款		
投资资产合计	100 000		自用负债合计	0	349 000
自用资产			负债合计	0	349 000
自用房地产		500 000	净资产		
自用汽车			净值合计	150 000	163 000
其他自用资产					
自用资产合计	0	500 000			
资产合计	150 000	512 000	负债及净值合计	150 000	512 000

（2）A 君的家庭 9 月 30 日的收支储蓄表如表 2-5 所示。

表 2-5 收支储蓄表

项目	金额（元）
工作收入	10 000
薪资收入	10 000
养老保险储蓄	

表2-5(续)

项目	金额（元）
医疗保险储蓄	
住房公积金储蓄	
其他工作收入	
减：生活支出	5 000
家庭支出	5 000
子女教育支出	
其他支出	
工作储蓄	5 000
理财收入	10 000
利息收入	
资本利得	10 000
其他理财收入	
减：理财支出	2 000
利息支出	2 000
保障型保费支出	
理财储蓄	8 000
总储蓄	13 000
减：养老保险储蓄	
住房公积金储蓄	
自由储蓄	

（3）分析A君家庭资产负债表和收支储蓄表的勾稽关系如下：

资产负债表中的本期净值增加额=收支储蓄表中的总储蓄。

本期净值增加额=期末净值-期初净值=163 000-150 000=13 000（元）

可得出，储蓄=13 000（元）

因此，满足A君家庭资产负债表和收支储蓄表的勾稽关系。

资产负债表中的本期净值增加额=收支储蓄表中的储蓄=13 000（元）

（三）家庭现金流量表的编制

现金流量表是反映家庭现金流量及财务状况的重要报表。现金是家庭的即付资金，是满足家庭日常生活支出和应急准备的必备资产。家庭的经济活动一般都直接体现为现金的流入与流出，现金流量表的编制可以体现家庭经济运行的基本情况。家庭经济活动通常表现为生活、投资与借贷三大内容，都可能发生某种现金流入或流出的情况，因此对家庭现金流量表的设计，也应包括这三方面活动体现的现金流入与流出。家庭现金流量表的格式如表 2-6 所示。

表 2-6　　家庭现金流量表

项目	金额
期初现金结存量	
本期家庭日常生活中的现金净流量	
日常生活中的现金流入合计	
家庭各项职业劳动与非职业劳动的现金流入	
家庭其他活动的现金流入	
日常生活中的家庭流出合计	
日常生活消费的现金流出	
文化教育、文体娱乐活动的现金流出	
社会人际交往的现金流出	
赡老扶幼的现金流出	
家庭其他消费活动的现金流出	
本期家庭投资活动中的现金净流量	
投资活动的现金流入合计	
股票债券投资售出的现金流入	
投资盈利的现金流入	
其他投资活动的现金流入	
储蓄存款提现的现金流入	
投资活动的现金流出合计	
购买的股票债券、储蓄存款的现金流出	
投资活动亏损的现金流出	
其他投资活动的现金流出	
本期家庭借贷活动中的现金净流量	
借贷活动中的现金流出合计	
对外借出款项收回的现金流入	
对外借入款项的现金流入	
借贷活动中的现金流出合计	
对外借出款项的现金流出	
对外借入款项归还的现金流出	
期末现金结存量	

家庭现金流量表的编制应注意以下问题：

（1）家庭保费支付项目应该分为保障型保费和储蓄型保费，分别记入日常生活中的家庭现金流出和投资活动的现金流出。因为储蓄型保费会形成现金价值，应该属于一种投资行为，所以该项支出应该记入投资活动的现金流出。

（2）有关资产负债表项目中的调整项目，涉及现金流量的项目填列在家庭现金流量表中，资产重估增减值或未实现资本利得损失不得列入，因为没有实际产生现金流量。

（3）现金流分成以下四个主要项目：

①生活现金流量=工作收入-生活开支（收支储蓄表数据）。

②投资现金流量。

投资收益（收支储蓄表数据）。

资本利得（收支储蓄表，应为已实现利得或损失，未实现利得不产生实际现金流）。

实际投资赎回（资产负债表数据，会使得现金增加，资产减少）。

实际新增投资（资产负债表数据，会使得现金减少，资产增加）。

③借贷现金流量。

借入本金（资产负债表数据，会使得现金增加，负债增加）。

利息支出（收支储蓄表数据，会使得费用增加，现金减少）。

还款本金（资产负债表，会使得负债减少，现金减少）。

④保障现金流量。

保费支出（收支储蓄表数据，理财支出增加，现金减少）。

资产重估增值或减值、未实现利得或损失，由于没有实际现金流变化，不列入家庭现金流量表。

家庭现金流量表的编制应注意的项目如表 2-7 所示。

表 2-7　　家庭现金流量表的编制应注意项目

项目	项目
一、生活现金流量	三、借贷现金流量
工作收入（收支储蓄表收入类）	借入本金（资产负债表负债类）
生活开支（收支储蓄表支出类）	利息支出（资产负债表支出类）
生活现金流量合计	还款本金（资产负债表负债类）
二、投资现金流量	借贷现金流量合计
投资收益（收支储蓄表收入类）	四、保障现金流量
资本利得（收支储蓄表收入类）	保费支出（收支储蓄表支出类）
实际投资赎回（资产负债表资产类）	保障现金流量合计

表2-7(续)

项目	项目
实际新增投资（资产负债表资产类）	资产重估增值或减值
投资现金流量合计	未实现资本利得或损失（不产生实际流量）

学习任务

资产负债表相关资料和收支储蓄表相关资料如表2-8所示。

表2-8　　资产负债表相关资料和收支储蓄表相关资料　　单位：元

资产负债表相关资料			收支储蓄表相关资料		
项目	上期期末	本期期末	项目	上期期末	本期期末
现金	15 000	20 012	工作收入	78 000	80 000
银行存款	10 000	10 000	投资收益	300	400
股票	200 000	500 000	资本利得	20 000	58 212
基金	790 000	800 000	收入合计	98 300	58 212
自用住宅	1 000 000	1 000 000	生活支出	45 000	50 000
资产总计	2 015 000	2 330 012	利息支出	47 600	68 600
消费借款	70 000	80 000	保费支出	5 000	5 000
房贷	510 000	500 000	支出合计	97 600	123 600
投资借款	100 000	400 000	储蓄	700	15 012
负债总额	680 000	980 000			
净值					

要求分析：

(1) 生活现金流量。

(2) 投资现金流量。

(3) 借贷现金流量。

(4) 保障现金流量。

(学习任务答案)

任务三　家庭财务预算的编制与分析

家庭财务预算是用于预测家庭收入、支出与未来节余或赤字的一种计划性文件。家庭财务预算是在理财规划方案制订后，为保证预算的执行和控制而编制的，是理财规划方案执行的直接依据和执行效果的保证。

一、编制家庭财务预算

编制家庭财务预算是为了给家庭理财方案的执行提供直接依据。在编制家庭财务预算时，首先要理清家庭财务预算与个人理财的关系、家庭财务预算编制的程序及基本原则。

（一）家庭财务预算与个人理财的关系

个人理财中，预算大多是以月为时间单位，以现金形式来显示每个月的收入和支出。预算的本质是短期理财预测，用于控制支出和监察购物状况。预算还是个人的理财路径，能提供一个使我们实现计划、达成理财目标的有效机制。家庭财务预算和个人理财的关系如图 2-2 所示。

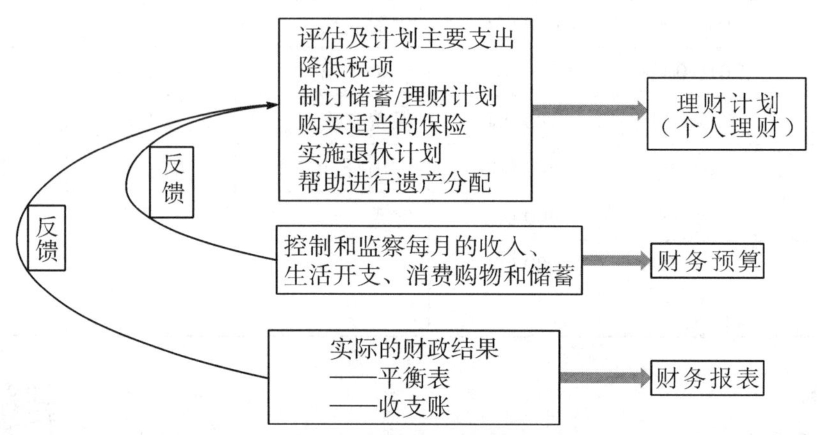

图 2-2　家庭财务预算和个人理财的关系

由此可见，编制财务预算联系了短线收支和长远理财计划，显示了家庭理财的实际营运结果，可以作为订立方向、控制和反馈使用，有助于预测未来可能产生的财务问题并及时更正，或者对个人未来收支给予有效管理，以实现个人理财目标。编制财务预算在个人理财规划中扮演着重要角色。

（二）家庭财务预算编制的程序

第一，设定长期理财目标，计算实现长期理财目标所需的年储蓄额。

第二，预测年度收入。

第三，计算年度支出预算目标：

年度支出预算=年度收入-年储蓄目标

第四，将预算分门别类划分细目，作为将来执行预算过程中记账的类目。

（三）家庭财务预算编制的基本原则

第一，按照自己最能掌控的分类来编制。

第二，预算应分为月预算和年预算，分别以当月差异及年度预算达成的进度来做追踪比较。

第三，预算应分为可控制预算和不可控制预算，已经安排好固定金额支付的房贷还款、保费、定期定额投资、房租、管理费、所得税缴纳等通常不会产生差异的项目均属于不可控制预算项目。金额及用途不固定的项目均应属于可控制预算项目，要进行差异分析，每月检查改进。

（四）家庭财务预算表的编制

编制家庭财务预算表首先要明确收入和支出的来源与特征，对其进行分类，并在家庭财务预算表上填写收支项目的具体名称。家庭财务预算表如表 2-8 所示。

表 2-8　家庭财务预算表

年　月　日　　单位：元

<table>
<tr><th colspan="3">家庭收入</th><th colspan="3">家庭支出</th></tr>
<tr><th colspan="2">项目</th><th>金额</th><th colspan="2">项目</th><th>金额</th></tr>
<tr><td rowspan="5">工作收入</td><td>薪资收入</td><td></td><td rowspan="4">生活支出</td><td>生活基本支出</td><td></td></tr>
<tr><td>养老保险储蓄</td><td></td><td>医疗保健、文化娱乐支出</td><td></td></tr>
<tr><td>医疗保险储蓄</td><td></td><td>子女教育支出</td><td></td></tr>
<tr><td>住房公积金储蓄</td><td></td><td>其他支出</td><td></td></tr>
<tr><td>其他工作收入</td><td></td><td rowspan="4">理财支出</td><td>利息支出</td><td></td></tr>
<tr><td rowspan="3">理财收入</td><td>利息收入</td><td></td><td>保障型保费支出</td><td></td></tr>
<tr><td>资本利得</td><td></td><td>其他理财支出</td><td></td></tr>
<tr><td>其他理财收入</td><td></td><td></td><td></td></tr>
<tr><td colspan="2">总收入</td><td></td><td></td><td>总支出</td><td></td></tr>
</table>

特别需要说明的是，家庭财务预算中的内容是家庭财务预算执行、控制和分析的直接依据，财务预算在执行过程中，要通过账户记录手段来反映支出，因此支出项目应与账户记录的项目一致。

二、分析家庭财务预算

如果每月按照预算科目记账，可以得出实际的收入、支出和储蓄的根据。与预算金额相比较，根据差异的金额或比率大小，能分析差异原因以检讨改进。差异分析应注意如下要点：

第一，总额差异的重要性大于细目差异。

第二，明确追踪差异的金额门槛或比率门槛。

第三，按预算类别分别分析。

第四，倘若预算差异较大，应每月选择一个重点项目集中改善。

第五，如果无法降低支出，就要想办法增加收入。

项目小结

生命周期理论从个人（家庭）的生命周期整体出发来规划理财，根据人生各阶段的特征，让人们结合实际情况设计理财方案，选择适当产品，以达到在整个人生过程中合理分配财富，实现人生效用最大化的目标。生命周期理论是个人理财的核心基础理论之一。

家庭资产负债表是根据家庭在某一时点的资产负债和资产净值的基本情况编制的，是最为重要的家庭会计报表。该报表清晰地反映了家庭拥有资产的情况以及这些资产从何而来，其间的比例关系又是如何等。

家庭收支储蓄表反映了一定时期内的家庭收支及储蓄状况，是对一定时期内家庭财富增长的总括反映。编制家庭收支储蓄表的目的，是提供家庭生成现金的能力和时间分布，以利于准确做出消费和投资决策。

现金流量表是反映家庭现金流量及财务状况的重要报表。现金是家庭的即付资金，是满足家庭日常生活支出和应急准备的必备资产。家庭的经济活动一般都直接体现为现金的流入与流出，现金流量表的编制可以体现家庭经济运行的基本状况。

家庭资产负债表分析主要分析家庭资产负债比例是否合理、负债与资产的配置是否一致以及导致家庭资产负债比例不合理的原因。家庭收支储蓄表分析是通过不同类型的收入和支出比例分析，分析家庭的收支结构和生命周期是否一致。

家庭财务预算是用于家庭收入、支出与未来节余或赤字的一种计划性文件。家庭财务预算是在理财规划方案制订后，为保证预算的执行和控制而编制的，是理财规划方案执行的直接依据和执行效果的保证。

项目实训

B君今年42岁，是一家外企中层管理人士，其妻子刘女士38岁，是某国企的会计主管。两年前夫妻二人花费150万元购置了市中心的一套两居室，首付60万元，剩余部分申请了按揭贷款，每月需要支付贷款本息和8 870元，目前这套房子市价180万元，尚有835 800元的贷款。夫妻二人有现金5 000元，活期存款7.5万元，证券账户基金市值15万元，住房公积金账户合计2万元，购买的养老保险现金价值为32万元，衣物评估价值为8万元，日常用品评估价值为15万元。B君有一辆车市价为22万元，购置价为24万元，每月需要支付6 000元贷款本息，目前还有10万元贷款。刘女士开的车估价5万元。本月夫妻二人信用卡欠款8 000元，他们每月收入为3万元。今天是20××年12月31日。请编制B君家庭资产负债表（见表2-9）。

表2-9　　B君家庭资产负债表

20××年12月31日

资产		负债及净资产	
项目	金额	项目	金额
流动资产		消费负债	
现金		信用卡欠款	
活期银行存款		小额消费贷款	
其他流动资产		其他消费性负债	
流动资产合计		消费负债合计	
投资资产		投资负债	
定期银行存款		金融投资借款	
股票投资		实物投资借款	
债券投资		投资房地产贷款	
基金投资		投资负债合计	
实物投资		自用负债	
投资性房地产		自用房地产贷款	
保单现金价值		自用汽车贷款	
其他投资性资产		其他自用贷款	
投资资产合计		自用负债合计	
自用资产		负债合计	

表2-9(续)

资产		负债及净资产	
项目	金额	项目	金额
自用房地产		净资产（资产—负债）	
自用汽车		净值合计	
其他自用资产			
自用资产合计			
资产合计		负债及净值合计	

技能实训

实训目的：通过家庭资产负债表、收支储蓄表和现金流量表，了解家庭财务状况，分析家庭财务结构，为达到理财目标给出合理建议。

实训材料：

C君今年38岁，高校教师，副教授；妻子36岁，在一家报社从事会计工作；女儿今年7岁，小学二年级。C君的父母是农民，与C君的哥哥同住在乡下老家。父亲今年74岁，母亲70岁，均身体健康。C君的岳父母均是国企员工，已退休。

C君家庭资产状况如下：

3年前从郊区购入一套130平方米的商品房，市价8 500元/平方米，公积金贷款40万元，贷款年限30年，房贷利率4.77%；在市区有一套78平方米的商品房，市价2.8万元/平方米，已供完房贷，现用于出租，月租金3 600元；为解决孩子上学问题，2年前在市中心购置了一套40平方米学区房，市价3.5万元/平方米，从银行流动资金贷款20万元，每年循环贷款，贷款利率4.82%，从亲友处借款10万元，其他款项自付，现该房用于出租，每月租金2 600元。C君2年前购置20万元汽车一辆，现市价15万元。C君家庭另有股票投资6万元，银行活期存款6万元，住房公积金每月合计3 500元，全部用于支付房贷，无其他资产。

C君家庭收支情况（收入均为税后收入）：

C君月收入9 000元，年底奖金6万元，妻子月收入8 000元，年底奖金3万元，家庭日常生活支出5 000元/月，女儿兴趣班学费800元/月，衣物等杂项支出2万元/年，赡养老人生活费6 000元/年，旅游支出1.5万元/年，汽车使用支出（含保险费）2万元/年。

C君家庭保障情况如下：

C君养老保险金账户余额为3.8万元，医疗保险金额为4 000元，去年购买了一份年缴费6 000元的万能险，保额10万元，目前现金价值为0；妻子养老保险金账户余额为

3.6 万元，医疗保险账户余额为 3 800 元，没有购买其他任何保险。

C 君家庭的理财目标如下：

（1）尽快还清银行流动资金贷款。

（2）3 年内换一辆 20 万元左右的汽车。

（3）女儿大学阶段能够到欧美国家留学。

（4）提高家庭风险保障能力。

（5）为父母准备充足的养老金和大病基金。

（6）退休后在市区周边购买一套别墅，并保持目前的生活质量。

技能训练目标如下：

（1）编制 C 君家庭资产负债表、家庭收支储蓄表和家庭现金流量表。

（2）分析 C 君家庭财务结构。

（3）计算 C 君家庭财务比率并对 C 君家庭财务状况的改善提出建议。

项目三　个人理财风险管理和现金规划

学习目标

1. 了解个人理财风险管理
2. 能计算主要储蓄存款利息，掌握应急现金的测算，掌握储蓄存款利息的计算
3. 掌握消费信贷理财的主要方式，理解个人信用管理的策略
4. 了解信用卡，掌握信用卡免息期与循环利息计算

重点及难点

1. 认识和掌握个人理财风险管理
2. 各类型储蓄存款的特点和储蓄技巧
3. 消费信贷的类型及其特点
4. 信用卡的特点及使用注意事项

【案例导入】

“君子爱财，取之有道”是我们耳熟能详的一句名言，但很多人不知道这句名言的后半句是“君子爱财，更当治之有道”。

胡适先生是著名的学者、作家。他在步入中年之前，一直收入丰厚。1917 年，27 岁的胡适留学回国，在北京大学当教授，月薪 280 银元。那时 1 银元相当于现在的人民币 40 多元，月薪合人民币 11 200 元。除了薪水，胡适还有稿酬。1931 年，胡适从上海回到北京大学，担任文学院院长，月薪 600 银元。那一时期他著作更多，稿酬更加丰厚。据估算，胡适约每月收入 1 500 银元。那时 1 银元约合现在的人民币 30 多元，胡适的月收入相当于现在人民币 45 000 元，年收入达到 50 多万元。胡适家住房十分宽敞，雇有 6 个佣人，生活富裕。但胡适不注重理财，经常“吃光花净”，长期没有积蓄。在 1937 年抗日战争全面爆发时，也就是胡适步入中年以后，他的生活开始拮据起来，并且持续至其后半生。进入暮年，胡适每次生病住院，医药费都告急，总是只好提前出院。胡适先生在晚年多次告诫身边的工作人员：“年轻时，要注意多留点积蓄。”

现实生活中，很多人收入不菲，却经常哭穷，月月“月

（针对“月光族”的理财建议）

光”，工资“白领”，对钱的去向，却也说不出一个所以然来。这都是由于对日常生活没有一个合理的规划导致的。“月光族”们应该尽快树立正确的理财观念，运用科学的理财手段，为自己的生活寻找坚实的经济保障。

任务一　个人理财风险管理

一、风险的含义

风险大致有两种定义：一种定义强调了风险表现为不确定性，另一种定义则强调风险表现为损失的不确定性。具体来说，风险就是指某种损失发生的不确定性，这种不确定性表现在发生与否是不确定的、发生的时间是不确定的、发生的状况是不确定的、发生的后果是不确定的。

如果风险表现为不确定性，说明风险只能表现出损失，没有从风险中获利的可能性，属于狭义风险。而风险表现为损失的不确定性，说明风险产生的结果可能带来损失、获利或无损失也无获利，属于广义风险，金融风险属于此类。风险和收益是成正比的，因此积极进取型的投资者为了获得更高的收益偏向于高风险的投资，而稳健型的投资者则着重于安全性的考虑偏向于中低风险的投资。

二、构成风险的要素

（一）风险因素

风险因素是指某一特定损失发生或增加其发生的可能性，或者扩大其损失程度的原因。风险因素是风险事故发生的潜在原因，是造成损失的内在原因或间接原因。

根据性质不同风险因素分为实质风险因素、道德风险因素、心理风险因素三种。

1. 实质风险因素

实质风险因素是指有形的、能直接影响事物物理功能的因素，即某一标的本身所具有的足以引起或增加损失机会和加重损失程度的客观原因和条件。

例如，人体生理器官功能；建筑物所在地、建材等；汽车的生产厂家、规格、刹车系统；地壳的异常变化、恶劣的气候、疾病传染等。

2. 道德风险因素

道德风险因素是与人的品德修养有关的无形的因素，即由于个人不诚实、不正直或不轨企图，故意促使风险事故发生，以致引起社会财富损毁和人身伤亡的原因或条件。

例如，欺诈、纵火等。在保险业务中，保险人不承保此类风险因素造成的损失责任，不承担因道德风险因素引起的损失、赔偿或给付责任。

3. 心理风险因素

心理风险因素又叫风纪风险因素，是指与人的心理状态有关的无形的因素，即由于人们不注意、不关心、侥幸，或者存在依赖保险心理，以致增加风险事故发生的机会和加大损失的严重性的因素。

例如，企业或个人投保财产保险后放松对财物的保护，或者在火灾发生时不积极施救，任其损失扩大等，都属于心理风险因素。

（二）风险事故

风险事故是指造成生命、财产损失的偶发事件，是造成损失的直接的或外在的原因，是损失的媒介物。风险只有通过风险事故的发生，才能导致损失。

风险是损失发生的一种可能性，风险事故则意味着风险的可能性转化为现实性。因此，风险事故是直接引起损失后果的意外事件。

例如，下冰雹导致路滑而发生车祸，甚至造成人员伤亡；冰雹直接击伤行人等，冰雹便是风险事故。

（三）损失

损失是指非故意的、非预期的、非计划的经济价值的减少，即经济损失。这是狭义的损失的定义，一般以丧失所有权、预期利益、支出费用、承担的责任等形式表现，而像精神损失、政治迫害、折旧、馈赠等均不能作为损失。

在风险管理中，通常将损失分为四类，即实质损失、额外费用损失、收入损失和责任损失。在保险实务中，我们通常将损失分为两种形态，即直接损失和间接损失。直接损失是指风险事故导致的财产本身损失和人身伤害，这类损失又称为实质损失；间接损失则是指由直接损失引起的其他损失，包括额外费用损失、收入损失和责任损失。

风险是由风险因素、风险事故和损失三者构成的统一体，风险因素引起或增加风险事故，风险事故发生可能造成损失。

三、风险的特征

风险具有以下特性：

第一，不确定性，即风险可能发生，也可能不发生，有可能早发生，也有可能晚发生，就像一个人有可能得重大疾病，也可能不会得病，但每个人都会死，只是有早发生和晚发生的区别而已。

第二，客观性，即风险不以人的意志为转移。

第三，普遍性，即每个人都面临生、老、病、死以及意外伤害等风险。

第四，可测定性，即风险在某一个体中不可预测，但在群体中发生风险的概率是可以预测的，比如发病率、死亡率等。

第五，发展性，即随着社会的发展各种风险也在不断发展，如同在现代社会，人们享受便利交通的同时，交通事故的风险也大大增加了。

四、风险的分类

按照不同的情况风险的分类如下：

第一，按风险产生的原因分类，可以将风险划分为自然风险、社会风险、政治风险、经济风险和技术风险。

第二，按风险的性质分类，可以将风险划分为纯粹风险和投机风险。

第三，按风险产生的环境分类，可以将风险划分为静态风险和动态风险。

第四，按损失的范围分类，可以将风险划分为基本风险和特定风险。

第五，按风险的对象分类，可以将风险划分为财产风险、人身风险、责任风险和信用风险。

（风险管理与控制）

五、风险管理方法

风险管理方法主要有控制型风险管理技术和财务型风险管理技术。

（一）控制型风险管理技术

控制型风险管理技术，即采取控制技术，达到避免和消除风险，或者减少风险因素危害的目的的方法。控制型风险管理技术可以适用于灾前灾后。事故发生前，降低事故发生频率；事故发生后，降低损失程度。

控制型风险管理技术主要包括避免风险、预防风险、分散风险、抑制风险四种风险管理方法。

1. 避免风险

避免风险是指设法回避损失发生的可能性，即从根本上消除特定的风险单位和中途放弃某些既存的风险单位，采取主动放弃或改变该项活动的方式。避免风险的风险管理方法一般在某特定风险所致损失频率和损失幅度相当高或处理风险的成本大于其产生的效益时采用，它是一种最彻底、最简单的方法，但也是消极的风险管理方法。

2. 预防风险

预防风险是指在风险事故发生前为了消除或减少可能引起损失的各种因素而采取的处理风险的具体措施。其目的在于通过消除或减少风险因素而降低损失发生频率。这是事前的措施，即所谓的“防患于未然”。例如，定期体检虽然不能消除癌症的风险，但是可获得医生的有效建议或及早防治。

3. 分散风险

分散风险是指增加同类风险单位的数目来提高未来损失的可预测性，以达到降低风险发生的可能性的目的。例如，发展连锁店、跨国公司、集团公司等。

4. 抑制风险

抑制风险是指在损失发生时或损失发生后为减小损失程度而采取的各项风险管理措施。抑制风险是处理风险的有效技术。例如，安装自动喷淋设备，堵修决口的堤坝等。

（二）财务型风险管理技术

财务型风险管理技术是指以提供基金的方式，降低发生损失的主要方法。

财务型风险管理技术主要包括自留风险和转移风险两种方法。自留风险有主动自留和被动自留之分。转移风险有财务型非保险转移和财务型保险转移两种方法。

1. 自留风险

自留风险是指对风险的自我承担，即企业或单位自我承受风险损害后果的方法。自留风险是一种非常重要的财务型风险管理技术。自留风险有主动自留和被动自留之分。通常在风险所致损失频率和幅度低、损失在短期内可以预测以及最大损失不影响企业或单位财务稳定时采用自留风险管理的方法。

2. 转移风险

转移风险是指一些单位或个人为避免承担风险损失，而有意识地将损失或与损失有关的财务后果转嫁给另一些单位或个人去承担的一种风险管理方式。

财务型非保险转移风险是指单位或个人通过订立经济合同，将损失或与损失有关的财务后果转移给另一些单位或个人去承担，如保证互助、基金制度等，或者人们可以利用合同的方式，将可能发生的、指明的不定事件的任何损失责任，从合同一方当事人转移给另一方，如销售、建筑、运输合同和其他类似合同的除外责任与赔偿条款等。

财务型保险转移风险是指单位或个人通过订立保险合同，将其面临的财产风险、人身风险和责任风险等转嫁给保险人的一种风险管理技术。投保人缴纳保费，将风险转嫁给保险公司，保险公司则在合同规定的责任范围内承担补偿或给付责任。保险作为风险转移方式之一，有很多的优越之处，在社会上得到了广泛的运用。

六、家庭存在的风险

俗话说：“天有不测风云，人有旦夕祸福。”你永远不知道“风险”和“明天”哪个会先到，人的一生面临着各种各样的风险。那么家庭存在着哪些风险呢？又如何对家庭风险进行控制和管理呢？家庭存在的风险如下：

（一）基本风险：收入风险、意外风险

收入风险和意外风险是任何一个家庭都会面临的两类风险，是家庭风险中最底端的链环。

收入是一个家庭存续的最为基本的要素。市场经济条件下，减薪、失业这些问题会伴随我们的一生，随时都有可能发生。因此，收入风险被列为首要风险。

意外风险几乎是每个家庭最担忧的事情。如果遭遇生病、火灾、抢劫等状况通常会令人措手不及，并且伴随着巨大的财产损失。危机一旦发生，若无防御措施，很可能会让一个家庭面临瓦解。面对这样的意外风险，我们应该构筑一套“防御工事”。

（二）一般风险：债务风险、流动性风险、购买力风险

当今社会，“透支未来”已渐成风尚，现代人不可能避免地产生负债，从而产生债务风险。工作不久的年轻人在购房时，首期付款往往是由父母支付的，其余部分办理住房按揭贷款。因此，应该充分考虑到父母的养老、医疗保险风险，特别注意不要过高估计自己未来的收入水平。否则过度负债会使家庭负担过大，造成生活水平下降，威胁家庭资产安全，与美好的初衷背道而驰。

当我们将注意力集中在家庭的负债比率这个问题时，很容易忽视家庭财产的流动性风险。只有在遇到偿付难以应付，陷于捉襟见肘的尴尬局面时，我们才会想起这一风险。购买力风险就更加具有隐蔽性了，因为我们一般接触到的都是一些“名义”的价值，如银行一年期利率为3%，就是个名义利率。假如你有 1 000 元钱存入银行，通货膨胀率此时高达5%，那么你的资产其实在以2%的速度缩水，购买力在不断下降。因此，在家庭财务的规划中，要特别警惕购买力的保值和增值问题。

（三）投资风险：利率风险、市场风险

在开源方面的重要环节是进行投资，有投资就有风险，可以说是一条“铁律”。投资带来的风险应该处于家庭风险的高端链环。投资中最重要的风险是利率风险和市场风险。

其实，生活本身就隐藏着许多财务危机，有些应付处理起来较容易，但另一些危机一旦发生，若无防御措施，很可能会让一个家庭面临瓦解。因此，一定要通过家庭风险管理来降低这些风险对家庭的破坏性作用。

任务二　现金管理与储蓄存款理财

一、现金管理

现金管理与规划就是确保个人有足够的费用来支付计划中和计划外的费用，并且个人消费模式是在其预算限制之内。在个人财务规划中，现金规划与管理有助于所拥有的资金

既能满足家庭的费用又能满足储蓄的计划。现金管理使得预期的需求可以用手头现金来满足，而未预期的需求或将来的需求则可以通过各种类型的储蓄或短期工具来满足。

现金管理的内容包括现金预算和应急资金管理两个方面。

（一）现金预算

现金预算是为帮助个人达到短期财务目标的需要，通过评估个人现有的财务状况、支出模式及目标而得到的比较符合个人实际情况的一项预算。预算编制的程序包括以下几点：

第一，设定长期理财规划目标，如子女教育、退休、买房等，并计算达到各类理财规划目标所需的年储蓄额。

第二，预计年度收入。收入稳定的个人可以较准确地预估年度收入。收入淡旺季差异较大的个人，就要以过去的平均收入为基准，做最好与最坏状况下的分析，由此预测本年度收入。

第三，算出年度支出预算目标。

年度支出预算=年度收入-年度储蓄目标

将年度支出预算划分到具体项目，参见个人预算分类表（见表3-1）。

表3-1　个人预算分类表

预算分类	年度预算	月度经常性预算
收入预算	年终奖、债券利息、股息、红利等	工资薪金、佣金、房租、利息等
可控制支出预算	子女教育费用、旅游支出、衣着购置等	食物支出、交通费用、娱乐费用支出等
不可控制支出预算	税费、保障型保费、意外支出等	房贷利息、房租等
资本支出预算	购房、购车、购买耐用消费品等	分期付款等
储蓄预算	储蓄型保费、提前偿还房贷、投资等	定期定额储蓄或投资、偿还房贷本金等。

知识链接

区分费用支出和资本支出的原则：一是效用原则，即支出后所获得的效用在短期内体现，列为费用；在未来3年还会持续提供使用的效益，列为资本支出；二是金额大小原则，有些物品使用时间超过3年，但金额达不到一定标准，如5 000元或收入的5%，仍然视为费用支出。

第四，对预算进行控制与差异分析。个人可通过合理的工作安排增加家庭收入，同时对各项支出比例进行分析评估，并将比例较高的支出项目作为节约开支的重点控制项目。

为了控制费用与投资储蓄，可以在银行开立三种类型的账户：

一是开立储蓄账户，达到强迫储蓄的目的。

二是开立专门的扣款账户，如贷款本息、水电费、煤气费等，方便随时掌握相关费用缴纳情况。

三是开立信用卡账户，弥补临时性资金的不足，减少低收益资金的比例，提高其他账户资金安全。

（二）应急资金管理

在正常的收入与支出范围内，每月或多或少会有一些结余，但是当遇到意外，收入突然减少、中断或支出突然大幅增加时，如果没有一笔紧急备用金可以动用就会陷入财务困境。紧急备用金可以应对失业或丧失工作能力导致的工作收入中断，应对紧急医疗或意外导致的超支费用。

1. 以现有资产状况来衡量紧急预备金的应变能力

失业保障月数=存款、可变现资产或净资产/月固定支出

意外或灾害承受能力=（可变现资产+保险理赔金-现有负债）/基本费用

其中：可变现资产包括现金、活期存款、定期存款、股票、基金等，不包括汽车、房地产、古董字画等变现能力较差的资产。固定支出除了生活费开销以外，还包括房贷本息支出、分期付款支出等已知负债的固定现金支出。失业保障月数的指标较高，表示即使失业也暂时不会影响生活，可审慎地寻找下一个合适的工作。最低标准的失业保障月数是3个月，能维持6个月的失业保障较为妥当。

学习任务

小宇有现金2 000元、活期存款3 000元、定期存款23 000元、股票市值10 000元，汽车现值60 000元，房产现值1 000 000元。小宇每月的生活费开销2 000元，每月需还房贷5 500元，则小宇的失业保障月数为（　　）个月。

2. 紧急预备金的储存形式

紧急预备金可以用两种方式来储备，一是流动性高的活期存款、短期定期存款或货币市场基金；二是利用贷款额度。

在现金规划的一般工具中，现金流动性最强，收益率最低，在通货膨胀条件下，现金不仅没有收益，反而会贬值。国内储蓄机构的储蓄业务虽然流动性较强，但收益率较低，在一般情况下低于居民消费物价指数（CPI）。

以存款作为储备是为了保持资金的流动性但可能无法达到长期投资的平均报酬率。而以贷款额度作为预备，一旦动用就要支付高利息。存款利率与短期信用贷款利率的差距越大，以部分资金保留流动性，而以存款当作紧急预备金的诱因就越大。事故一旦发生，借款持续的时间较短，因为紧急备用额度是有支出才按日计息，因此利率虽然高，但借用的日子不多，可以用经常性收支余额还清，负担也不会太大。最好的方式是二者搭配项目。

二、储蓄存款理财

（一）认识储蓄存款

储蓄存款指为居民个人积蓄货币资产和获取利息而设定的一种存款。储蓄具有风险小、操作简单方便、方式与期限灵活等特点，可谓是最基础和最广泛的理财工作。储蓄存款基本上可分为活期储蓄存款和定期储蓄存款两种。

（招商银行“一卡通”介绍）

1. 活期储蓄存款

活期储蓄存款是一种没有存取日期约束，随时可取、随时可存，也没有存取金额限制的一种储蓄。

活期储蓄存款适合于个人生活待用或者暂时不用资金的存储。目前，银行一般约定活期储蓄存款1元起存，多存不限，实名开户，由银行发存折或银行卡，通过预留密码，在营业网点、自动柜员机（ATM机）通存通兑。个人活期存款按季结息，按结息日挂牌活期利率计息。未到结息日清户时，按清户日挂牌公告的活期利率计算到清户前一日止。

2. 定期储蓄存款

定期储蓄存款是指储户在存款时约定存储时间，一次或按期分次（在约定存期内）存入本金，整笔或分期、分次支取本金或利息的一种储蓄方式。

（1）整存整取。整存整取定期储蓄存款是指储户约定存款期限，整笔存入，到期一次性整笔支取存款本金和利息的一种储蓄方式。整存整取具有利率较高、可约定转存、可提前支取、可质押贷款的特点。

（2）零存整取。零存整取定期储蓄存款是指储户分期存入，到期一次提取本金和利息的定期储蓄存款。零存整取一般5元起存，每月存入一次，中途如有漏存，应在次月补齐。零存整取计息按实存金额和实际存期计算。存期分为1年、3年、5年。零存整取利息按存款开户日挂牌零存整取利率计算，到期未支取部分或提前支取按支取日挂牌的活期利率计算利息。

（3）整存零取。整存零取定期储蓄存款是指储户在存款时约定存期及支取方式，一次存入本金，分次支取本金和利息的定期储蓄。整存零取人民币50元起存，只能进行一次部分提前支取。利息按存入时的约定利率计算，利随本清。整存整取存款可以在到期日自动转存，也可以根据客户意愿，到期办理约定转存。人民币存期分为3个月、6个月、

1 年、2 年、3 年、5 年六个档次。

（4）存本取息。存本取息定期储蓄存款是指储户约定存期及取息期，存款本金一次性存入，存款到期一次性支取本金，分期支取利息的定期储蓄。存本取息一般是 5 000 元起存，可以 1 个月或几个月取息一次，可以在开户时约定的支取限额内多次支取任意金额。存本取息利息按存款开户日挂牌存本取息利率计算，到期未支取部分或提前支取按支取日挂牌的活期利率计算利息。存期分为 1 年、3 年、5 年。

3. 其他储蓄存款

（1）定活两便储蓄存款。定活两便储蓄存款是指储户存款时不确定存期，一次存入本金，随时可以支取的储蓄存款。定活两便储蓄存款 50 元起存，存期不足 3 个月的，利息按支取日挂牌活期利率计算，其他期限的利息一律按支取日定期整存整取同档次存款利率 6 折计息。

（2）通知存款。通知存款是一种不约定存期、一次性存入、可多次支取，支取时需提前通知银行、约定支取日期和金额方能支取的存款。人民币通知存款最低起存金额为 5 万元、单位最低起存金额为 50 万元，个人最低支取金额 5 万元、单位最低支取金额 10 万元；外币最低起存金额为 1 000 美元等值外币。个人通知存款需一次性存入，可以一次或分次支取，但分次支取后账户余额不能低于最低起存金额，当低于最低起存金额时银行给予清户，转为活期存款。个人通知存款按存款人选择的提前通知的期限长短划分为 1 天通知存款和 7 天通知存款两个品种。

知识链接：理财策略——储蓄存款技巧

1. 第一招：阶梯存储法

此种方法流动性强，又可获取高利息。

具体操作方法：3 万元中，1 年期、2 年期、3 年期定期储蓄分别存 1 万元。1 年后，将到期的 1 万元再存 3 年期。以此类推，3 年后持有的存单则全部为 3 年期的，只是到期的年限不同，依次相差 1 年。

这种方法可以使年度储蓄到期额保持平衡，既能应对储蓄利率的调整，又可以获取 3 年期存款的高利息，适宜工薪家庭为子女积累教育基金。

2. 第二招：存单四分存储法

此种方法既可以满足应急资金的使用，又可避免急用时因动用大存单而造成的损失。

具体操作方法：如果现在有 1 万元且在 1 年内有急用，并且每次用钱的具体金额与时间不确定，那就最好选择存单四分法，即把存单分为 4 张，即 1 000 元一张、2 000 元一张、3 000 元一张、4 000 元一张，这样想用多少钱就用相近金额的存单。

3. 第三招：交替存储法

此种方法不仅不会影响家庭急用，还会取得比活期储蓄高的利息。

具体操作方法：假设有5万元现金，可以将5万元分为两份，每份为2.5万元，分别按半年、1年的存期存入银行，1年期存款设为自动转存。若在半年期存款到期后，有急用便取出，若用不着，则也转为1年期定期存款，并设立自动转存功能。这样两笔存款的循环时间为半年，若半年后有急用，可以取出任何一张存单。

4. 第四招：利滚利存储法

此种方法又称“驴打滚”存储法，即存本取息储蓄和零存整取储蓄有机结合的一种储蓄法。

具体操作方法：假设有3万元，可以把这3万元存成存本取息储蓄，1个月后取出存本取息储蓄的第一个月利息，再用这1个月的利息开设一个零存整取储蓄户，以后每个月把利息取出后存入零存整取储蓄户，这样不仅存本取息得到利息，而且其利息在参加零存整取后又取得利息。

5. 第五招：自动续存法

具体操作方法：在办理定期存款时选择了“定期存款约定转存期限”，则在存款到期后银行将按照储户的意愿为储户办理无限次自动转存，自动转存后再次起息时按转存日挂牌公告的同档次利率计息。当遇到降息时，如果钱是自动续存的整存整取，并正好在降息不久到期，则千万不要去取，银行自动在到期日按续存约定的转存，并且利率还是原来的利率。

（二）储蓄存款利息的计算

根据存款种类不同，储蓄存款的具体计息方法也各有不同，但计息的基本公式不变，即利息是本金、存期、利率三要素的乘积。公式如下：

利息=本金×利率×时间

这里需要注意的是，如用日利率（日利率=年利率÷360）计算，利息=本金×日利率×存款天数；如用月利率（月利率=年利率÷12）计算，利息=本金×月利率×月数。

储蓄存款利率由各家商业银行根据中国人民银行规定的金融机构存款基准利率自行决定（银行存款基准利率表如表3-2所示）。对于储户而言，可以根据利率高低选择银行，以获取最大利益。

表3-2　　2015年10月24日起执行的最新银行存款基准利率表

各项存款利率（提供）	利率（%）
活期存款	0.35
整存整取定期存款	利率
三个月	1.10
半年	1.30

表3-2(续)

各项存款利率（提供）	利率（%）
一年	1. 50
二年	2. 10
三年	2. 75

学习任务

C君在2018年8月1日存入一笔10 000元的活期存款，2019年8月1日全部取出，按照现行计息规定，本息和共计为多少？

C君在2018年8月1日存入一笔10 000元的一年期整存整取的定期存款，2019年8月1日全部取出，按照现行计息规定，本息和共计为多少？

任务三　消费信贷理财

一、消费信贷基本知识

（一）消费信贷的概念

消费信贷是指银行或其他金融机构采取信用、抵押、质押担保或保证方式，以商品型货币形式向借款人发放的用于装修、装饰住房，购置住房装修材料、耐用消费品和其他大额消费品的家居消费用途的人民币贷款。

消费信贷是金融创新的产物，它打破了传统的个人与银行单向融资的局限性，开创了个人与银行相互融资的全新的债权债务关系。消费信贷是当期得到现金、商品和服务，在将来支付有关费用的一种安排，它以个人未来的购买力作为放款的基础，旨在通过信贷方式预支远期消费能力，来满足个人当期消费需求。消费信贷的基础是人们在账单到期时支付的能力和意愿。

（招商银行个人贷款业务介绍）

（二）个人消费信贷的特点

1. 贷款投向的个人性

消费信贷以自然人为特定信用对象，一般为个人或家庭，而不是针对一般的法人或组织。

2. 贷款用途的消费性

消费信贷只能用于购买个人和家庭的各类消费品，用途以消费性需求为主，不得用于投资，也不以营利为目的。

3. 贷款额度

小额性消费信贷一般额度较小，从5 000元到100万元不等，不会大量占用银行的信贷资金。

4. 贷款期限的灵活性

消费信贷期限灵活，一般为6个月至5年。

（三）消费信贷的分类

按接受贷款对象的不同，消费信贷分为买方信贷和卖方信贷。买方信贷是对购买消费品的消费者发放的贷款，如个人短期信用贷款、个人综合消费贷款、个人旅游贷款等。卖方信贷是以分期付款单证作抵押，对销售消费品的企业发放的贷款，如个人小额贷款、个人住房贷款、个人汽车贷款等。按担保的不同，消费信贷分为抵押贷款、质押贷款、保证贷款和信用贷款等。

个人短期信用贷款是贷款人为解决满足一定条件的借款人临时性需要而发放的，期限在一年以内、额度在2 000元至2万元且不超过借款人月均工资性收入6倍的，无须提供担保的人民币信用贷款。该贷款一般不能展期。

个人综合消费贷款是贷款人向借款人发放的不限定具体消费用途、以贷款人认可的有效权利质押担保或能以合法有效房产作抵押担保，借款金额在2 000元至50万元、期限在6个月至3年的人民币贷款。

个人旅游贷款是贷款人向借款人发放的用于支付旅游费用、以贷款人认可的有效权利作质押担保，或者由具有代偿能力的单位或个人作为偿还贷款本息并承担连带责任的保证人提供保证，借款金额在2 000元至5万元、期限在6个月至2年且提供不少于旅游项目实际报价30%首期付款的人民币贷款。

国家助学贷款又分为一般助学贷款和特困生贷款，是贷款人向全日制高等学校中经济困难的本、专科在校学生发放的用于支付学费和生活费并由教育部门设立“助学贷款专户资金”给予贴息的人民币专项贷款。

汽车贷款是贷款人向在特约经销商处购买汽车的借款人发放的用于购买汽车，以贷款人认可的权利质押，或者具有代偿能力的单位或个人作为还贷本息并承担连带责任的保证人提供保证，在贷款银行存入首期车款，借款金额最高为车款的70%、期限最长不超过5年的专项人民币贷款。

学习任务

某企业的产品在进驻京东、天猫等网络平台后，由于经营策略和方式深受消费者欢迎，在同行竞争激烈的情况下，业务扩张迅速。临近“双十一”促销活动，该企业产品供销受到物流供应链的影响，为避免错失“双十一”促销黄金期，急需周转资金，企业董事长A君为了不影响企业经营和尽快获得资金，以个人名义向银行贷款。贷款条件如下：

贷款本金100万元，贷款期限为半年，银行同期利率为4.35%，请计算出还款总额、利息支付总额、月均还款额。

（学习任务答案）

二、消费信贷的原则与理财策略

（一）消费信贷的原则

1. 审视个人消费的合理性

消费的合理性与个人的收入、资产、家庭情况、实际需要等因素相关，个人消费的合理性没有绝对的标准，只有相对的标准。在日常消费中应该注意以下几个方面：

（1）理财从储蓄开始，平衡即时消费和远期消费。

（2）消费支出的预期要合理。

（3）合理规划下一代的消费。

（4）抑制汽车等大额消费的提前消费和过度消费。

2. 贷款金额要控制在个人偿债能力范围之内

偿债能力是指借款人在目前及可预见的未来的经济状况下，能够按照合同要求偿还借款的能力。个人在借款时需要考虑自己目前以及未来的经济状况，需要充分考虑短期偿债和长期偿债的能力。

3. 节约利息支出

节约利息的方式多种多样，在此原则下，可以灵活应用，如同等条件下，个人汽车贷款选择等额本金还款法就比等额本息还款法节约利息。当然，如果个人较为善于投资并且投资收益比银行同期贷款利率更高，那么可以选择偏长一些的贷款，这样也是降低总体利息支出的一种方式。

4. 保持良好的个人信用

个人信用的好坏是获得金融机构发放消费贷款的重要保证之一，因此保持良好的信用记录是将来贷款成功的关键。衡量个人信用的主要标准是过往的还款记录以及家庭资产状况。如果以前所有的个人借款能够及时偿还，保持健康的财务状况，那么个人信用评分等级就会比较高，获得贷款的机会就较多。

（二）消费信贷的理财策略

1. 做好偿债计划

贷款消费并不意味着能够无节制地超前消费，只是因人而异设计的理财方式而已，负债是平衡现在与未来享受的工具。偿债计划的内容主要包括明确偿债资金来源、设定合理的还贷比例和控制还贷年限与还贷方式。

2. 做好信用管理

建立良好的个人信用，只有偿债计划还不够，还需要做好信用管理。信用管理的关键是准时足额还款。在办理各种消费信贷时，应该及时办理自动转账扣款业务，保证按时还款，维持良好的个人信誉状况。

学习任务

28 岁的肖先生在广州的一家贸易公司从事财务会计工作，月收入 8 000 元左右，加上各种奖金，一年收入将近 13 万元。肖先生的妻子在私企从事人事工作，月收入 5 000 元左右。肖先生家目前有一个 2 岁大的儿子，家庭存款 5 万元。每个月的家庭开支中，养育孩子花销 2 000 元左右，房贷月供 3 000 元，夫妻二人准备要二胎，并准备购置一辆小汽车以方便出行。

请问：他们应该如何进行现金和消费管理？

（学习任务答案）

任务四　信用卡理财

一、认识信用卡

（一）信用卡的概念

信用卡是商业银行向个人和单位发行的，凭此向特约单位购物、消费和向银行存取现金，具有消费信用的特制载体卡片。

随着信用卡业务的发展，信用卡的种类不断增多，概括起来，一般有广义的信用卡和狭义的信用卡之分。从广义上说，凡是能够为持卡人提供信用证明、消费信贷，或者持卡人可以凭卡购物、消费或享受特定服务的特制卡片均可称为信用卡。广义的信用卡是指银行、金融机构向信用良好的单位和个人签发的、可以在指定的场所进行直接消费，并可以在发卡银行及联营机构的营业网点存取款、办理转账结算的一种信用凭证和支付工具。狭义的信用卡仅指银行卡概念下的信用卡，即可透支的银行卡，包括贷记卡和准贷记卡。狭义的信用卡区别于借记卡之处在于前者具有透支功能，后者没有透支功能。狭义的信用卡实质上是一种消费贷款，它提供一个有明确信用额度的循环信贷账户，借款人可以支取部分或全部额度。偿还借款时也可以全额还款或部分还款，一旦已经使用余额得到偿还，则该信用额度又重新恢复使用。

信用卡在扮演支付工具的同时，也发挥了最基本的账务记录功能。再加上预借现金、循环信用等功能，更使信用卡超越了支付工具的单纯角色，具备了理财功能。

知识链接

信用卡的“雏形”是“商店卡”，发行于20世纪20年代。国际上，最早的通用信用卡产生于20世纪50年代。1951年，富兰克林国民银行在纽约长岛开始发行其首张信用卡。1958年，位于美国加利福尼亚州、当时最大的银行——美国银行发行了首张具有循环信用功能的信用卡。1981年，中国银行将信用卡这一新型的支付方式引进国内。

（二）信用卡的特点

（1）信用卡相比普通银行储蓄卡来说，最方便的使用方式就是可以在卡里没有现金的情况下进行普通消费，在很多情况下只要按期归还消费的金额就可以了。

（2）不需存款即可透支消费，并可享有20~50天的免息期，按时还款分文利息不收。

（3）购物时刷卡不仅安全、卫生、方便，还有积分礼品赠送。

（4）持卡在银行的特约商户消费，可以享受折扣优惠。

（5）积累个人信用，在个人的信用档案中增添诚信记录，让个人终身受益。

（6）通行全国无障碍，在有银联标识的自动柜员机（ATM）和销售终端机（POS）上均可以取款或刷卡消费。

（7）全年多种优惠及抽奖活动，让持卡人只要用卡就能时刻感到惊喜。

（8）每月免费邮寄对账单，让持卡人透明掌握每笔消费支出情况。

（9）特有的附属卡功能，适合夫妻共同理财，或者掌握子女的财务支出情况。

（10）自由选择的一卡双币形式，通行全世界，境外消费可以境内人民币还款。

（11）400电话24小时服务，挂失即时生效，失卡零风险。

（三）信用卡的功能

1. 信用额度功能

信用额度是指信用卡最高可以使用的金额。信用额度是依据个人申请信用卡填写的资料和提供的相关信用记录、财务能力等证明文件综合评定的。发卡机构将根据持卡人信用状况的变化定期调整信用额度。

2. 免费融资功能

信用卡持卡人进行非现金交易时，可以享受免息还款期待遇，即从银行记账日起至到期还款日之间的日期为免息还款期。在此期间，持卡人只要全额还清当期对账单上的本期应还金额（总欠款金额），便不用支付任何非现金交易由银行代垫给商店资金的利息（预借现金则不享受免息优惠）。

免息还款期根据各行规定有所不同，最短为账单日到最后还款日，最长为账单日次日到下月最后还款日。

如账单日为1日，最后还款日为20日，则免息还款期最短为20日，最长为50日。

学习任务

陈先生办理了一张信用卡，该信用卡每个月的18日为结算日，每个月的8日为最后还款日。如果陈先生在8月18日、19日消费，则其享受的最长免息还款期为几天？

（学习任务答案）

3. 循环信用功能

循环信用是一种按日计息的小额、无担保贷款。持卡人可以按照自己的财务状况，在每月到期还款日前，自行决定还款金额的多少。当持卡人偿还的金额等于或高于当期账单的最低还款额，但低于本期应还金额时，剩余延后还款的金额就是循环信用余额。循环信用是一种十分方便的短期贷款工具，当持卡人无法一次付清账单上的金额时，便可以利用此功能，自行决定偿还的金额与时间，不需提供任何抵押品，可以随时结清。循环信用可让持卡人暂时不必清偿全部账款，但每个月须至少缴付月结单上所列之“最低应缴金额”。

计算基准是持卡人未缴清的金额，计算基期则依各银行规定而不同，有依银行垫缴日、账单结账日或账单缴款截止日等。

循环利息计算法则如下：如每期消费在最后还款日前未全额还款，则需要从消费入账日起计算利息。使用信用额度提取现金是从当天开始计算循环利息。请持卡人按照每月对账单上的金额还款，如以最低还款额还款，持卡人能在支付循环利息条件下让持卡人的资金流动更加自由同时又不影响持卡人的信用记录。

循环利息计算方式如下：以上期对账单的每笔消费金额为计息本金，自该笔账款记账日起至该笔账款还清日止为计息天数，日息万分之五为计息利率。循环信用的利息将在下期的账单中列示。

用公式表示，使用循环信用满足的条件是：本期应还金额>实际还款的金额≥最低还款额。

4. 预借现金功能

预借现金指持卡人使用信用额度透支取现。预借现金自银行记账日起收透支利息。信用卡预借现金额度是指持卡人使用信用卡通过自动柜员机等自助终端提取现金的最高额度。同时，要清楚的是，信用卡的取现额度与信用额度是不一样的。信用卡取现额度是银行信用卡中心核定给持卡人通过持卡人的信用卡可以提取现金的最高额度，取现额度包含于信用额度之内。

虽然可以使用信用卡提取现金，但是在非应急情况下应尽量避免使用信用卡预借现金的功能，因为使用信用卡预借现金功能的代价是很高的。首先，使用信用卡预借现金没有免息还款期，从持卡人提取现金的当天就开始计算利息；其次，预借现金利息很高，日息万分之五而且是按月计算复利；最后，手续费很高，手续费一般是1%以上，一次性收取。另外，预借现金一般情况下没有积分赠送。

除了这些，预借现金还有额度的限制，对于大多数银行来说预借现金的额度为信用额度的50%左右。

总之，应慎重使用信用卡预借现金功能，一旦使用，务必尽快还款，避免支付高额利息。

【案例 3-1】沙市区人民法院审理了一起信用卡诈骗案，被告人恶意透支信用卡 33 万余元，被判处有期徒刑 5 年 10 个月，并处罚金 5 万元，责令被告人退还赃款 24 万余元。

2012 年 4 月，被告人易某将自己两张信用卡总额度调整为 25 万元，2014 年将两张信用卡内的金额套取用于做生意，因经营亏损逾期未归还。银行工作人员多次通过电话、短信、信函、上门等方式进行催收，但易某态度消极，拒不归还透支款项。截至 2016 年 7 月 14 日，易某共欠银行合计金额 338 156. 23 元，其中本金 248 195. 37 元。

2016 年 12 月，沙市区人民检察院依法指控易某犯信用卡诈骗罪，向沙市区人民法院提起公诉。案发后，易某仍未偿还透支款息。

公诉机关认为，被告人易某恶意透支信用卡，数额巨大，经发卡行催收超过 3 个月仍不归还。其行为已触犯《中华人民共和国刑法》第一百九十六条之规定，应当以信用卡诈骗罪追究其刑事责任。

沙市区法院经审理认为，被告人易某以非法占有为目的，恶意透支信用卡，数额巨大，其行为构成信用卡诈骗罪，判决被告人易某犯信用卡诈骗罪，判处有期徒刑 5 年 10 个月，并处罚金人民币 5 万元；责令被告人易某退还赃款 248 195 元，返还银行。

（信用卡的几个使用误区，你中招了吗?）

任务五　个人互联网金融理财

一、互联网金融的定义

互联网金融是指传统金融机构与互联网企业利用互联网技术和信息通信技术实现资金融通、支付、投资和信息中介服务的新型金融业务模式。互联网金融不是互联网和金融业的简单结合，而是在实现安全、移动等网络技术水平上，被用户熟悉接受后（尤其是对电子商务的接受），自然而然地为适应新的需求而产生的新模式与新业务，是传统金融行业与互联网技术相结合的新兴领域。

互联网金融对促进小微企业发展和扩大就业发挥了现有金融机构难以替代的积极作用，为大众创业、万众创新打开了大门。同时，促进互联网金融健康发展，有利于提升金融服务质量和效率，深化金融改革，促进金融创新发展，扩大金融业对内对外开放，构建多层次金融体系。作为新生事物，互联网金融既需要市场驱动，鼓励创新，也需要政策助力，促进发展。

二、互联网金融理财产品的种类

（一）集支付、收益、资金周转于一身的理财产品

互联网金融理财产品的典型代表有支付宝（余额宝）、苏宁零钱宝等。该类产品的最大特征就是投资人可进行消费、支付和转出的实时操作，而且几乎没有任何手续费。该类产品承诺 1 万元人民币以内 T+0 日赎回，实时提现的优点能直接满足投资人对产品流动性的需求。此类产品的本质是货币型基金产品，收益取决于货币市场间资金利率水平，随市场浮动，年化收益一般在 3%～6%。

（二）与知名互联网公司合作的理财产品

与知名互联网公司合作的理财产品的典型代表有腾讯微信理财通、京东金融、百度理

财等。该类产品直接接入一线品牌基金公司，以“7日年化收益率”为卖点进行宣传。事实上，所谓“7日年化收益率”是根据最近7天的收益情况折算成年化收益率。假使货币基金在某一天集中兑现收益，当天的万份收益就会畸高，随后一段时间其“7日年化收益率”都会很高，因此“7日年化收益率”这个指标就会虚高。

（三）P2P平台的理财产品

P2P平台的理财产品的典型代表有人人贷（优先理财计划）、宜人财富、团贷网等。P2P（Peer-to-Peer），即点对点。P2P网贷是指通过第三方互联网平台进行资金借、贷双方的匹配，需要借贷的人群可以通过网站平台寻找到有出借能力并且愿意基于一定条件出借的人群，帮助贷款人通过和其他贷款人一起分担一笔借款额度来分散风险，也帮助借款人在充分比较的信息中选择有吸引力的利率条件。为了保障出资人的资金安全，P2P平台的理财产品通常有两种保障方式，一种是P2P平台与小额贷款公司、保险公司或担保公司合作以保障投资人的本息安全；另一种是投资人享有借款人提供的实物抵押权，最常见的抵押物有汽车、房产等。正规P2P产品收益率一般在6%~10%，有抵押产品的收益率最高可达12%，但若综合考量安全性，后者或许更受保守型投资人的偏爱。

（四）基金公司在其官方直销平台上推广的产品

基金公司在其官方平台上推广的产品的典型代表有汇添富基金（现金宝、全额宝）等。其是以货币基金为本质，披上互联网金融外衣的理财产品与基金公司直销推广的产品，在原始收益率上并无差异。2016年12月初，货币市场基金平均7日年化收益率仅有2.5%，而截至2017年6月底，货币市场基金的平均收益率水平已达5%，更有少数产品收益率已逼近6%，涨幅惊人。值得注意的是，伴随着互联网金融的发展，货币市场基金的持有人结构发生了很大变化，个人投资占比有明显增加，其中年轻投资者越来越多。

（五）银行自行发行的银行端现金管理工具

银行自行发行的银行端现金管理工具的典型代表有招商银行的掌上宝、广发银行的智能金等。银行信誉的保障是该类产品最大的优势。这类平台以自身银行体系的产品为基础进行销售，也正由于机构提供的强大信誉背景，其转让更容易。

三、互联网金融的风险

互联网金融作为互联网和金融相结合的新兴行业，其发展仍处于探索阶段，由于行业本身存在高风险特征，两者结合之后存在的风险可能将比单个行业存在的风险更大。具体来看，国内互联网金融发展主要面临的风险如下：

（一）市场风险

由于便捷性和优惠性，互联网金融可以吸收更多的存款，发放更多的贷款，与更多的客户进行交易，面临着更大的利率风险及价格波动风险。

（二）操作风险

目前在没有规范的法律法规、监管政策监管的环境下，互联网企业仅是通过自律来经营金融业务，容易出现以下问题：为获取不正当收入，一方面，互联网企业提供的网络平台有公布虚假信息的可能；另一方面，网络平台未对客户实施实名制，疏于对借贷双方的管理，有可能会纵容或无视客户上传虚假信息。

（三）信用风险

网络金融平台公司在提供金融服务的同时，作为资金的募集者、发放者以及担保人都担当了一定的信用风险。由于这些网络金融平台公司缺乏成熟的风险评估体系与实际操作经验，在防范风险方面无法与商业银行成熟的运作模式相比，因此对借款人的信用风险难以有效控制。

（四）流动性风险

有些网络金融平台公司对归集的资金及贷出的资金没有进行合理的期限匹配，造成期限错配，届时资金投放到长期项目上而无力周转短期到期需要偿还的资金，极易引发流动性风险。

（五）声誉风险

互联网金融作为“草根金融”和传统银行格局下的“搅局者”，民营资本色彩浓厚；资本金不足，抵御风险与偿付能力较弱；缺乏长期数据积累，风险计量模型科学性有待验证。在金融行业这个以信誉度、诚信度、透明度为生存之本的行业，互联网金融缺乏传统国有银行或股份制商业银行中隐形的政府信用做担保和可靠的资本金补充渠道，因此天然地处于竞争劣势地位。

知识链接：互联网金融产物——余额宝和花呗

一、余额宝

余额宝是由第三方支付平台支付宝打造的一项余额增值服务，是于2013年6月13日上线的存款业务。通过余额宝，用户不仅能够得到较高的收益，还能随时消费支付和转出，无任何手续费。用户在支付宝网站内就可以直接购买基金等理财产品，获得相对较高的收益，同时余额宝内的资金还能随时用于网上购物、支付宝转账等支付功能。转入余额宝的资金在第二个工作日由基金公司进行份额确认，对已确认的份额会开始计算收益。

余额宝支持支付宝账户余额支付、储蓄卡快捷支付的资金转入且不收取任何手续费。通过余额宝，用户存留在支付宝的资金不仅能拿到“利息”，而且比银行活期存款利息收益更高。根据其官方介绍，2017年，10万元一年定期储蓄利息为1 500~2 100元，如通过余额宝能得到收益为4 000元左右，收益约是银行利息的两倍。

余额宝的服务特点如下：

第一，操作流程简单。余额宝服务是将基金公司的基金直销系统内置到支付宝网站中，用户将资金转入余额宝，实际上是进行货币基金的购买，余额宝的收益也不是“利息”，而是用户购买货币基金的收益。整个流程与给支付宝充值、提现或购物支付一样简单。

第二，最低购买金额没有限制。余额宝的目标是让那些零花钱也能获得增值的机会，让用户哪怕一两元、一两百元都能享受到理财的快乐。

第三，收益较高，使用灵活。余额宝不仅能够提供高收益，还全面支持网购消费、支付宝转账等几乎所有的支付宝功能，这意味着资金在余额宝中一方面在时刻保持增值，另一方面又能随时用于消费。同时，与余额宝合作的天弘增利宝货币基金，支持T+0实时赎回，转入支付宝余额宝中的资金可以随时转出至支付宝余额，也可直接提现到银行卡。

二、花呗

花呗是互联网时代的依托于场景的信用消费工具，用户在消费时，可以使用花呗的额度，享受“先消费，后付款”的购物体验。

花呗产品有以下特点：

第一，当月买，下月再还款（淘宝天猫交易时除部分淘宝旅行、充值、电影票等特定项目外为确认收货后下月还款，其他平台交易时下单付款后下月还款）。

第二，免费使用消费额度购物（若使用花呗分期购，买家需按商家设定的费率，承担指定费用）。

第三，还款方便，支持支付宝自动还款花呗申请开通后，将获得500～50 000元不等的消费额度。用户在消费时，可以预支花呗的额度，享受“先消费，后付款”的购物体验。对年轻用户而言，花呗的吸引力在于可凭信用额度购物，而且免息期最高可达41天。

花呗支持多场景购物使用。目前共接入了40多家外部消费平台：大部分电商购物平台，如亚马逊、苏宁等；本地生活服务类网站，如口碑网、美团网、大众点评网等；主流3C类官方商城，如乐视、海尔、小米、OPPO等官方商城；部分海外购物网站。

与信用卡不同的是，花呗的授信额度根据消费者的网购情况、支付习惯、信用风险等综合考虑，通过大数据运算，结合风控模型，授予用户500～50 000元不等的消费额度。花呗的额度依据用户在平台上所积累的消费、还款等行为授予，用户在平台上的各种行为是动态和变化的，相应的额度也是动态的，当用户一段周期内的行为良好，并且符合提额政策，其相应额度则可能会提升。花呗无法通过他人代开通或提额，请不要轻信他人泄露个人信息。

用户在消费时，可以预支花呗的额度，在确认收货后的下个月的10号进行还款，免息期最长可达41天。除了“这月买，下月还，超长免息”的消费体验，花呗还推出了花呗分期的功能，消费者可以分3个月、6个月、9个月、12个月进行还款。

每个月10号为花呗的还款日，用户需要将已经产生的花呗账单在还款日还清。到期还款日当天系统依次自动扣除支付宝账户余额、余额宝（需开通余额宝代扣功能）、借记卡快捷支付用于还款已出账单未还部分，也可以主动进行还款。为避免逾期，请确保支付宝账户金额充足。如果逾期不还每天将收取万分之五的逾期费。

类似花呗的互联网金融产品还有京东白条、网易白条等。

（花呗）

【案例 3-2】进入 2018 年，万万没想到，互联网金融行业的雷雨天来得这么快。2018 年 6 月仅北上广三地，就有 41 家平台停业。2018 年 7 月，全国又有 40 多家 P2P 平台“暴雷”，其中 1 家失联、7 家跑路、8 家经侦介入调查，一些显示出提现困难。这并不是偶然。其实早在 2008 年上半年，就有监测数据显示，我国在运营的 2 835 家 P2P 平台，6 个月的时间消亡了 721 家。

图 3-1 为 2016—2018 年 P2P 正常运营平台数量统计。

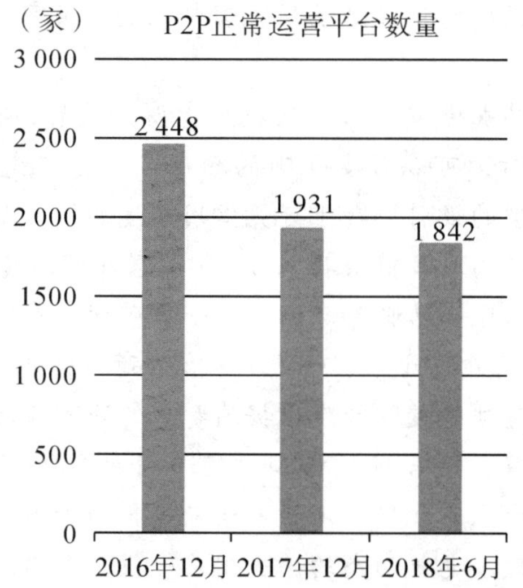

图 3-1　2016—2018 年 P2P 正常运营平台数量

表 3-3 为 2018 年 7 月 2~3 日部分存在问题的 P2P 平台名单。

表 3-3 2018 年 7 月 P2P 问题平台名单

	平台名称	所在地	状态
2018/7/2	瓷 E 贷	宁波	失联
	保澜贷	上海	提现困难
	分钱网	北京	停业
	惠盈理财	杭州	失联
	萨飞资本	上海	失联
	佑米金融	杭州	失联
	光合联萌	上海	良性退出
2018/7/3	E 人一铺	上海	提现困难
	万霖财富	杭州	失联
	小金库	深圳	清盘
	乾广旺利	北京	失联
	联萌金服	镇江	诈骗
	金超财富	沈阳	诈骗
	乐溢达投资	上海	失联
	博大投资	上海	诈骗
	美信资产	深圳	诈骗

真可谓“其兴也勃焉，其亡也忽焉”。移动互联网之残酷，互联网金融行业之浮躁，金融经济影响之重大，在这个夏天给所有人上了一课。互联网金融从一开始，就是“在刀尖上跳舞”。2014 年以来，监管的话题就时时被提及。而这次网贷集中“爆雷”，也让监管再一次进入深水区。近日，中国人民银行与互联网金融风险专项整治工作领导小组召开了一次大会，提出再用 1~2 年时间完成互联网金融风险专项整治，化解存量风险，消除风险隐患。中国人民银行副行长潘功胜认为，防范化解重大金融风险，将是中央确定的“三大攻坚战”之首，是当前及今后一段时间的首要工作任务。

项目小结

个人理财风险管理是个人理财规划中最重要的部分。本项目主要向大家介绍个人或家庭应该如何利用现金管理、储蓄存款、消费信贷、信用卡和个人互联网金融产品来进行个人理财的风险管理。

现金规划是对家庭或个人日常的、日复一日的现金及现金等价物进行管理的一项活动，就是确保个人或家庭有足够的费用来支付计划中和计划外的费用，并且个人或家庭的消费模式是在个人或家庭的预算限制之内的。

根据应急备用金的应对能力指标建立和衡量应急备用金，确保个人或家庭有紧急情况需要花钱时的应对和弥补能力。

选择合适的现金规划工具。现金是现金规划的重要工具，流动性最强；相关储蓄品种有活期储蓄、定活两便储蓄、整存整取定期储蓄、零存整取定期储蓄、整存零取储蓄、存本取息储蓄、个人通知存款、定额定期储蓄。投资者可以考虑配置流动性强、便利性高、收益较高、风险较低的各种个人互联网理财产品。

在某些时候，家庭有未预料到的支出，而现金和现金等价物额度不够时，需要利用其他融资工具，包括信用卡、消费信贷等。

技能实训

B 君家住广州市番禺区，上班在天河区，拥有一辆外地车牌的小汽车。广州市在 2018 年 8 月开始实施汽车“开四停四”政策，为不影响正常上班和生活用车，在竞拍车牌号和购置第二辆车之间，B 君选择了购置第二辆车，这次选择的是宝马牌汽车，鉴于资金有限，B 君参考宝马 4S 店提供金融政策的“悠贷金融计划”和“悦贷金融计划”购车方案进行购车。

“悠贷金融计划”购车方案如下：新 BMW1 系三厢运动轿车悠贷金融方案，首付比例 20%~60%，贷款期限 36 个月，客户利率 6.88%，年度还款占贷款金额的 13%~20%。

“悦贷金融计划”购车方案如下：新 BMW1 系三厢运动轿车悦贷金融方案，首付比例 20%起，贷款期限 12 个月、24 个月、36 个月，客户利率 0.88%、4.88%、6.88%，年度还款占贷款金额的 13%~20%。

实训任务：请帮助 B 君优化车贷消费，做好风险管理（见表 3-4）。

表 3-4 车贷消费明细表

车型	车价（元）	首付金额（元）	贷款期限（月）	客户利率（%）	年度还款（元）	月供金额（元）

（实训答案）

项目四　个人税收筹划

学习目标

1. 了解个人所得税相关知识
2. 掌握个人所得税的计算方式
3. 能够根据实际收入计算应缴纳个人所得税
4. 了解个人税收筹划的基本方法，掌握个人税收筹划实务知识。

重点及难点

1. 不同的个人所得项目的个人所得税应纳税额的计算，个人税收筹划的基本方法。
2. 个人税收项目基本筹划实际操作。

【案例导入】

美国的富兰克林曾说过：“只有死亡和纳税是不可避免的。”缴纳税收是不可避免的，是每个公民应尽的义务。个人所得税与广大劳动者息息相关，在履行缴纳个人所得税义务的同时，我们还应学会利用各种合法手段提高家庭的综合理财收益，进行个人所得税合理避税，尤其是随着收入的增加，通过税务筹划合理合法避税也是有效的理财手段之一。

D君是一位长期从事自由撰稿的文字工作者，每月发稿10篇左右，每篇稿酬在2 000~2 500元，每月的收入在22 000元左右。由于D君的文章“自带流量”，有着很多粉丝捧场，当地的报社和杂志社多次邀请D君加入做记者或编辑，每月工资22 000元。如果D君不愿意受雇，也可请其为指定版面或专栏每个月撰写10篇文章，可得劳务报酬22 000元。

D君如何利用职业身份的税收差异进行个人所得税筹划呢？

（D君的个人所得税筹划）

任务一　了解个人所得税

一、个人所得税基本知识

（一）个人所得税概述

个人所得税是以个人（自然人）取得的各项应税所得为对象征收的一种税。个人所得税法是调整征税机关与自然人（居民、非居民人）之间在个人所得税的征纳与管理过程中所发生的社会关系的法律规范的总称。

个人所得税的纳税人是指在中国境内有住所，或者虽无住所但在境内居住满一年，以及无住所又不居住或居住不满一年但有从中国境内取得所得的个人，包括中国公民、个体工商户、外籍个人等。

个人所得税的纳税义务人，既包括居民纳税义务人，也包括非居民纳税义务人。居民纳税义务人负有完全纳税的义务，必须就其来源于中国境内、境外的全部所得缴纳个人所得税；而非居民纳税义务人仅就其来源于中国境内的所得，缴纳个人所得税。

下列所得，不论支付地点是否在中国境内，均为来源于中国境内的所得：

（1）因任职、受雇、履约等在中国境内提供劳务取得的所得。

（2）将财产出租给承租人在中国境内使用而取得的所得。

（3）转让中国境内的建筑物、土地使用权等财产或在中国境内转让其他财产取得的所得。

（4）许可各种特许权在中国境内使用而取得的所得。

（5）从中国境内的公司、企业以及其他经济组织或个人取得的利息、股息、红利所得。

知识链接

（个人所得税自行纳税申报表）

（二）个人所得税的征税范围

1. 工资、薪金所得

工资、薪金所得是指个人因任职或受雇而取得的工资、薪金、奖金、年终加薪、劳动分红、津贴、补贴以及与任职或受雇有关的其他所得。

除工资、薪金外，奖金、年终加薪、劳动分红、津贴、补贴等也包括在工资、薪金的范围之内。但要注意的是，以下补贴、津贴不在应征收个人所得税的工资、薪金所得的范围之内：

（1）独生子女补贴。

（2）执行公务员工资制度未纳入基本工资总额的补贴、津贴差额和家属成员的副食品补贴。

（3）托儿补助费。

（4）差旅费津贴、误餐补助等。

（5）按规定比例实际缴付的失业保险金。

2. 个体工商户的生产、经营所得

个体工商户的生产、经营所得包括以下四个方面：

（1）个体工商户从事工业、手工业、建筑业、交通运输业、商业、饮食业、服务业、修理业以及其他行业生产、经营取得的所得。

（2）个人经政府有关部门批准，取得执照，从事办学、医疗、咨询以及其他有偿服务活动取得的所得。

（3）其他个人从事个体工商业生产、经营取得的所得。

（4）上述个体工商户和个人取得的与生产、经营有关的各项应纳税所得。

3. 对企事业单位的承包经营、承租经营所得

对企事业单位的承包经营、承租经营所得是指个人承包经营、承租经营以及转包、转租取得的所得，包括个人按月或按次取得的工资、薪金性质的所得。

个人对企事业单位承包、承租的方式不同，所得项目的确定也不同。

（1）企业实行个人承包后，如果工商登记仍为企业的，不管其分配方式如何，均应先按照企业所得税的有关规定缴纳企业所得税。承包经营者、承租经营者按照承包、承租经营合同取得的所得，依照有关规定缴纳个人所得税。

（2）企业实行个人承包、承租经营后，如果工商登记改变为个体工商户的，依照个体工商户的生产、经营所得征收个人所得税，不再征收企业所得税；企业实行个人承包、承租经营后，如果不能提供完整、准确的纳税资料并正确计算应纳税所得额的，由主管税务机关核定其应纳税所得额。

4. 劳务报酬所得

劳务报酬所得是指个人从事设计、装潢、安装、制图、化验、测试、医疗、法律、会计、咨询、讲学、新闻、广播、翻译、审稿、书画、雕刻、影视、录音、录像、演出、表演、广告、展览、技术服务、介绍服务、经纪服务、代办服务以及其他劳务取得的所得。个人担任董事职务取得的收入，也属于劳务报酬所得性质。

5. 稿酬所得

稿酬所得是指个人因其作品以图书、报刊形式出版、发表而取得的所得。此处所说的作品，包括文学作品、书画作品、摄影作品以及其他作品。原作者去世后，其作品所有权继承者取得的稿酬，也应征收个人所得税。

6. 特许权使用费所得

特许权使用费所得是指个人提供专利权、商标权、著作权、非专利技术以及其他特许权的使用权取得的所得；提供著作权的使用权取得的所得，不包括稿酬所得。

特许权主要涉及以下权利：

（1）专利权。专利权是指由国家专利主管机关依法授予专利申请人在一定时期内对其发明创造独自享有的使用和转让的权利。

（2）商标权。商标权是指商标注册人依法取得的独自享有对其注册商标专门在某类商品或产品上使用特定的名称或图案的权利。

（3）著作权。著作权是指作者对其创作的文学、科学和艺术作品依法享有的各种权利，如发表权、修改权、保护作品完整权、使用权等。

（4）非专利技术。非专利技术是指未申请专利权的处于秘密状态的先进技术或各种诀窍。

7. 利息、股息、红利所得

利息、股息、红利所得是指个人拥有债权、股权而取得的利息、股息、红利所得。

8. 财产租赁所得

财产租赁所得是指个人出租建筑物、土地使用权、机器设备、车船以及其他财产取得的所得。

9. 财产转让所得

财产转让所得是指个人转让有价证券、股权、建筑物、土地使用权、机器设备、车船以及其他财产取得的所得。

10. 偶然所得

偶然所得是指个人得奖、中奖、中彩以及其他偶然性质的所得。

11. 经国务院财政部门确定的其他所得

如果个人取得的所得，难以界定应纳税所得项目的，由主管税务机关确定。

如果难以界定个人所得属于哪一项应税项目，由主管税务机关审查确定。

（三）个人所得税的征收方式

我国个人所得税以所得人为纳税义务人，以支付所得的单位或个人为扣缴义务人，征收方式实行源泉扣缴与自行申报并用法，注重源泉扣缴。

个人所得税的征收方式可分为按月计征和按年计征。

（四）个人所得税的税率

我国的个人所得税实行分类所得税制，即对不同类别的应税所得分别征税，并对不同类别的所得实行不同的税率，分别适用超额累进税率和比例税率（见表 4-1）。

表 4-1　　各项所得对应的税率表

序号	所得项目	税率	备注
1	工资薪金所得	3%～45%	七级超额累进税率
2	个体工商户的生产、经营所得和对企事业单位的承包经营、承租经营所得	5%～35%	五级超额累进税率
3	劳务报酬	20%	一次性收入畸高，加成征收
4	稿酬所得	20%	按应纳税额减征 30%
5	利息、股息、红利所得	5%～20%	个人的存款利息暂免征收利息税
6	特许权使用费、财产租赁所得、财产转让所得、偶然所得、其他所得	20%	偶然所得没有费用扣除额度

（四）减免税项目

1. 免纳个人所得税的范围

（1）省级人民政府、国务院部委和中国人民解放军军以上单位以及外国组织、国际组织颁布的科学、教育、技术、文化、卫生、体育、环境保护等方面的奖金。

（2）国债和国家发行的金融债券的利息。

（3）独生子女费。

（4）执行公务员工资制度未纳入基本工资总额的补贴、津贴差额和家属成员的副食品补贴。

（5）托儿补助费。

（6）按规定报销的差旅费津贴、误餐补助。

（7）从福利费或工会经费中支付的临时性生活困难补助。

（8）民政部门支付的救济性补助。

（9）按照国家统一规定发给的补贴、津贴。

（10）保险赔款、抚恤金。

（11）军人的转业费、复员费。

（12）按照国家统一规定发给干部、职工的安家费、退职费、退休工资、离休工资、离休生活补助费。

（13）按照国家或地方政府规定的比例提取并向指定金融机构实际缴付的住房公积金、医疗保险金、基本养老保险金、失业保险金。

（14）残疾、孤老人员和烈属个人直接从事生产经营所得。

（15）对国有企业职工，因企业依照《中华人民共和国企业破产法》宣告破产，从破产企业取得的一次性安置费收入。

（16）按照我国有关法律规定应予免税的各国驻华使馆、领事馆的外交代表、领事官员和其他人员的所得。

（17）中国参加的国际公约、签订的协议，包括我国与相关国家、地区签订的避免双重征税协定、安排中规定免税的所得。

（18）经国务院财政部门批准免税的所得。

2. 个人所得税的减征

税法规定有下列情形之一的，经批准，可以减征个人所得税：

（1）纳税人因严重自然灾害造成重大损失的，报主管税务机关批准可在一定期限和幅度内减征个人所得税。

（2）其他经国务院财政部门批准减税的。

3. 单项免税规定

（1）对个人购买社会福利有奖募捐奖券、体育彩票和中国福利赈灾彩票，凡一次中奖收入不超过 1 万元的，暂免征收个人所得税；对一次中奖收入超过 1 万元的，应按税法规定全额征收个人所得税。

（2）对个人获得曾宪梓教育基金会教师奖、香港柏宁顿（中国）教育基金会首届“孺子牛金球奖”“长江学者成就奖”、第五届“宋庆龄儿童文学奖”“国际青少年消除贫困奖”、参与“长江小小科学家”活动获得的奖金，免予征收个人所得税。

（3）对教育部颁发的“特聘教授奖金”免予征收个人所得税。

（4）对乡镇（含乡镇）以上人民政府或经县（含县）以上人民政府主管部门批准成立的有机构、有章程的见义勇为基金会或类似组织，奖励见义勇为者的奖金或奖品，经主管税务机关核准，免予征收个人所得税。

（5）个人转让股票所得继续暂免征收个人所得税。

（6）股份制企业用资本公积金转增股本不属于股息、红利性质的分配，对个人取得的转增股本数额，不作为个人所得，不征收个人所得税。

（7）对个人取得的教育储蓄存款利息所得以及国务院财政部门确定的其他专项储蓄存款或储蓄性专项基金存款的利息所得，免征个人所得税。

（8）按照国家或省级地方政府规定的比例缴付的住房公积金、医疗保险金、基本养老保险金、失业保险基金存入银行个人账户取得的利息收入免征个人所得税。

（9）个人转让自用达 5 年以上且是唯一的家庭生活用房取得的所得。

（10）个人举报、协查各种违法、犯罪行为而获得的奖金。

（11）个人办理代扣代缴税款手续，按规定取得的扣缴手续费。

4. 捐赠扣除

根据《中华人民共和国个人所得税法》及其实施条例的规定，个人将其所得对教育事业和其他公益事业的捐赠，是指个人将其所得通过中国境内的社会团体、国家机关向教育和其他社会公益事业以及遭受严重自然灾害地区、贫困地区的捐赠。

捐赠额未超过纳税义务人申报的应纳税所得额30%的部分，可以从其应纳税所得额中扣除。

（1）对个人通过非营利性的社会团体和国家机关对公益性青少年活动场所（其中包括新建）的捐赠，在缴纳个人所得税前准予全额扣除。

（2）个人通过非营利性的社会团体和国家机关（包括红十字会）向红十字事业的捐赠，在计算缴纳个人所得税时准予全额扣除。

（3）个人通过非营利性的社会团体和政府部门向福利性、非营利性的老年服务机构的捐赠，在计算缴纳个人所得税时准予全额扣除。

（4）个人通过非营利性的社会团体和国家机关向农村义务教育的捐赠，准予在缴纳个人所得税前的所得额中全额扣除。

（5）个人通过非营利性的社会团体和国家机关向慈善机构、基金会的公益、救济性捐赠，在计算缴纳个人所得税时准予全额扣除。

（6）纳税人将其应纳税所得通过光华科技基金会向教育、民政部门以及遭受自然灾害地区、贫困地区的公益、救济性捐赠，个人在应纳税所得额30%以内的部分，准予在税前扣除。

（7）纳税人向中国人口福利基金会的公益、救济性捐赠，个人在申报应纳税所得额30%以内的部分，准予在税前扣除。

二、个人所得税的计算

（一）工资、薪金所得个人所得税计算

工资薪金所得实行按月计征的办法，以个人每月收入额固定减除费用扣除标准3 500元后的余额为应纳税所得额。个人缴纳的“三险一金”，即基本养老保险金、医疗保险金、失业保险金以及住房公积金，按照国务院有关规定从应纳税所得额中扣除。

计算公式如下：

应纳税所得额=工资总额-“三险一金”-扣除标准

应纳所得税额=应纳税所得额×适用税率-速算扣除数

工资、薪金所得，适用七级超额累进税率，税率为3%~45%。具体如表4-2所示。

表 4-2　　　　个人所得税税率表（工资、薪金所得）

级数	应纳税所得额（含税）	税率（%）	速算扣除数
1	不超过 1 500 元的	3	0
2	超过 1 500 元至 4 500 元的部分	10	105
3	超过 4 500 元至 9 000 元的部分	20	555
4	超过 9 000 元至 35 000 元的部分	25	1 005
5	超过 35 000 元至 55 000 元的部分	30	2 755
6	超过 55 000 元至 80 000 元的部分	35	5 505
7	超过 80 000 元部分	45	13 505

【案例 4-1】C 君 2018 年 5 月工资收入 5 000 元，加班费 300 元，个人缴纳“三险一金”200 元。计算其个人所得税应纳税额。

案例分析：

应纳税所得额=(5 000+300)-200-3 500=1 600（元）

应纳个人所得税额=1 600×10%-105=55（元）

（二）全年一次性奖金个人所得税计算

全年一次性奖金是指行政机关、企事业单位等扣缴义务人根据其全年经济效益和对雇员全年工作业绩的综合考核情况，向雇员发放的一次性奖金。

上述一次性奖金也包括年终加薪及实行年薪制和绩效工资办法的单位根据考核情况兑现的年薪和绩效工资。

纳税人取得全年一次性奖金，单独作为一个月工资、薪金所得计算纳税，将取得的全年一次性奖金，除以 12 个月，按其商数确定适用税率和速算扣除数，由扣缴义务人发放时代扣代缴：

计算公式如下：

（1）如果当月工资薪金所得高于（或等于）税法规定的费用扣除额的，适用公式为：

应纳税额=个人当月取得全年一次性奖金×适用税率-速算扣除数

（2）如果当月工资薪金所得低于税法规定的费用扣除额的，适用公式为

应纳税额=（个人当月取得全年一次性奖金-个人当月工资薪金所得与费用扣除额的差额）×适用税率-速算扣除数

在一个纳税年度内，对每一个纳税人，该计税办法只允许采用一次。

【案例 4-2】D 君 2018 年 1 月工资 6 300 元，个人缴纳“三险一金”300 元，当月取得年终奖 24 000 元。请计算 D 君本月应缴纳个人所得税税额。

案例分析：当月工资应缴纳个人所得税=(6 300-300-3 500)×10%-105=145（元）

年终一次性奖金应纳所得税额计算步骤如下：

24 000/12＝2 000（元），对应工资、薪金税率表，确定适用税率为10%，速算扣除数为105。因此，年终一次性奖金应缴纳个人所得税额＝24 000×10%－105＝2 295（元）。

D君本月应缴纳个人所得税税额＝145+2 295＝2 440（元）

（三）个体工商户的生产、经营所得个人所得税计算

个体工商户的生产、经营所得包括以下四个方面：

（1）个体工商户从事工业、手工业、建筑业、交通运输业、商业、饮食业、服务业、修理业以及其他行业生产、经营取得的所得。

（2）个人经政府有关部门批准，取得执照，从事办学、医疗、咨询以及其他有偿服务活动取得的所得。

（3）其他个人从事个体工商业生产、经营取得的所得。

（4）上述个体工商户和个人取得的与生产、经营有关的各项应纳税所得。

个体工商户的生产、经营所得以每一纳税年度的收入总额，减除成本、费用以及损失后的余额，为应纳税所得额。个体工商户的费用扣除标准统一为42 000元/年，折算到月即3 500元/月。个体工商户向其从业人员实际支付的合理的工资、薪金支出，允许在税前扣除，但是个体工商户业主的工资不得在税前扣除。计税公式如下：

应纳税额＝应纳税所得额×适用税率－速算扣除数

应纳税所得额＝总收入－成本、费用－损失

个体工商户的生产、经营所得适用5级超额累进税率，如表4-3所示。

表4-3　　个人所得税税率表（个体工商户的生产、经营所得）

级数	含税级距	不含税级距	税率（%）	速算扣除数
1	不超过15 000元的	不超过14 250元的	5	0
2	超过15 000元至30 000元的部分	超过14 250元至27 750元的部分	10	750
3	超过30 000元至60 000元的部分	超过27 750元至51 750元的部分	20	3 750
4	超过60 000元至100 000元的部分	超过51 750元至79 750元的部分	30	9 750
5	超过100 000元的部分	超过79 750元的部分	35	14 750

说明：含税级距适用于个体工商户的生产、经营所得和由纳税人负担税款的对企事业单位的承包经营、承租经营所得；不含税级距适用于由他人（单位）代付税款的对企事业单位的承包经营、承租所得。

【案例4-3】E君开了一家餐馆，属于个体工商户，由于地处黄金地段，再加上E君经营灵活，餐馆多年来一直处于盈利状态。2017年，其全年取得以下收入：

餐馆营业收入18万元；

E君每月工资收入2 500元。

全年发生的费用共11.8万元（包括E君的费用扣除标准4.2万元），上缴各种税费1.2万元。

E君全年的应纳税额为多少呢?

案例分析：根据规定，E君经营的个体餐馆取得的餐馆营业收入不应扣除工资，因此E君2017年度应纳个人所得税为：

餐馆收入应纳税额=(180 000-118 000-12 000)×20%-3 750=6 250（元）

（四）对企事业单位的承包经营、承租经营所得个人所得税计算

对企事业单位的承包经营、承租经营所得是指个人承包经营、承租经营以及转包、转租取得的所得，包括个人按月或按次取得的工资、薪金性质的所得。

个人对企事业单位承包、承租的方式不同，所得项目的确定也不同。

（1）企业实行个人承包后，如果工商登记仍为企业的，不管其分配方式如何，均应先按照企业所得税的有关规定缴纳企业所得税。承包经营者、承租经营者按照承包、承租经营合同取得的所得，依照有关规定缴纳个人所得税。

（2）企业实行个人承包、承租经营后，如果工商登记改变为个体工商户的，依照个体工商户的生产、经营所得征收个人所得税，不再征收企业所得税；企业实行个人承包、承租经营后，如果不能提供完整、准确的纳税资料并正确计算应纳税所得额的，由主管税务机关核定其应纳税所得额。

对企事业单位的承包经营、承租经营所得同样适用5级超额累进税率，具体税率同个体工商户生产、经营所得税率。计税公式如下：

应纳税额=应纳税所得额×适用税率-速算扣除数

应纳税所得额=总收入-费用扣除

（五）劳务报酬的个人所得税计算

劳务报酬所得是指个人从事设计、装潢、安装、制图、化验、测试、医疗、法律、会计、咨询、讲学、新闻、广播、翻译、审稿、书画、雕刻、影视、录音、录像、演出、表演、广告、展览、技术服务、介绍服务、经纪服务、代办服务以及其他劳务取得的所得。个人担任董事职务取得的收入，也属于劳务报酬所得性质。

劳务报酬所得，适用比例税率，税率为20%。对劳务报酬所得一次收入畸高的，可以实行加成征收。劳务报酬所得一次收入畸高是指个人一次取得的劳务报酬，其应纳税所得额超过20 000元。应纳税所得额超过20 000元至50 000元的部分，依照税法规定计算应纳税额后再按照应纳税额加征五成；超过50 000元的部分，加征十成。

计税公式如下：

应纳税所得额=一次收入额-费用扣除

应纳税额=应纳税所得额×适用税率-速算扣除数

费用扣除是指每次收入不超过 4 000 元的，定额减除费用 800 元；每次收入在 4 000 元以上的，定率扣除 20%的费用。“次”的规定是：属于一次性收入的，以取得该项收入为一次，按次确定应纳所得额；属于同一项目连续性收入的，以一个月内取得的收入为一次，据以确定应纳税所得额。

获得劳务报酬所得的纳税人从其收入中支付给中介人和相关人员的报酬，除另有规定者外，在定率扣除 20%的费用后，一律不再扣除。

劳务报酬适用税率如表 4-4 所示。

表 4-4　　个人所得税税率表（劳务报酬）

级数	含税级距	不含税级距	税率（%）	速算扣除数
1	不超过 20 000 元的	不超过 16 000 元的	20	0
2	超过 20 000 元至 50 000 元的部分	超过 16 000 元至 37 000 元的部分	30	2 000
3	超过 50 000 元的部分	超过 37 000 元的部分	40	7 000

说明：表中的含税级距、不含税级距，均为按照税法规定减除有关费用后的所得额；含税级距适用于由纳税人负担税款的劳务报酬所得，不含税级距适用于由他人（单位）代付税款的劳务报酬所得。

【案例 4-4】F 君是某地小有名气的歌手，于 2018 年 6 月外出参加商业性演出，一次取得劳务报酬 10 万元。请计算 F 君当月应缴纳的个人所得税（不考虑其他税费）。

案例分析：F 君一次演出取得的应纳税所得额超过 20 000 元，按税法规定应实行加成征税。

应纳税所得额 = 100 000×(1-20%) = 80 000（元）

应纳税额 = 80 000×40%-7 000 = 25 000（元）

（六）稿酬所得的个人所得税计算

稿酬所得是指个人因其作品以图书、报刊形式出版、发表而取得的所得。此处所说的作品，包括文学作品、书画作品、摄影作品以及其他作品。原作者去世后，其作品所有权继承者取得的稿酬，也应征收个人所得税。

稿酬所得，适用比例税率，税率为 20%，并按应纳税额减征 30%，实际税率为 14%。

稿酬所得应纳所得税额计算公式如下：

应纳税所得额 = 每次收入额-费用扣除

应纳所得税额 = 应纳税所得额×适用税率×（1-30%）

费用扣除规定如下：每次收入不超过 4 000 元的，定额减除费用 800 元；每次收入在 4 000 元以上的，定率扣除 20%的费用。

关于每次收入的确定的规定如下：

（1）个人每次以图书、报刊方式出版、发表同一作品，不论出版单位是预付还是分笔支付稿酬，或者加印该作品后再付稿酬，均应合并为一次征税。

（2）在两处或两处以上出版、发表或再版同一作品而取得的稿酬，则可以分别各处取得的所得或再版所得分次征税。

（3）个人的同一作品在报刊上连载，应合并其因连载而取得的所得为一次。连载之后又出书取得稿酬的，或者先出书后连载取得稿酬的，应视同再版稿酬分次征税。

（4）作者去世后，对取得其遗作稿酬的个人，按稿酬所得征税。

【案例 4-5】某大学教授 2018 年 2 月因其编著的教材出版，获得稿酬 10 000 元，2018 年 6 月因教材加印，又得到稿酬 5 000 元。计算该教授取得的稿酬应缴纳的个人所得税。

案例分析：该教授稿酬所得按规定应属于一次性收入，须合并计算应纳税额（实际缴纳税额）。

应纳税所得额 =（10 000+5 000）×（1−20%）×20% = 2 400（元）

实际缴纳税额 = 2 400×（1−30%）= 1 680（元）

（七）特许权使用费所得的个人所得税计算

特许权使用费所得是指个人提供专利权、商标权、著作权、非专利技术以及其他特许权的使用权取得的所得；提供著作权的使用权取得的所得，不包括稿酬所得。

特许权主要涉及以下权利：

（1）专利权。专利权是指由国家专利主管机关依法授予专利申请人在一定时期内对其发明创造独自享有的使用和转让的权利。

（2）商标权。商标权是指商标注册人依法取得的独自享有对其注册商标专门在某类商品或产品上使用特定的名称或图案的权利。

（3）著作权。著作权是指作者对其创作的文学、科学和艺术作品依法享有的各种权利，如发表权、修改权、保护作品完整权、使用权等。

（4）非专利技术。非专利技术是指未申请专利权的处于秘密状态的先进技术或各种诀窍。

特许权使用费所得应纳所得税额计算公式如下：

应纳税所得额 = 每次收入额 − 费用扣除

应纳所得税额 = 应纳税所得额 × 适用税率

费用扣除规定如下：每次收入不超过 4 000 元的，定额减除费用 800 元；每次收入在 4 000 元以上的，定率扣除 20% 的费用。

对个人从事技术转让中所支付的中介费，若能提供有效合法凭证，允许从其所得中扣除。

【案例 4-6】2018 年 4 月，某电视剧制作中心编剧王某从该中心取得工资 5 000 元、第一季度的奖金 3 000 元以及剧本使用费 12 000 元。王某 4 月应缴纳的个人所得税为多少元？

案例分析：季度奖金并入当月工资，按照工资薪金所得缴纳个人所得税；剧本使用费按照特许权使用费所得缴纳个人所得税。

王某当月应缴纳个人所得税＝(5 000+3 000－2 000)×10%－105+12 000×(1－20%)×20%＝345+1 920＝2 265（元）

（八）财产租赁所得的个人所得税计算

财产租赁所得是指个人出租建筑物、土地使用权、机器设备、车船以及其他财产取得的所得。

财产租赁所得应纳所得税额计算公式如下：

应纳税所得额＝每次收入额－费用扣除

应纳所得税额＝应纳税所得额×适用税率

适用的税率如下：

（1）财产租赁所得适用20%的比例税率。

（2）个人按市场价格出租的居民住房取得的所得，减按10%的税率征收。

费用扣除规定如下：每次收入不超过4 000元的，定额减除费用800元；每次收入在4 000元以上的，定率减除20%的费用；一个月扣除一次费用。

依次扣除以下费用：

（1）财产租赁过程中缴纳的税费。

（2）由纳税人负担的该出租财产实际开支的修缮费用（不超过800元）。

（3）税法规定的费用扣除标准。

【案例4-7】张某于2018年5月将其自有的房屋出租给一个体业主居住，租期1年，年租金24 000元；8月，张某因房屋陈旧而进行了简单维修，发生维修费用1 500元（取得合法有效凭证）。张某2018年9月应缴纳个人所得税额是多少？

案例分析：2018年8月发生的修缮费1 500元当月可扣除800元，9月可扣除余下的700元。

张某2018年9月应纳个人所得税＝[24 000÷12－800－700]×10%＝50（元）

（九）财产转让所得的个人所得税计算

财产转让所得是指个人转让有价证券、股权、建筑物、土地使用权、机器设备、车船以及其他财产取得的所得。

财产转让所得应纳所得税额计算公式如下：

应纳税所得额＝每次收入额－财产原值－合理税费

应纳所得税额＝应纳税所得额×适用税率

其中，财产原值是指以下内容：

（1）有价证券、股权，为买入价买入时按照规定缴纳的有关费用以及投入的原始成本。

（2）建筑物，为建造费或购进价格以及其他有关费用。

（3）土地使用权，为取得土地使用权支付的金额、开发土地的费用以及其他有关费用。

（4）机器设备、车船，为购进价格、运输费、安装费以及其他有关费用。

（5）其他财产，参照以上方法确定。

合理税费是指卖出财产时按照规定支付的有关费用；转让债权财产原值的确认，债权、有价证券的原值为买入价以及买入时按规定缴纳的有关费用。一般情况下，转让债权的成本采用加权平均法来确定。

【案例4-8】孙某于2018年5月转让私有住房一套，取得转让收入800 000元。该套住房购进时的原价为350 000元，转让时支付有关税费28 000元。计算孙某转让住房应缴纳个人所得税。

案例分析：应纳税所得额=800 000-350 000-28 000=422 000（元）

应纳所得税额=422 000×20%=84 400（元）

（九）利息、股息、红利所得的个人所得税计算

利息、股息、红利所得是指个人拥有债权、股权而取得的利息、股息、红利所得。

利息、股息、红利所得应纳所得税额计算公式如下：

应纳所得税税额=应纳税所得额（每次收入额）×适用税率（20%）

其中，有关应纳税所得的确定的规定如下：

（1）股份制企业以股票形式向股东个人支付应得的股息、红利时，应以派发红股的股票票面金额为所得额，计算征收个人所得税。

（2）对个人投资者从上市公司取得的股息红利所得，自2005年6月13日起暂减按50%计入个人应纳税所得额。

（3）对证券投资基金从上市公司分配取得的股息红利所得，在代扣代缴个人所得税时，也暂减按50%计入个人应纳税所得额。

自2008年10月9日（含）起，暂免征收储蓄存款利息所得税。

【案例4-9】张先生为自由职业者，2018年4月取得如下所得：

①从A上市公司取得股息所得16 000元。

②从B非上市公司取得股息所得7 000元。

③兑现4月14日到期的一年期银行储蓄存款利息所得1 500元。

请分别求出其应纳个人所得税。

案例分析：

①取得上市公司的股息所得减半征收个人所得税。

股息所得应纳个人所得税=16 000×50%×20%=1 600（元）

②非上市公司取得股息应纳个人所得税=7 000×20%=1 400（元）

③自 2008 年 10 月 9 日（含）起，暂免征收储蓄存款利息所得税。

储蓄存款利息应纳个人所得税为零。

（十一）偶然所得的个人所得税计算

偶然所得是指个人得奖、中奖、中彩票以及其他偶然性质的所得，以每次取得该项收入为一次，不扣除任何费用。除有特殊规定外，每次收入额就是应纳税所得额。注意：公益性彩票中奖所得，一次中奖收入在 1 万元以下的免税，超过 1 万元的全额征税。

应纳所得税额 = 应纳税所得额（每次收入额）×适用税率

【案例 4-10】若杨某购买体育彩票中奖 100 000 元，则其应缴个人所得税为多少？

案例分析：应纳所得税额 = 100 000×20% = 20 000（元）

任务二　个人所得税筹划

我国目前的税制结构为“分类所得税”。从个人所得税角度解释，就是把收入按照不同的类别分项征收，每一项的起征点、税率甚至优惠措施都有所不同。如果个人有很多类型的收入，每一项所得都合法，并且低于征税标准，就无需缴税。这个规律就是：你的收入构成越是多元化，缴纳的税金就越低。如此这般，税金降到零也不奇怪。

随着我国经济的快速发展，居民收入水平不断提高，越来越多的人成为个人所得税的纳税人。从维护切身礼仪，减轻税收负担的角度出发，个人所得税的纳税筹划越来越受到个人和家庭的高度重视。如何对个人所得税进行税收筹划，怎样合理避税、节税就成了个人和家庭关心的理财话题之一。

税收筹划必须在事前进行，也就是提前做好准备。如果等到所有的结果都出来了，再去想办法减少个人所得税就比较困难了。目前，进行个人税收筹划时主要有两个思路：一个思路是通过主动降低收入来避税；另一个思路是在收入确定的情况下，将其拆分成各种收入形式，收入来源越多样，缴纳的个人所得税就越低。

一、利用税收优惠筹划

税收优惠，用现在比较通用的说法称为税式支出或税收支出，是政府为了扶持某些特定地区、行业、企业和业务的发展，或者对某些具有实际困难的纳税人给予照顾，通过一些制度上的安排，给予某些特定纳税人以特殊的税收政策。例如，免除其应缴纳的全部或部分税款，或者按照其缴纳税款的一定比例给予返还等。一般而言，税收优惠的形式有税收豁免、免征额、起征点、税收扣除、优惠退税、加速折旧、优惠税率、盈亏相抵、税收饶让、延期纳税等。这种在税法中规定用以减轻某些特定纳税人税收负担的规定，就是税收优惠政策。随着税收制度的发展与完善，税收优惠政策的范围和作用也越来越大，对于纳税人来说，税收筹划的机会也就越来越多。这种筹划要求纳税人非常熟悉国家税收政策，尤其是优惠政策，在这种前提下才可能进行该种筹划。

（一）利用税收临界点、免征点和起征点筹划

我国个人所得税规定的工薪所得的免征点是 3 500 元，劳务报酬、稿酬、财产租赁所得和特许权使用费所得起征点为 800 元。另外，税法规定个人所得税实行代扣代缴、代征代缴，即实行源泉扣缴的管理办法。因此，合理安排收入渠道及支付次数，充分利用免征额的规定，可以使免征额达到最大化，以减少应纳税款，从而降低税负。例如，在劳务费报酬的安排上可以通过多次支付的方法使每次支付额在 800 元以下，由于每次的收入所得均在免征额以下，因此取得免于缴纳个人所得税的税收收益。

【案例 4-11】某企业为季节性生产企业，其职工实行计件工资，该企业一年中只有 4 个月在生产。生产期间，职工平均工资为 5 000 元/月。针对该企业现状，应如何进行个人所得税税收筹划？

案例分析：若按企业实际情况，则在生产的 4 个月中，企业每位职工每月应缴个人所得税=（5 000-3 500）×3%=45 元。4 个月每人应纳个人所得税共 180 元。若企业将每名职工年工资 20 000 元（5 000×4）平均分摊到各月，即在不生产月份照发工资，每月工资额为 1 666. 67 元，则该企业职工的工资收入达不到免征点，无需纳税。

【案例 4-12】刘某为某县国有企业的负责人，月工资收入 2 500 元（包括各类津贴和月奖金）。年终企业发给刘某年终奖金 20 000 元，同时县政府因刘某将企业经营得好，又发给刘某 30 000 元奖励金。对此，刘某应如何进行个人所得税筹划可降低税负？

案例分析：若刘某在 12 月一次性领取 50 000 元奖金，那么刘某 12 月、1 月、2 月应纳个人所得税计算如下：

12 月应纳个人所得税=（2 500+50 000-3 500）×30%-2 755=11 945（元）

1 月、2 月应纳个人所得税均为 0 元。

这样，刘某 3 个月共缴纳个人所得税 11 945 元。

如果刘某在 12 月和 1 月分两次领取政府奖 30 000 元，在 1 月和 2 月分两次领取本单位奖金 20 000 元，那么应纳个人所得税计算如下：

12 月应纳个人所得税=（2 500+15 000-3 500）×25%-1 005=2 495（元）

1 月应纳个人所得税=（2 500+15 000+5 000-3 500）×25%-1 005=3 745（元）

2 月应纳个人所得税=（2 500+15 000-3 500）×25%-1 005=2 495（元）

刘某 3 个月共纳税款 8 735 元，这样通过筹划后共少缴个人所得税税款 3 210 元。该实例通过将收入摊入各月的做法使适用税率档次降低，从而达到减轻税负的目的。

【案例 4-13】陈某为某行政单位软件开发员，利用业余时间为某电脑公司开发软件并提供一年的维护服务，按约定可得劳务报酬 24 000 元。陈某可以要求对方事先一次性支付该报酬，也可以要求对方按软件维护期 12 个月支付，每月支付 2 000 元。针对陈某的情

况，其应该如何进行个人所得税筹划？

案例分析：尽管后一种付款方式会有一定的违约风险，但考虑个人所得税因素后，两种付款方案利弊会有新变化。

若对方一次支付，则陈某应纳个人所得税=24 000×(1-20%)×20%=3 840（元）

若对方分次支付，则陈某每月应纳个人所得税=(2 000-800)×20%=240（元）

12 个月共计缴税 2 400 元，比一次支付报酬少缴纳个人所得税 1 440 元。

该案例中陈某可以要求对方按月支付劳务报酬，因为是多次劳务报酬所得，每次可扣除 20%的费用。经过多次分摊、多次扣除来实现降低税负的目的。

（二）熟悉和利用税收优惠政策

在个人出租住房的税收征缴方面，名义税负较重，但是国家对此给予了大量的税收优惠，予以支持。具体而言，增值税在“营改增”后按 5%的征收率减按 1.5%计算征收，除此之外缴纳城市维护建设税和教育费附加也有条件地享受减免税政策。个人按市场价格出租住房取得的所得按照 10%的税率缴纳个税。房产税的税率也有大幅降低，由 12%减为 4%。同时，免征城镇土地使用税和印花税。这为人们进行税收筹划提供了空间。

【学习任务】

甲有一套住房准备出租，现有乙、丙两人分别出价 3 000 元/月与 2 900 元/月要求租用。其中，乙租入该房后将用于经营餐饮业，丙用于居住，租给谁更合算呢？

（三）正确计算各项扣除税费，有效节省个人所得税

依照相关规定，纳税人出租财产取得财产租赁收入，在计算征税时，除可依法减去规定费用和有关税费外，还准予扣除能够提供有效、准确凭证，证明由纳税人负担的该出租财产实际开支的修缮费用。允许扣除的修缮费用，以每次 800 元为限，一次扣除不完的，准予在下一次继续扣除，直至扣完为止。国家税务总局《关于个人所得税若干业务问题的批复》（国税函〔2002〕146 号）明确了关于财产租赁所得计算个人所得税时税前扣除有关税费的次序问题。个人出租财产取得的财产租赁收入，在计算缴纳个人所得税时，应依次扣除以下费用：

（1）财产租赁过程中缴纳的税费。

（2）由纳税人负担的该出租财产实际开支的修缮费用。

（3）税法规定的费用扣除标准。

这为人们进行相应的个人所得税筹划创造了条件。

【案例 4-14】马先生准备在下月初把地处市区的一套老房子出租，租期为 12 个月。主管税务机关根据马先生的房屋出租收入减去应纳的税费及其他相关费用后，核定月应纳税所得额为 10 000 元。同时，马先生还有意向将该房子进行装修。经维修队的技术员测算，房屋维修费要 10 000 元。如果现在装修，只需一个星期的时间就可维修好，不会影响

房屋出租。马先生到底什么时候装修更划算呢?

案例分析:

方案一:房屋出租期满后维修。

税法规定,对个人出租房屋取得的所得暂减按10%的税率征收个人所得税。马先生应纳税所得额为10 000元,每月应纳个人所得税为1 000元(10 000×10%),即在12个月的房屋租赁期内,马先生总共应纳个人所得税12 000元(1 000×12)。

方案二:马上对房屋进行维修。

假定维修费用为10 000元,依照上述规定,房屋租赁期的第1个月至第12个月,每月应纳税所得额为9 200元(10 000-800),每月应纳个人所得税为920元(9 200×10%),在房屋租赁期的第1个月至第12个月内,累计可扣除房屋维修费9 600元(800×12),剩余房屋维修费400元(10 000-9 600),可以在以后的房屋租金中扣除。马先生在出租房屋12个月的时间内,实际缴纳个人所得税应为11 040元(920×12)。

该房产1年租期满后,采用方案二可以节税960元(12 000-11 040)。如果今后仍对外出租,该房产维修费可以在以后扣除。当然,纳税人在支付维修费时,一定要向维修队索取合法、有效的房屋维修发票,并及时报经主管税务机关核实,经税务机关确认后才能扣除。

二、利用纳税人身份进行筹划

(一)居民纳税人与非居民纳税义务人的转换

在实行收入来源地管辖权的国家,对临时入境者和非居民大多提供税收优惠。我国税法规定,外国人在中国境内居住时间连续或累计居住不超过90日,或者在税收协定规定的期间内连续或累计居住不超过183日的个人,其来源于中国境内的所得,由中国境外雇主支付并且不是由该雇主设在中国境内机构负担的工资、薪金所得免于缴纳所得税。

简单地说,非居民纳税人的纳税义务远轻于居民纳税人的纳税义务,因此个人在进行税收筹划时往往愿意将居民纳税人的身份变成非居民纳税人的身份,从而减轻自己的税负。

减轻税负的方式主要有两种:一种是改变自己的住所,一般就是改变自己的国籍。例如,高税率国家的居民可以通过移民,使自己成为低税率国家的居民,这在国际避税中经常被使用。另一种是根据各国具体规定的临时离境日期,恰当地安排自己的离境时间,从而减轻税负。当然,进行这种筹划应当在法律允许的范围之内,而且应该进行成本收益分析,如果节约的税收比筹划的成本高,那就没有必要了。

【案例4-15】美国公民布朗先生受雇于美国某公司,2017年8月1日起到中国境内分公司协助筹办某项目。2017年11月5日,布朗先生回美国述职。其间,由美国总公司支付其报酬折合人民币320 000元。请问:布朗先生是否需要在中国申报缴纳个人所得税?

案例分析：布朗先生在中国境内无住所，并且居住时间不足1年，属于非居民纳税人。作为非居民纳税人，布朗先生在中国累计居住96天，没有超过183天，并且所得均为中国境外雇主支付。因此，其免于在中国申报缴纳个人所得税。

需要提醒的是，如果布朗先生是担任中国境内企业的董事或高层管理职务的个人，其取得的由该中国境内企业支付的董事费或工资、薪金，需要在中国申报缴纳个人所得税。

（二）利用经营所得的纳税人身份筹划

根据有关规定，企业实行个人承包经营、承租经营后，如果工商登记仍为企业的，不管其分配方式如何，均应先按照企业所得税的有关规定缴纳企业所得税。然后，根据其利润分配方式对承包、承租经营所得征收个人所得税。也就是说，如果企业在被个人承包后没有改变性质的话，那么承包、承租经营者除了缴纳个人所得税外，还要缴纳企业所得税。这里就出现了重复征税的问题，使得总体税负增加，从而最后归到个人手中的收入就会大大减少。承包、承租者经营者如果有条件的话，可以考虑改变企业的性质为个体户或者其他性质，这样就可以免缴纳企业所得税，节省部分税款，使得总体收益最大化。

【案例4-16】王女士欲承包一企业，承包期为2018年3月1日至2018年12月31日。2018年3月1日至2018年12月31日期间，企业固定资产折旧5 000元，上交租赁费50 000元，预计实现会计利润53 000元（已扣除租赁费，未扣除折旧费），王女士不领取工资。已知该地区规定的业主费用扣除标准为每月3 500元。请问：王女士如何进行税收筹划？

案例分析：

方案一：将原企业的工商登记改为个体工商户，按个体工商户的生产经营所得计算缴纳个人所得税。按照规定，个体工商户在生产经营过程中以经营租赁方式租入固定资产的租赁费，可以据实扣除。假定该企业所在地区规定的业主费用扣除标准为每月2 000元，则：

本年度应纳所得税额＝53 000−3 500×10＝18 000（元）

换算为全年的所得税＝18 000 ÷10×12＝21 600（元）

按全年所得计算的应纳税额＝21 600×10%−750＝1 410（元）

实际应纳税额＝4 170÷12×10＝3 475（元）

王女士实际取得的税后利润＝53 000−1 410＝51 590（元）

方案二：如果王女士仍使用原企业的营业执照，则按规定在缴纳企业所得税后，还要就其税后所得再按承包、承租经营所得缴纳个人所得税。在这种情况下，原企业的固定资产仍属该企业持有，按规定可提取折旧，但上缴的租赁费不得在企业所得税前扣除，也不得把租赁费当成管理费用进行扣除。

该企业应纳税所得额＝53 000−5 000（折旧）+50 000（租赁费）＝98 000（元）

应纳企业所得税＝98 000×25%＝24 500（元）

王女士实际取得承包、租赁收入=48 000-24 500=23 500（元）

应纳个人所得税=0（元）[（23 500-3 500×10）<0]

王女士实际取得税后利润=23 500（元）

通过比较，方案一比方案二多获得利润 28 090 元（51 590-23 500）。

三、从征税范围角度筹划

（一）收入项目费用化

收入项目费用化，即通过报销费用支出的方法降低个人收入总额，以达到减轻税负的目的。例如，纳税人可以通过报销职工医药费、旅游费以及资料费、交通费等形式使收入支付形式费用化，以减少应纳税所得额。

【案例 4-17】2018 年，黄某是广州一建筑公司招聘的技术工人，合同上约定员工每月工资总额为 8 000 元。由于是技术工人，工作地点经常变动，还经常加班加点，不能按时就餐，签订合同的时候已经约定了工资总额，公司不再另外给予补助；同时，由于种种原因，公司也未办理养老保险、住房公积金等保障性缴费。

按照目前的扣税办法，黄某每月按照工资薪金所得应缴纳个人所得税为（8 000-3 500）×10%-105=345 元；全年应缴个人所得税为 825×12=4 140 元。

根据黄某的情况，进行个人所得税纳税筹划。

案例分析：建议该公司根据员工的实际情况，在工资总额不变的情况下进行如下所得税筹划：

①核定误餐补助标准，如每月 600 元，由黄某取得餐饮发票到公司报销。误餐补助不属于工资、薪金性质的补贴、津贴，或者不属于纳税人本人工资、薪金所得项目的收入，不征税。

②公司给员工缴纳养老保险、住房公积金等，如每月缴费 2 000 元。养老保险、住房公积金等可以在税前扣除。

这样处理后，每月黄某领取工资为 8 000-600-2 000=5 400 元，应缴个人所得税为（5 400-3 500）×10%-105=85 元；全年应缴纳个人所得税为 85×12=1 020 元。这样处理后比筹划前少缴个人所得税为 4 140-1 020=3 120 元。

（二）收入项目福利化

由于工资、薪金实行累进税制，对个人的支出只确定一个固定扣除额，收入越高支付税金越多，因此如果企业将带有普遍性的职工福利以现金的形式直接支付给个人，将增加个人的税收负担，如果由企业提供各种福利设施，不将其转化为现金，则不会视为工资收入，也就不必计算个人所得税，从而可以减轻个人税负。

【案例 4-18】经济学家何教授应某公司邀请到广州讲课，对方答应支付讲课费 10 万元（包干）。根据税法有关规定，何教授应按照劳务报酬缴纳个人所得税。

案例分析：劳务报酬所得，每次收入不超过 4 000 元的，减除费用 800 元；4 000 元以上的，减除 20%的费用，其余额为应纳税所得额。因此，何教授本次劳务报酬所得的应纳税所得额为 100 000×(1-20%)= 80 000 元。

根据《中华人民共和国个人所得税法实施条例》第十一条的规定，劳务报酬所得一次收入畸高，即应纳税所得额超过 20 000 元。应纳税所得额超过 20 000 至 50 000 元的部分，依照税法规定计算应纳税额后再按照应纳税额加征五成；超过 50 000 元的部分，加征十成。

应纳税额＝20 000×20%+30 000×20%×（1+50%）+30 000×20%×（1+100%）

＝25 000（元）

何教授本次讲课所得 10 万元中包括差旅费、食宿费等所有支出，到广州之行的所有花销预计为 4 万元。如果何教授与该公司签订合同时约定只收取讲课报酬 6 万元，另外来回机票、食宿等支出费用，可以提供票据，让企业以报销形式支付。这样一来，何教授应缴纳个人所得税计算过程如下：

应纳税所得额＝60 000×(1-20%)＝48 000（元）

应纳税额＝20 000×20%+28 000×20%×(1+50%)＝12 400（元）

如此筹划后节税 12 600 元。

比筹划前少缴＝25 000-12 400＝12 600（元）

【学习任务】

因工作需要，某公司于 2018 年 1 月奖励给张某一辆汽车，价值 20 万元，在车辆注册登记部门登记为张某个人所有。张某掐指一算，按照规定，单位为个人购买汽车，要并入当月的工资、薪金收入计征个人所得税，如此一来，假如不考虑其他因素，他需要为这辆车缴纳个人所得税高达 76 495 元。张某犯愁了，有什么办法可以解决这个问题呢？

（提示：车辆所有权归公司，使用权归张某是否行得通？）

项目小结

本项目主要介绍了个人税务规划。具体来说包括什么是个人所得税、个人所得税的计算方法、我国个人所得税的减免规定以及合法、合理避税的技巧等。

技能实训

相同数额的工资、薪金所得与劳务报酬所得所适用的税率不同，充分认识这一区别，并加以合法利用，能达到节税的目的。尤其是对个人所得中存在工资、薪金所得和劳务报酬所得的高收入人群，纳税筹划会给他们带来更大的实惠。

请对以下三种情况进行分析，考虑以何种方式计算和申报个人所得税有利于合法减轻税负。

郭先生 2018 年 2 月从 A 公司取得工资、薪金 3 000 元，由于单位工资太低，郭先生同月在 B 公司找了一份兼职，取得收入 5 000 元。

马先生是一名高级工程师，2018 年 3 月从 A 公司取得收入 62 500 元。

毛小姐 2018 年 5 月从 A 公司获得工资收入共 40 000 元。另外，该月毛小姐还获得某设计院的劳务报酬收入 40 000 元。

（提示：一般而言，当工资、薪金比较少时，工资、薪金所得适用的税率比劳务报酬所得适用的税率低，将劳务报酬所得转化为工资、薪金所得，合并按工资、薪金所得缴纳个人所得税是合理的；当工资、薪金收入相当高时，适用的税率已累进到比较高的水平，此时，将工资、薪金所得转化为劳务报酬所得可以节约应纳税额；当两项收入都较大时，将工资、薪金所得和劳务报酬所得分开计算亦能节税。）

（我国影视从业人员收入与税收筹划之谈）

项目五　保险产品理财

学习目标

1. 掌握保险的定义、特性、分类保险职能等基础知识
2. 阅读和分析保险合同的基本内容

重点及难点

1. 正确选择保险产品
2. 编制保险规划

【案例导入】

现代社会是一个异彩纷呈的多元化社会，每个人在享受到现代社会的繁华与富饶的同时，又深深感受到个人前途的不确定性和各种风险的存在，买保险已经成为现代人必不可少的选择。

有一个关于保险的小故事，说的是一个失事船舶的船长是如何说服几位不同国籍的乘客抱着救生圈跳入海中的。船长对英国人说："这是一项体育运动。"船长对法国人说："在海里跳舞，这很浪漫。"船长对德国人说："这是命令。"船长对美国人则说："你已经被保险了。"

正如故事中所讲的，在美国，不管是国家元首、明星巨匠，还是平民百姓，保险是人们生活中不可缺少的一环，像饮食、居住一样，是生存中必要的一部分。人寿、医药、房屋、汽车、游船、家具等都保了险，各种保险像一条条木栅，连成一圈，围在人的周围。

在我国，保险行业的发展相对落后，老百姓的保险意识相当淡薄。大部分人对基金和理财产品的投资收益非常关心，却甚少有人提及保险，甚至有人将买保险与上当受骗联系起来。因此，在中国绝大多数人的心目中，保险理念和保险意识真的基本上是一片空白。

那么，什么是保险？保险的重要性何在？什么人应该买保险？应该如何选择保险呢？

（旅行遇难，保险积极发挥作用）

任务一　认识保险产品

一、保险概述

（一）保险的含义

根据《中华人民共和国保险法》第二条的规定，本法所称保险，是指投保人根据合同约定，向保险人支付保险费，保险人对于合同约定的可能发生的事故因其发生所造成的财产损失承担赔偿保险金责任，或者当被保险人死亡、伤残、疾病或者达到合同约定的年龄、期限等条件时承担给付保险金责任的商业保险行为。

保险作为一种客观事物，经历了萌芽、产生、成长和发展的历程，从形式上看表现为互助保险、合作保险、商业保险和社会保险。通常我们所说的保险是狭义的保险，即商业保险。广义的保险指的是无论何种形式的保险，就其自然属性而言，都可以将其概括为保险是集合具有同类风险的众多单位和个人，以合理计算风险分担金的形式，向少数因该风险事故发生而受到经济损失的成员提供保险经济保障的一种行为。

（二）保险的特征

1. 互助性

保险的互助性通过保险人用多数投保人缴纳的保险费建立的保险基金对少数受到损失的被保险人提供补偿或给付得以体现。

2. 契约性

从法律的角度看，保险是一种契约行为。保险双方当事人通过合同的形式约定双方的权利义务，并且合同的履行以及变更等都要受到法律的制约。

3. 经济性

保险是通过保险补偿或给付而实现的一种经济保障活动。从保险的供给来看，在保险经营中，投保人通过缴纳保险费，购买保险产品，将自身面临的风险损失转嫁给保险人，保险人收取保险费，形成保险基金，用于未来的赔付。

4. 科学性

保险是一种科学处理风险的有效措施。保险人运用概率论和“大数法则”等理论，通过将大量的面临相同风险的个体集中起来，对整体风险发生的概率进行测算，计算出保险产品的价格，从而建立科学的保险基金，保障保险业的稳健发展。

（三）保险的标的和费率

保险的标的，即保险对象。人身保险的标的是被保险人的身体和生命，而广义的财产保险以财产及其有关经济利益和损害赔偿责任为保险标的。其中，财产损失保险的标的是被保险的财产，责任保险的标的是被保险人所要承担的经济赔偿责任，信用保险的标的是被保险人的信用导致的经济损失。

保险费率是保险费与保险金额的比例，保险费率又被称为保险价格。保险费率通常以每百元或每千元保险金额应缴纳的保险费来表示。

（四）保险的原则

1. 保险利益原则

保险利益又称为可保权益、可保利益，是指投保人对保险标的具有的法律上承认的利益。通常，投保人会因为保险标的的损害或丧失而遭受经济上的损失，因为保险标的的保全而获得收益。只有当保险利益是法律上认可的，经济上确定的而不是预期的利益时，保险利益才能成立。一般来说，财产保险的保险利益在保险事故发生时存在，这时才能补偿损失；人身保险的保险利益必须在订立保险合同时存在，用来防止道德风险。

以寿险为例，投保人对自身及其配偶具有无限的可保权益，在一些国家和地区，投保人与受保人如有血缘关系，也可以构成可保权益。另外，债权人对未还清欠款的债务人也具有可保权益。

2. 最大诚信原则

最大诚信原则保证保险合同当事双方能够诚实守信，对自己的义务善意履行。具体包括如下内容：

（1）保险人的告知义务：保险人应该对保险合同的内容，即术语、目的进行明确说明。

（2）投保人的如实告知义务：投保人应该对保险标的的状况如实告知。

（3）投保人或被保险人的保证义务：投保人或被保险人对于行为或不作为、某种状态存在或不存在的担保。保证较明确的一种是保险合同上明确规定的保证，比如盗窃险中保证安装防盗门、人身保险中驾驶车辆必须有有效的驾驶证；不需明确的保证称为默示保证，如海上保险中，投保人默示保证适航能力、不改变航道、航行的合法性等。因为保证条款对被保险人限制十分严格，所以各国法律都限制保险人使用默示保证，只有一些约定俗成的事项可以成为默示保证。

3. 弃权和禁止反言原则

弃权是当事人放弃在合同中的某种权利。例如，投保人明确告知保险人保险标的的危险程度足以影响承保，保险人却保持沉默并收取了保险费，这时构成保险人放弃了拒保权。又如，保险事故发生，受益人在合同规定的期限不索赔，构成受益人放弃主张保险金的权利。禁止反言是指既然已经放弃某种权利，就不得再主张该权利。比如上面第一个例子，保险人不能在承保后再向投保人主张拒保的权利。

4. 损失补偿原则

损失补偿原则是保险人必须在保险事故发生导致保险标的遭受损失时根据保险责任的

范围对受益人进行补偿。其含义为保险人对约定的保险事故导致的损失进行补偿，受益人不能因保险金的给付获得额外利益。一般来说，财产保险遵循该原则，但是因为人的生命和身体价值难以估计，所以人身保险并不适用该原则，不过也有学者认为健康险的医疗费用也应遵循这一原则，否则有不当得利之嫌。

5. 近因原则

近因原则指的是判断风险事故与保险标的的损失之间的关系，从而确定保险补偿或给付责任的基本原则。近因是保险标的损害发生的最直接、最有效、起决定性作用的原因，而并不是指最近的原因。如果近因属于被保风险，则保险人应赔偿；如果近因属于除外责任或未保风险，则保险人不负责赔偿。

（五）保险的分类

按照保障范围不同，保险可以分为财产保险、责任保险、信用保证保险和人身保险。

1. 财产保险

财产保险是指以各类物质财产及其相关利益或责任、信用作为保险标的的一种保险。财产保险是对因保险事故的发生导致财产的损失，以金钱或实物进行补偿的一种保险。

财产保险有广义和狭义之分。狭义的财产保险是指以有形的物质财富及其相关利益为保险标的的一种保险，有时也称为财产损失保险；广义的财产保险的保险标的不仅包括有形的物质财富及其相关利益，还包括无形的财产及其相关利益，如以损害赔偿责任为保险标的的责任保险与以信用风险为保险标的的信用保证保险等。我们这里指的是狭义的财产保险。

火灾保险是承保陆地上存放在一定地域范围内，基本上处于静止状态下的财产，比如机器、建筑物、各种原材料或产品、家庭生活用具等因火灾引起的损失。

海上保险实质上是一种运输保险，是各类保险业务中发展最早的一种保险，保险人对海上危险引起的保险标的的损失负赔偿责任。

货物运输保险是除了海上保险以外的货物运输保险，主要承保内陆、江河、沿海以及航空运输过程中货物发生的损失。

各种运输工具保险主要承保各种运输工具在行驶和停放过程中发生的损失，主要包括汽车保险、航空保险、船舶保险、铁路车辆保险。

工程保险承保各种工程期间一切意外损失和第三者人身伤害与财产损失。

灾后利益损失保险指保险人对财产遭受保险事故后可能引起的各种无形利益损失承担保险责任的保险。

盗窃保险承保财物因强盗抢劫或窃贼偷窃等行为造成的损失。

农业保险主要承保各种农作物或经济作物和各类牲畜、家禽等因自然灾害或意外事故造成的损失。

2. 责任保险

责任保险是一种以被保险人的民事损害赔偿责任作为保险对象的保险。不论企业、团体、家庭或个人，在进行各项生产业务活动或在日常生活中，由于疏忽、过失等行为造成对他人的损害，根据法律或契约对受害人承担的经济赔偿责任，都可以在投保有关责任保险之后，由保险公司负责赔偿。责任保险是以被保险人的民事损害赔偿责任作为保险标的的保险。

3. 信用保证保险

信用保证保险是保险人为被保证人向权利人提供担保的保险。信用保证保险是以订立合同的一方要求保险人承担合同的对方的信用风险为内容的保险。信用保证保险是以义务人为被保证人按照合同规定要求保险人担保对权利人应履行义务的保险。

4. 人身保险

人身保险是以人的生命或身体作为保险标的，以人的生（生育）、老（衰老）、病（疾病）、残（残疾）、亡（死亡）等为保险事故的一种保险。人身保险的基本内容包括：投保人与保险人订立保险合同，确立各自的权利与义务，投保人向保险人缴纳一定数量的保险费；在保险期限内，当被保险人发生死亡、残疾、疾病等保险事故，或者被保险人生存到期满时，保险人向被保险人或其受益人给付一定数量的保险金。因此，凡是与人的生命延续或终结以及人的身体健康或健全程度有直接关系的商业保险形式均可称为人身保险。人身保险除了有人寿保险外，还有人身意外伤害险保和健康保险。

（1）人寿保险。人寿保险简称寿险，是一种以人的生死为保险对象的保险，是被保险人在保险责任期内生存或死亡，由保险人根据契约规定给付保险金的一种保险。人寿保险是以人的寿命为保险标的，以人的生存或死亡为保险事件的一种人身保险。当被保险人死亡或达到合同约定的年龄、期限时，保险人向被保险人或其受益人给付保险金。

传统意义上的人寿保险，典型的形式是死亡保险、生存保险和两全保险。传统人寿保险的主要特点是固定给付，但缺乏灵活性和适应性。随着寿险业竞争的日趋激烈和市场风险的加大，出现了一些新的能较适应市场需求及规避风险的险种，即现代人寿保险。现代人寿保险的典型形式主要有变额人寿保险、万能人寿保险及变额万能人寿保险。除此之外，还有特种人寿保险，其典型形式主要有年金保险、简易人寿保险、弱体保险。

①传统人寿保险。

第一，死亡保险。死亡保险是以被保险人的死亡为给付保险金条件的保险。按照保险期限的不同，死亡保险可分为定期死亡保险和终身死亡保险。定期死亡保险习惯上称为定期寿险，是指由保险人在一定期限内提供死亡保障的一种人寿保险。定期寿险只对在保险期限内死亡的被保险人给付保险金，保险期限的长短非常灵活，可长可短。终身死亡保险简称终身寿险，是一种不定期的死亡保险，即保险人对被保险人终身提供死亡保障的一种人寿保险，无论被保险人何时死亡，保险人都要给付死亡保险金。终身死亡保险的最大优点是被保险人可以得到永久性的保障。

第二，生存保险。生存保险是以被保险人的生存为给付保险金条件的保险，即当被保险人于保险期满或达到合同约定的年龄时仍然生存，保险人负责给付保险金。生存保险主要是为年老的人提供养老保障或为子女提供教育金等。年金保险是一种有规则、定期向被保险人给付保险金的生存保险。在寿险实务中，生存保险一般不作为独立的险种。

第三，两全保险。两全保险又称生死合险，是以被保险人的生存或死亡为给付保险金条件的保险。两全保险既提供死亡保障又提供生存保障，具有保障性和储蓄性双重功能。两全保险中的死亡给付对象是受益人，期满生存给付的对象是被保险人，因此既保障受益人的利益又保障被保险人本人的利益。

②现代人寿保险。

第一，变额人寿保险。变额人寿保险是一种保险金额随其保费分离账户的投资收益的变化而变化的终身寿险。变额人寿保险可以有效抵消通货膨胀给寿险带来的不利影响。变额人寿保险可以是分红型的也可以是非分红型的。

第二，万能人寿保险。万能人寿保险是一种缴费灵活、保额可调整、非约束性的寿险。万能人寿保险的保单持有人在缴纳一定数量的首期保费后，可以按照自己的意愿选择任何时候缴纳任何数量的保费，只要保单的现金价值足以支付保单的相关费用，有时甚至可以不再缴费。保单持有人可以在具备可保性的前提下提高保额，也可以根据自己的需要降低保额。

第三，变额万能人寿保险。变额万能人寿保险是一种融合了保费缴纳灵活的万能人寿保险与投资灵活的变额人寿保险后而形成的新的险种。变额万能人寿保险遵循万能人寿保险的保费缴纳方式，而且保单持有人可以根据自己的意愿将保额降至保单规定的最低水平，也可以在具备可保性时，将保额提高。变额万能人寿保险与万能人寿保险的不同在于变额万能人寿保险的资产保存在一个或几个分离账户中，这一特点与变额人寿保险相同。

③特种人寿保险。

第一，年金保险。年金保险是生存保险的特殊形态，是被保险人在生存期间每年给付一定金额的生存保险。死亡保险的目的在于保障自身死亡后家庭经济生活的安全，年金保险的目的则是防备自身老年时经济生活的不安定。

第二，简易人寿保险。简易人寿保险是指用简易的方法经营的人寿保险。简易人寿保险是一种小额的、免验体格的、适应一般低工资收入职工需要的保险。简易人寿保险的缴费期较短，保险金额有一定的限制，并且不用经过体格检查。简易人寿保险的保险费略高于普通人寿保险的保险费。

第三，弱体保险。弱体保险又称次健体保险，是指将风险程度较高，即死亡率较高的人作为保险对象，在附加一定条件后承保的保险形式。根据被保险人的风险程度，弱体保险在承保时，通常采用的方法有保险金削减给付法、年龄增加法和特别保险费征收法。

（2）人身意外伤害保险。人身意外伤害保险是指保险人以被保险人因意外伤害事故而造成死亡、残废为给付保险金条件的一种人身保险。

人身意外伤害保险是一类特殊的人身保险，既有人身保险的特点，又有自身的特点。人身意外伤害保险的特点表现如下：

①人身意外伤害保险的纯保险费是根据保额损失率计算的，主要取决于被保险人的职业、工种或从事的活动，而不像人寿保险是依据生命表和利息率计算的。

②人身意外伤害保险的保险期限一般较短，通常为一年，有的只有几天甚至只有几个小时。例如，专门针对旅游的游客意外伤害保险的保险期限只有旅游期间的短短几天，航空意外伤害保险的保险期限只有短短几个小时。人身意外伤害保险的保险期间较短，使得其经营上与财产保险有很多相同之处。例如，年末未到期责任准备金是按当年保险费收入的一定百分比计算，保险经营过程中的资金运用也只限于短期投资等。

③人身意外伤害保险承保的条件较宽松，一般无须进行健康检查。

④人身意外伤害保险期限有关于责任期限的规定，即规定意外伤害发生在保险期限内，而且自遭受意外伤害之日起一定时期内造成的死亡、残疾保险人承担赔偿责任。

⑤人身意外伤害保险的给付方式为定额给付，但因意外伤害发生的医疗费用按合同约定，以不定额方式进行补偿。

财产保险公司通常经营团体人身意外伤害保险和个人人身意外伤害保险。人身意外伤害保险可以获多份保险单保险金赔偿和给付。

（3）健康保险。健康保险是以人的身体为标的，当被保险人因意外事故或疾病造成残疾、死亡、医疗费用支出以及丧失工作能力而使收入损失时，由保险人给付保险金的一种人身保险。一般来说，健康保险的保险责任包括两大类：一类是被保险人因意外事故或疾病所致的医疗费用损失，即人们习惯上所称的医疗保险或医疗费用保险；另一类是被保险人因意外事故或疾病所致的收入损失，这类健康保险的保单被称为残疾收入补偿保险。

健康保险的基本类型如下：

①医疗保险。医疗保险是指提供医疗费用保障的保险。医疗费用包括医疗费、手术费、住院费、护理费等。常见的医疗保险包括普通医疗保险、住院保险、手术保险、特种疾病保险、住院津贴保险、综合医疗保险等。

②残疾收入补偿保险。残疾收入补偿保险是指提供被保险人在残废、疾病或意外受伤后不能继续工作所造成的收入损失的补偿的保险。残疾收入补偿保险的给付方式一般有三种：一是按月或按周给付，二是按给付期限给付，三是按推迟期给付。

健康保险的特征如下：

①健康保险保险金具有补偿性质。在健康保险中，保险人支付的保险金是对被保险人因为医治疾病所发生的医疗费用支出和由此而引起的其他费用损失的补偿，但不是对被保险人的生命或身体的伤害进行补偿。

②健康保险的承保条件比较严格。健康保险的承保条件比一般寿险的承保条件要更严格，其对疾病产生的因素，需要相当严格的审查，一般是根据被保险人的病历来判断。另

外，保单中常有等待期或观察期的规定。

③健康保险的保险人可以行使代位求偿权。由于健康保险具有损害保险性质，当被保险人发生的医疗费用损失是由于第三者的原因而造成的时，保险人在给付被保险人医疗保险金后，可以向第三者行使代位求偿权。

④健康保险的风险具有变动性和不可预测性。由于健康保险涉及医学上的技术问题，同时在医疗费用的开支中又有不少人为因素，加之医疗技术日益发展，医疗器械和药品不断更新，使得医疗支出的水平也不断上升。这一切都使得健康保险的风险具有变动性和不可预测性。在实务中，健康保险大多采用短期保险合同，通常不超过一年。

（健康保险产品）

二、保额的确定

保额，即保险金额的简称，是指保险人承担赔偿或给付保险金责任的最高限额，也是保险公司支付合理费用赔偿的最高限额，还是计算保险费的主要依据。

很多人在购买保险产品特别是寿险时，投保多少常常是由保险业务员说了算，自己很少过问。实际上，购买寿险并不是保额越高越好。根据保险标的的不同，保额的确定方法也不相同。

在一般财产保险中，其保额根据保险价值而定，常以保险标的的实际价值作为保额，有效的保险金额必须在保险价值限度内，因此保额等于保险价值。有时在一般财产保险中，允许保额低于标的的实际价值，其不足部分则视为被保险人的自保，因此保额小于保险价值。多在货物运输险中，允许在货物的实际价值加上货物销售的合理利润作为保额，因此保额大于保险价值。

对于责任、信用保证保险，保额按统一标准确定，不由投保人选择，由保险双方在签订保险合同时依据投保标的的具体情况商定一个最高的赔偿限额。有些责任保险投保时虽然并不确定保额，但会确定保险总赔偿限额和单次或单人赔偿限额。

在人身保险中，由于人的生命价值难以用货币衡量，因此不能依据人的生命价值确定保额，而是根据被保险人的经济保障需要与支付保险费的能力由保险双方当事人协商确定保额。

对于财产保险或责任保险、信用保证保险而言，其保额的确定相对更加客观和简单，最难准确确定保额的应该是人寿类保险产品。多数人购买寿险的目的是通过死亡保险金的给付，使那些在经济上依赖被保险人的人，在被保险人死亡之后生活可以保持与以前相仿的水平。而“生命价值法则”就是人们确定寿险保额的基本原则。

“生命价值法则”是以一个人的生命价值作为依据，来考虑应购买多少保额的保险。该法则可以分三步：第一，估计被保险人以后的年均收入；第二，确定退休年龄；第三，从年收入中扣除各种税收、保费、生活费等支出后剩余的钱。据此计算，可以得出被保险人的生命价值。

【案例 5-1】李先生今年 35 岁，假设其 65 岁退休，退休前年平均收入是 9 万元，平均年收入的 1/3 自己花掉，2/3 用于家人。请用“生命价值法则”计算李先生的生命价值，并考虑寿险保额。

案例分析：按“生命价值法则”，李先生的生命价值计算如下：

生命价值= (65−35)×(9−3)= 180 (万元)

那么，这 180 万元即可以作为考虑现阶段该购买多少保额寿险的标准之一。

有关“生命价值法则”还有一个更加科学的计算方法，那就是根据投保人的收入情况，把每年的增长幅度计算进去，然后算出退休前的收入总值，再扣除通货膨胀的因素，计算出一个数值，可以作为保额的参照。不过，这个计算过程相对比较复杂。

在计算出生命价值之后，还要考虑家庭需求情况。这个规则是考虑当事故发生时，可确保至亲的生活准备金总额。

计算方式是将在生至亲所需生活费、教育费、供养金、对外负债、丧葬费等，扣除既有资产，所得缺额作为保额的粗略估算依据。需要注意的是，如被保险人可以从自己购买的人寿保险、企业等处获得一定的保险保障，最终确定保额时，还应适当扣除这些保障。

【案例 5-2】仍以李先生为例，假设其家庭目前年平均收入为 13 万元左右，每年最大支出就是大约 3 万元的房贷，房贷要还 20 年，加上其他开支，总支出 5.5 万元左右，李先生家庭现有一价值 40 万元的房屋。请从家庭需求的角度考虑寿险保额。

案例分析：考虑李先生家最大的开支房贷要还 20 年，他还需要以保险补偿家庭未来 30 年的开支，那么确定他的家庭需求计算如下：

家庭需求=5. 5×20+(5. 5−3)×10−40=95 (万元)

综合两种法则，李先生合适的寿险保额在 95 万~180 万元。当然，随着生活条件和收入水平的改变，保额也应随之调整。

（家庭财产综合保险条款主要内容）

任务二　保险规划

著名学者胡适谈及保险时曾经这样说过："保险的意义，只是今日作明日的准备，生时作死时的准备，父母做儿女的准备，儿女幼小时做儿女长大时的准备，如此而已。今天预备明天，这是真稳健；生时预备死时，这是真旷达；父母预备儿女，这是真慈爱。能做到这三步的人，才能算作是现代人。"

一、保险规划的定义

保险规划是指通过经济单位（个人或家庭）对风险的识别、衡量和评价，并在此基础上选择与优化组合各种风险管理技术，对风险实施有效控制和妥善处理风险所致损失的后果，以最小的成本获取最大的安全保障和经济利益。

保险规划要解决的问题如表 5-1 所示。

表 5-1　保险规划要解决的问题

如果生病了，必须面对哪些问题？	1. 对医疗品质的要求是什么？
	2. 短期生病期间的工作收入是否受影响？长期生病期间的工作岗位是否受影响？
	3. 若长期生病，收入下降，家人受到影响的程度有多大？
如果发生残疾，必须面对哪些问题？	1. 家庭开支费用受到何种影响程度？
	2. 自己能负担残疾治疗的费用吗？
	3. 自己能负担残疾康复的费用吗？
如果发生死亡，必须面对哪些问题？	1. 家中的生活来源谁来承担？
	2. 子女成长、教育费用谁来承担？
	3. 父母赡养谁来承担？
未来人生要实现的财务目标有哪些？	1. 房子要购买、置换吗？
	2. 子女的教育费用准备好了吗？
	3. 退休的生活准备好了吗？

保险规划是针对人生中的风险，定量分析保险需求额度，并做出最适当的财务安排，帮助个人或家庭选择合适的保险产品并确定合理的期限和金额，避免风险发生时给生活带来的冲击，达到财务自由的境界，保障高品质的生活状态。

二、保险规划遵循的原则

（一）基于实际需求选择

由于市场上保险产品种类繁多、鱼龙混杂的原因，其产品侧重点各有不同，保障责任的范围、保费、保障期限等大相径庭。再加上人与人之间、家庭与家庭之间不可避免地存在差异性，人们的需求自然也千差万别。因此，在做家庭保险规划时以实际需求为导向是最基础也是最重要的。例如，A 君在单位因工作需要，经常到外地出差，那么就应该买一份专门的人身意外保险，而不要每次出差都购买乘客人身意外保险。

（二）家庭支柱优先购买保险

对于一个家庭而言，家庭支柱的重要性自然不言而喻，承担的劳动强度越大，暴露在外遭遇意外和疾病的可能性也就越高。家庭支柱稍有不慎，必然会给家庭带来不可估量的影响。因此，家庭支柱必须要优先购买保险，以不变应万变。

（三）根据人生的不同阶段因时而变

家庭保险规划还应该根据不同年龄段和家庭状况而有不同的侧重，呈现动态性和阶梯性，在此基础上不断调整，适当增减。

人生不同阶段的保险需求如表 5-2 所示。

表 5-2　　人生不同阶段的保险需求

生命周期	特征	理财目标	保险需求
单身期 （大学毕业至成立家庭）	经济收入低、 基本没有资产	增加学习机会，加强职业培训，提高收入水平	意外保险、医疗保险、责任保险
家庭形成期 （结婚至孩子出生）	置业、生育、 家庭消费逐渐提高	储蓄购房首付款，增加定期存款、股票和基金等方面投资	意外保险、医疗保险、责任保险、人寿保险、财产保险
家庭成长期 （孩子出生至读大学）	子女教育计划、医疗费用、家庭消费比例高	房贷偿还、储备教育金，多元化投资方式建立	意外保险、医疗保险、责任保险、人寿保险、财产保险、教育保险
家庭成熟期 I （孩子读大学）	子女教育费用、医疗费用、退休计划、财务负担重	进行多元化投资组合，退休准备计划	意外保险、医疗保险、责任保险、人寿保险、财产保险、教育保险、养老保险
家庭成熟期 II （孩子工作至自己退休）	经济状况稳定， 财务负担逐渐减轻	重点准备退休金，降低投资组合风险	意外保险、医疗保险、责任保险、人寿保险、财产保险、养老保险
家庭衰老期 （退休后）	收入减少，保健、 医疗费用增加	固定收益投资为主	医疗保险、养老保险

（四）保额、保费合情合理

作为必要的风险保障额度，购买得太少，起不到保障家庭的作用；购买得太多，随之而来的保费压力则会影响到生活品质。因此，保额的标准最好是如果有风险发生的话，保险公司支付的理赔金额可以完全覆盖风险带来的损失。

【案例 5-3】A 君拥有一辆价值 40 万元的汽车，某天外出旅游时在高速路上出了车祸。请问在下列不同情况下，保险公司的赔偿额度分别为多少？

①在甲保险公司购买一份 40 万元保额的保险，车辆全毁。

②在乙保险公司购买一份 20 万元保额的保险，车辆损失金额为 16 万元。

③分别在甲保险公司购买一份 24 万元保额的保险，在乙保险公司购买一份 16 万元保额的保险，车辆损失金额为 20 万元。

案例分析：

①甲保险公司支付足额赔偿，支付 40 万元。

②乙保险公司按比例支付赔偿，赔偿金额 $=20/40\times16=8$（万元）

③根据重复保险分摊原则：

甲保险公司应赔偿金额 $=24/40\times20=12$（万元）

乙保险公司应赔偿金额 $=16/40\times20=8$（万元）

由于人的价值估量是由众多因素影响的，随着因素的变化其价值也在随时变化。例如，由于人的年龄每年在增长，在其他因素不变的情况下，生命价值和家庭的财务需求每年会变小，其保险就会从足额投保逐渐变成超额投保。如果收入和消费每年都在增长，而其他因素不变，其价值会逐渐增大，原有保险就会变成不足额投保。因此，保险金额需要每年重新计算，以便调整。

（五）险种搭配

个人或家庭应根据自身的经济能力和适应性选择险种，结合家庭、工作和个人的实际情况来决定保险的侧重点，优先选择纯保障型的险种进行搭配，以求全面保障。例如，家庭在选择健康保险时，要考虑家庭成员有无社会医疗保障，有社会医疗保障就选择重大疾病保险加住院补贴保险，没有社会医疗保障就选择重大疾病保险加住院费用保险。

【案例 5-4】黄女士今年 36 岁，作为毕业于西南财经大学金融学专业的高才生，她一直非常注重保险和理财，之前已经买了重疾险、寿险和意外险等多种健康保险，最近代理人又找到她要她再补充一份住院医疗险，她有没有必要再买一份呢？怎么买才划算呢？在黄女士的保险购置中，自己和孩子的保险总共已经有 6 份了，保障方面各有不同，但是住院医疗部分又没有涵盖，还需要买吗？请你给黄女士合理的保险险种搭配建议。

（案例分析）

三、保险规划的步骤

保险规划的目的在于根据自身的经济状况和保险需求的深入分析，帮助自身选择合适的保险产品并确定合理的期限和金额。个人在进行家庭风险管理时，一般也要遵循一个固定的流程，这样才科学严谨。通过以下步骤可以自我分析、判断并进行家庭风险管理。

（一）第一步：风险评估

家庭不同阶段面临的风险是有差异的，家庭成员从事的工作不同和在家庭中所处的不同地位风险也有差异，风险对家庭成员带来的伤害也是不同的。因此，家庭风险管理中，首先应该对家庭中存在的风险进行风险评估。

（二）第二步：了解投保常识

了解投保常识，懂得投保规则，可以帮助人们降低保险保障成本，规避或堵塞家庭风险漏洞，提高家庭保障的完整性和有效性。例如，保险合同艰涩难懂，因此许多保险购买者没有详细阅读过合同，但是合同中的重点内容（如保险利益、免责条款等）必须弄明白。代理人的谈话记录也应签字保存。这样才能确保参保人的风险管理真实有效。

（三）第三步：进行保险规划

保险规划的内容包括选定具体的保险产品，并根据自身（或参保人）的具体情况合理搭配不同险种；以保险财产的实际价值和人身的评估价值为依据确定保险金额；确定保险期限。

（1）首先，我们要确定一下自己家庭成员的范围，包括自己的父母、子女和爱人。在这个家庭中，哪一位是家庭的主要经济来源，如果这位成员发生风险时，家庭会遇到怎样的困扰，需要为父母准备多少养老金，为子女准备多少成长金和教育金，为爱人准备多少生活金？这些数额相加基本就是这个家庭成员需要拥有的寿险和意外险的保额，通常可以设计为寿险和意外险各占一半。

（2）其次我们要考虑的是家庭经济“顶梁柱”的重疾险，因为这对一个家庭来讲也是无法承担的风险。一般来说，按目前的医疗费用，重疾险的保额一个人准备 20 万元也就够了，考虑到是家庭的经济“顶梁柱”，有条件的话也可以适当多准备一些。

（3）再次，我们应该考虑的是家庭其他成员的重疾险，因为这也是我们家庭面临的一个巨大的风险漏洞，如果不加以解决，可能带给我们的就是无法承受的痛苦。

（4）然后，我们应该考虑的还有医疗险，因为医疗费用也是使家庭收入负增长的一个主要原因。

（5）最后我们需要考虑的是养老险和子女教育险。养老险和子女教育险，究竟谁先考虑，这没有一定的原则。一般地，认为哪一项需求比较紧迫就优先考虑。养老和子女教育是人人都会遇到的问题，因此也就很难利用大多数人分担少数人的风险的原则去设计保险了。通常，养老险和子女教育险都是由保户自己将钱存入保险公司，保险公司利用稳健的投资渠道帮助客户投资增值。由于保险公司都会扣除一定的初始费用，保险公司复利增值利率较银行高的优势要经过10年以上才能体现出来，通常20年后，这笔钱的票面价值会增长1.5~2倍。因此，存养老险和子女教育险的时间，最好是在需求发生前20年提前准备。

我们手中的钱通常有三种理财方式：第一种是存入银行，这部分钱面临着通货膨胀的风险；第二种是投资债券、基金、证券，这些投资方式或多或少面临着大小不等的风险；第三种则是保险，我们不能说保险是一种很好的投资工具，我们只能说保险是一种最保险的理财工具，因为从抵御通货膨胀的角度来讲，保险优于银行；从投资风险的角度来讲，保险优于债券、基金、证券等投资方式。

（四）第四步：保额与保费的分配与计算

保险专家指出，两大通行规则可以确定买保险的保额与保费。一些人计划为自己和家人投保，但又为该花多少钱、购买多少保额而权衡不定。一些保险专家指出，买保险也有通行规则，掌握两个“10”，保额、保费如何设定就尽在掌握之中了。

（1）保额：年收入的10倍。有关人寿保险的资深人士指出，通常保险额度可以设定为家庭年收入的10倍。

举例说，假设朱先生是家里的经济“顶梁柱”，年薪10万元。若他意外身故后，家人一下子失去了家庭主要的经济收入。如果保险赔偿额度是100万元的话，那么可以保证这个家庭在未来的10~20年期间的生活水平和质量不会出现太大的波动。

（2）保费：年收入的10%。保险业界人士指出，总保费支出为家庭年收入10%左右比较适宜，低收入者可以低于这一比例，高收入者可以适当超过这一比例。

一旦购买保险，若非趸交，就是十几年甚至几十年的缴费。若保费过高，时间一长，家庭经济就会有一定压力；若保费过低，家庭又很难获得足够的保险额度。年收入的10%是一个对多数家庭都较合适的支出比例。

（五）第五步：定期做好保单诊断

许多人买了保险之后通常就将保单束之高阁，只有在发生事故时才会将保单拿出来看。其实，我们的生活环境会改变，拥有的保单也应该随着我们的需求而改变保障内容。因此，每年应该检视一次保单，看看是否有需要调整的地方，这样才能更好地控制好家庭风险。

项目小结

本项目主要介绍了个人或家庭中存在的一些风险以及防范风险的措施——保险规划。

家庭存在的风险主要包括：家庭风险中最低端的链环——收入风险、意外风险；家庭的一般风险——债务风险、流动性风险和购买力风险；家庭的投资风险——利率风险和市场风险。

保险是进行家庭风险管理最有效的方法之一，家庭风险管理和保险规划的目的在于根据自身的经济状况与保险需求的深入分析，帮助自身选择合适的保险产品并确定合理的期限和金额。

项目实训

D君年龄30岁，毕业于广州某高校建筑工程专业，目前在广州一家房地产公司任职销售主管，年收入约10万元，由于日常工作业绩压力大，无暇照顾好自己，身体健康状况不甚理想。今年年初，D君刚在萝岗区购买新房一套，每月房贷3 000元，贷款期限为20年，手头上还有个人储蓄15万元。D君想通过购买商业保险补偿日常的医疗费用支出，考虑购买一份短期的住院医疗保险，保额10万元，年缴费3 800元。

请根据资料分析D君购买的保险能否满足其要求？你对D君有什么保险购买方面的建议？

项目六　证券产品理财

学习目标

1. 了解证券产品的种类
2. 了解证券产品的收益和风险

重点及难点

1. 掌握证券产品投资的程序
2. 分析证券产品的收益和风险

【案例导入】

A君30岁，工作8年，个人年收入约25万元，稳中趋升，其中工资及奖金20万元左右，单位股份红利约5万元。A君的配偶年收入2万元左右（以上均为税后收入）。A君的儿子3岁多，A君的父母都有退休工资和社保，年收入三四万元，无其他负担。A君全家都有社保，同时A君本人及儿子均有购买的保额为5万元的寿险（保单现金价值约1万元），年交保费1 800元/人左右，交费期为20年，无其他商业保险。A君拥有一套140平方米住房，距市中心约8千米，市价约40万元，无贷款，无其他负债。

家庭资金运用和投资情况：A君持有的单位股份对应的实际净资产约50万元，变现需7折（投资成本约20万元）；借给亲戚8万元（2年左右可以还清）；持有上市股票，市值约5万元（成本约10万元）；偏债平衡型开放基金1只，价值5万元；货币基金18万元；公积金账户10万元；银行活期存款1万元。因日常开销大部分由父母承担，A君家其他开销不超过2万元。

家庭理财目标：3年内在市中心购买一套约130平方米的住房；子女教育基金筹划；保留部分资金，投资股票型基金等理财产品。

讨论：

（1）分析A君的家庭财产特点?

（2）A君金融财产配置合理与否?

（3）A君家庭财产安全性是否有保障?

通过本项目的深入学习帮助进行A君家庭财产的科学合理优化配置。

任务一　认识证券理财产品

一、投资概述

（一）投资的含义

投资是指投资者运用自己持有的资本，用来购买实际资产或金融资产，或者取得这些资产的权利，目的是在一定时期内预期获得资产增值或一定收入。一般情况下，投资可分为实物投资和金融投资两部分。

（1）实物投资一般包括对有形资产，如土地、机器、厂房等的投资，具有与生产经营紧密联系、投资回收期较长、投资变现速度慢、流动性差等特点。

（2）金融投资包括对各种金融工具，如股票、固定收益证券、金融信托、基金产品、黄金、外汇和金融衍生品等的投资。

无论是哪种形式的投资，其最大的特征就是用确定的现值牺牲换取可能的（不确定的）未来收益。因此，投资必须具备三个要素：

第一，收益。投资是为了获得未来报酬而采取的一种经济行为，收益即投资取得的报酬。

第二，时间。投资是一个行为过程，从投入到可能的未来报酬的获得，要经过一定的时间间隔。而投资资金被占用的时间价值与预期的通货膨胀率关系，可能侵蚀购买力，导致未来收益的不确定性。

第三，风险。投资获取的报酬是不确定的，即以风险为代价的时间间隔越长，由于不可预测因素越多，不确定性就越大，即风险越大。

（二）投资的目标

人们在开始投资理财积累“第一桶金”时，必须确定合理的投资目标，目标应该高于目前拥有资产的净值，但又不能超出太多，因为太宏伟的目标不切实际，反而会带来众多负面效果。合理的目标应该接近于可以达成的水准，同时要考虑同期投资市场的平均报酬率水平，以此作为基准。针对不同的投资需求，投资目标可分为短期投资目标、中期投资目标和长期投资目标。

短期投资目标通常采用现金投资和固定利息投资两种类型。我们可以从市场风险、通货膨胀、利率风险和流动性等因素评估不同的投资品种，识别并评价投资信息的来源，评价不同种类的符合理财目标的证券投资品种。

中期投资目标主要考虑投资成长性和收益性，但同时也意味着风险水平上升，出现投资亏损的概率会大一些。

长期投资目标主要考虑投资成长性，还可以考虑具有税收效应的投资产品，如养老金、杠杆投资等。

在确定投资目标之后，为很好地实现这一目标，通常需要把握个人资本、收入的状况以及发展潜力等方面，根据不同的风险承受能力，设计多个收益不同的固定投资组合。也可以根据不同个人的投资理念、投资目标、风险承受能力，设计多个投资组合方案。

【案例 6-1】史玉柱因银行股（民生银行）方面的投资而声名大噪，但巨人系公司其实早在证券、保险、互联网金融等板块多线布局。2015 年，史玉柱斥资 42 亿港元（约合 36.5 亿元人民币）购入海通证券 H 股 2.48 亿股成为海通证券 H 股第 5 大股东，持股比例达 9.76%。同年 8 月 17 日，史玉柱联合马云、云峰金融等投资者出资 131 亿元收购美国万通保险亚洲有限公司。2017 年，巨人网络与中民投等其他 15 位股东出资成立互联网金融公司蔷薇控股，注册资本达 118 亿元。巨人投资与泛海控股、云峰基金、鼎晖等组成财团，以 44 亿美元（约合 300 亿元人民币）的价格收购美国赌场巨头凯撒集团旗下专注休闲社交手机游戏业务的 Playtika 公司的 100%股权。

请分析史玉柱的巨人系公司投资的资本版图，“巨人”的投资都跨了哪些界？

（案例分析）

二、证券理财产品的种类

（一）产品一：股票

1. 股票的定义

股票是股份公司在筹集资本时向出资人发行的股份凭证。股票代表着股票持有者（即股东）对股份公司的所有权。这种所有权是一种综合权利，如参加股东大会、投票表决、参与公司的重大决策的权利，并收取股息或分享红利等权利。同一类别的每一份股票代表的公司所有权是相等的。每个股东拥有的公司所有权份额的大小，取决于其持有的股票数量占公司总股本的比重。股票一般可以通过买卖方式有偿转让，股东能通过股票转让收回其投资，但不能要求公司返还其出资。股东与公司之间的关系不是债权债务关系。股东是公司的所有者，以其出资额为限对公司负有限责任，承担风险，分享收益。

2. 股票的特点

（1）不可偿还性。股票是一种无偿还期限的有价证券，投资者认购了股票后，就不能再要求退股，只能到二级市场卖给第三者。股票的转让只意味着公司股东的改变，并不减少公司资本。从期限上看，只要公司存在，公司发行的股票就存在，股票的期限等于公司存续的期限。

（2）参与性。股东有权出席股东大会，选举公司董事会，参与公司重大决策。股票持有者的投资意志和享有的经济利益，通常是通过行使股东参与权来实现的。股东参与公司决策的权利大小，取决于其持有的股份的多少。从实践中看，只要股东持有的股票数量达到左右决策结果所需的实际多数时，就能掌握公司的决策控制权。

（3）收益性。股东凭其持有的股票，有权从公司领取股息或红利，获取投资的收益。股息或红利的大小，主要取决于公司的盈利水平和公司的盈利分配政策。股票的收益性，还表现在股票投资者可以获得价差收入或实现资产保值增值。通过低价买入和高价卖出股票，投资者可以赚取价差利润。

以美国可口可乐公司的股票为例。如果在 1984 年年底投资 1 000 美元买入该公司股票，到 1994 年 7 月便能以 11 654 美元的市场价格卖出，赚取 10 多倍的利润。在通货膨胀时，股票价格会随着公司原有资产重置价格上升而上涨，从而避免了资产贬值。股票通常被视为在高通货膨胀期间可优先选择的投资对象。

（4）流通性。股票的流通性是指股票在不同投资者之间的可交易性。流通性通常以可流通的股票数量、股票成交量以及股价对交易量的敏感程度来衡量。可流通股数越多，成交量越大，价格对成交量越不敏感（价格不会随着成交量一同变化），股票的流通性就越好，反之就越差。股票的流通使投资者可以在市场上卖出所持有的股票，取得现金。通过股票的流通和股价的变动，可以看出人们对于相关行业和上市公司的发展前景与盈利潜力的判断。那些在流通市场上吸引大量投资者、股价不断上涨的行业和公司，可以通过增发股票，不断吸收大量资本进入生产经营活动，起到了优化资源配置的效果。

（5）价格波动性和风险性。股票在交易市场上作为交易对象，同商品一样，有自己的市场行情和市场价格。由于股票价格要受到如公司经营状况、供求关系、银行利率、大众心理等多种因素的影响，其波动有很大的不确定性。正是这种不确定性，有可能使股票投资者遭受损失。价格波动的不确定性越大，投资风险也越大。因此，股票是一种高风险的金融产品。

3. 股票的收益和风险

股票投资收益是指投资者从购入股票开始到出售股票为止整个持有期间的收入，由股息、资本利得和资本增值收益组成。

股息有现金红利和红股两种形式。在“熊市”阶段，持股者往往希望得到现金红利，因为股价在不断下跌；在“牛市”阶段，持股者又希望得到红股，因为股价在持续上涨。

资本增值收益是指上市公司在使用资本公积进行转增时送股，与红股的来源是未分配利润有着明显不同。上市公司在实施转增时必须使用资本公积的股本溢价部分，而这部分的来源往往依靠上市公司实施首发融资或再融资等方式才能获得。

资本利得是指股票持有者持股票到市场上进行交易，当股票的市场价格高于买入价格时，卖出股票就可以赚取差价收益。目前，我国股市尚不对该部分实施征税，但在境外发达国家和地区都是征税的，不过形成亏损也可以抵减应纳税所得额。

股票的风险可以简单地分为系统性风险和非系统性风险。系统性风险是指针对整个市场的利空因素，包括升息、上调税费以及其他突发性事件等。非系统性风险是指个股风险，往往仅影响单个上市公司或单个行业板块，包括退市风险、长期停牌风险、行业调控政策等。

【案例 6-2】2018 年 6 月，崔永元爆料了影视圈的“阴阳合同”现象后，一大波上市的影视公司股价大跌，瞬间蒸发了 144 亿元市值，其中，华谊兄弟公司的股份受到的影响颇深，一天内就蒸发了 22.76 亿元市值。在 2015 年中国股市处于“牛市”的时候，华谊兄弟公司的股份市值超过 500 亿元（最高的时候华谊兄弟公司控股加上参股的股市价值超过 800 亿元），但上市快九年，如今市值又跌回了 200 亿元。

影视行业的股票与其他实体行业的股票相比，市值较小，但因为明星效应和曝光率高，使其股票价值容易受到外界因素影响，让投资者尤其是中小股民难以把握。当行业股市的价格波动的不确定性越大，投资风险也越大。

4. 股票投资的分析方法

股票投资分析方法主要有两大类：一类是基本分析法，另一类是技术分析法。

（1）基本分析法。基本分析法通过对决定股票内在价值和影响股票价格的宏观经济形势、行业状况、公司经营状况等进行分析，评估股票的投资价值和合理价值，与股票市场价值进行比较，相应形成买卖的建议。

基本分析法包括分析下面三个方面的内容：

①宏观经济分析。研究经济政策（货币政策、财政政策、税收政策、产业政策等）和经济指标（国内生产总值、失业率、通货膨胀率、利率、汇率等）对股票市场的影响。

②行业分析。具体分析产业前景、区域经济发展对上市公司的影响

③公司分析。具体分析上市公司行业地位、市场前景、财务状况。

（2）技术分析法。技术分析法从股票的成交量、价格、达到这些价格和成交量所用的时间、价格波动的空间几个方面分析走势并预测未来。目前常用的有 K 线理论、波浪理论、形态理论、趋势线理论和技术指标分析等。

基本分析法能够比较全面地把握股票价格的基本走势，但对短期的市场变动不敏感；技术分析法贴近市场，对市场短期变化反应快，但难以判断长期的趋势，特别是对于政策因素，难有预见性。基本分析法和技术分析法各有优缺点与适用范围。基本分析法能把握中长期的价格趋势，而技术分析法则为短期买入、卖出时机选择提供参考。投资者在具体运用时应该把两者有机结合起来，选择合适的投资分析方法，方可实现效用最大化。

5. 股票投资的五大步骤

股票投资风险具有明显的两重性，即股票投资风险的存在既是客观的、绝对的，又是主观的、相对的。股票投资风险既是不可完全避免的，又是可以控制的。投资者对股票风险的控制就是针对风险的两重性，运用一系列投资策略和技术手段把承受风险的成本降到最低限度。

股票投资具有高风险、高收益的特点。理性的股票投资过程应该包括确定投资策略、进行股票投资分析、确立投资组合、评估投资业绩、修正投资策略五个步骤。进行股票投资分析作为其中一环，是成功进行股票投资的重要基础。

（1）确定投资策略。股票投资是一种高风险的投资，人们常说："风险越大，收益就越大。"换一个角度说，也就是需要承受的压力越大，收益就越大。投资者在涉足股票投资的时候，必须结合个人的实际状况，制定出可行的投资政策。这实质上是确定个人资产的投资组合的问题，投资者应掌握好风险分散原则和量力而行原则。

①风险分散原则。投资者在支配个人财产时，要牢记"不要把鸡蛋放在一个篮子里"。与房产、珠宝首饰、古董字画相比，股票流动性好，变现能力强；与银行储蓄、债券相比，股票价格波动幅度大。各种投资渠道都有自己的优缺点，尽可能地回避风险和实现收益最大化，成为个人理财的两大目标。

②量力而行原则。股票价格变动较大，投资者不能只想盈利，还要有赔钱的心理准备和实际承受能力。《中华人民共和国证券法》明文禁止透支、挪用公款炒股，正是体现了这种风险控制的思想。投资者必须结合个人的财力和心理承受能力，制定合理的投资策略。

（2）进行股票投资分析。受市场供求、政策倾向、利率变动、汇率变动、公司经营状况变动等多种因素影响，股票价格呈现波动性、风险性的特征。何时介入股票市场、购买何种股票对投资者的收益有直接影响。股票投资分析成为股票投资步骤中很重要的一个环节，其目的在于预测价格趋势和价值发现，从而为投资者提供介入时机和介入品种决策的依据。

（3）确立投资组合。在进行股票投资时，投资者一方面希望收益最大化，另一方面又要求风险最小。两者的平衡点，即在可接受的风险水平之内，实现收益量大化的投资方案，构成最佳的投资组合。

根据个人财务状况、心理状况和承受能力，投资者分别具有低风险倾向或高风险倾向。低风险倾向者宜组建稳健型投资组合，投资于常年收益稳定、市盈率较低、派息率较高的股票，如公用事业股。高风险倾向者可组建激进型投资组合，着眼于上市公司的成长性，多选择一些涉足高科技领域或有资产重组题材的"黑马"型上市公司。

（4）评估投资业绩。评估投资业绩指定期评估投资业债、测算投资收益率、检讨决策中的成败得失，在股票投资中有承上启下的作用。

（5）修正投资策略。随着时间推移，市场和政策等各种因素发生变化，投资者对股票的评价和对收益的预期也相应发生变化。在评估前一段业绩的基础上，重新修正投资策略非常必要。如此又重复进行确定投资政策→进行股票投资分析→确立投资组合→评估投资业绩的过程，股票投资的五大步骤相辅相成，以保证投资者预期目标的实现。

（二）产品二：债券

1. 债券的定义

债券是国家政府、金融机构、企业等机构直接向社会借债筹措资金时，向投资者发行，承诺按规定利率支付利息并按约定条件偿还本金的债权债务凭证。由此，债券包含了以下四层含义：

第一层含义：债券的发行人（政府、金融机构、企业等机构）是资金的借入者。

第二层含义：购买债券的投资者是资金的借出者。

第三层含义：发行人（借入者）需要在一定时期还本付息。

第四层含义：债券是债的证明书，具有法律效力。债券购买者与发行者之间是一种债权债务关系，债券发行人即债务人，投资者（或债券持有人）即债权人。

2. 债券的基本要素

债券是一种债务凭证，反映了发行者与购买者之间的债权债务关系。债券尽管种类多种多样，但是在内容上都要包含一些基本的要素。这些要素是指发行的债券上必须载明的基本内容，这是明确债权人和债务人权利与义务的主要约定。债券的基本要素具体包括：

（1）债券面值。债券的面值是指债券的票面价值，是发行人对债券持有人在债券到期后应偿还的本金数额，也是企业向债券持有人按期支付利息的计算依据。债券的面值与债券实际的发行价格并不一定是一致的，发行价格大于面值称为溢价发行，小于面值称为折价发行。

（2）票面利率。债券的票面利率是指债券利息与债券面值的比率，是发行人承诺以后一定时期支付给债券持有人报酬的计算标准。债券票面利率的确定主要受到银行利率、发行者的资信状况、偿还期限和利息计算方法以及当时资金市场上资金供求情况等因素的影响。

（3）付息期。债券的付息期是指企业发行债券后的利息支付的时间。付息期可以是到期一次支付，或1年、半年、3个月支付一次。在考虑货币时间价值和通货膨胀因素的情况下，付息期对债券投资者的实际收益有很大影响。到期一次付息的债券，其利息通常是按单利计算的；年内分期付息的债券，其利息是按复利计算的。

（4）偿还期。债券偿还期是指企业债券上载明的偿还债券本金的期限，即债券发行日至到期日之间的时间间隔。公司要结合自身资金周转状况及外部资本市场的各种影响因素来确定公司债券的偿还期。

上述四个要素是债券票面的基本要素，但在发行时并不一定全部在票面上印制出来。

例如，在很多情况下，债券发行者是以公告或条例形式向社会公布债券的期限和利率。此外，一些债券还包含有其他要素，如还本付息方式。

3. 债券的特征

债券作为一种债权债务凭证，与其他有价证券一样，也是一种虚拟资本，而非真实资本，债券是经济运行中实际运用的真实资本的证书。债券作为一种重要的融资手段具有如下特征：

（1）偿还性。债券一般都规定有偿还期限，发行人必须按约定条件偿还本金并支付利息。

（2）流通性。债券一般都可以在流通市场上自由转让。

（3）安全性。与股票相比，债券通常规定有固定的利率，与企业绩效没有直接联系，收益比较稳定，风险较小。此外，在企业破产时，债券持有者享有优先于股票持有者对企业剩余资产的索取权。

（4）收益性。债券的收益性主要表现在两个方面，一方面是投资债券可以给投资者定期或不定期地带来利息收入；另一方面是投资者可以利用债券价格的变动，买卖债券赚取差额。

4. 债券的种类

（1）按发行主体划分，债券可以分为政府债券、金融债券、公司（企业）债券。

①政府债券。政府债券是政府为筹集资金而发行的债券，主要包括国债、地方政府债券等，其中最主要的是国债。国债因其信誉好、利率优、风险小而又被称为“金边债券”。

②金融债券。金融债券是由银行和非银行金融机构发行的债券。在我国，目前金融债券主要由国家开发银行、进出口银行等政策性银行发行。

③公司（企业）债券。公司（企业）债券是企业依照法定程序发行，约定在一定期限内还本付息的债券。公司债券的发行主体是股份公司，但非股份公司的企业也可以发行债券。因此，归类时，公司债券和企业发行的债券合在一起，可直接称为公司（企业）债券。

（2）按是否有财产担保，债券可以分为抵押债券和信用债券。

①抵押债券。抵押债券是以企业财产作为担保的债券，按抵押品的不同又可以分为一般抵押债券、不动产抵押债券、动产抵押债券和证券信托抵押债券。以不动产如房屋等作为担保品，称为不动产抵押债券；以动产如适销商品等作为担保品的，称为动产抵押债券；以有价证券如股票及其他债券作为担保品的，称为证券信托抵押债券。一旦债券发行人违约，信托人就可以将担保品变卖处置，以保证债权人的优先求偿权。

②信用债券。信用债券是不以任何公司财产作为担保，完全凭信用发行的债券。政府债券属于此类债券。这种债券由于其发行人的绝对信用而具有坚实的可靠性。除此之外，一些公司也可以发行这种债券，即信用公司债。与抵押债券相比，信用债券的持有人承担

的风险较大，因此往往要求较高的利率。为了保护投资人的利益，发行这种债券的公司往往受到种种限制，只有那些信誉卓著的大公司才有资格发行信用债券。除此以外，在债券契约中都要加入保护性条款，如不能将资产抵押其他债权人、不能兼并其他企业、未经债权人同意不能出售资产、不能发行其他长期债券等。

（3）按债券形态分类，债券可以分为实物债券、凭证式债券、记账式债券。

①实物债券（无记名债券）。实物债券（无记名债券）是一种具有标准格式实物券面的债券。实物债券与无实物债券相对应，简单地说就是发给投资人的债券是纸质的而非电脑里的数字。在实物债券券面上，一般印制了债券面额、债券利率、债券期限、债券发行人全称、还本付息方式等各种债券票面要素。

实物债券不记名、不挂失，可上市流通。实物债券是一般意义上的债券，很多国家通过法律或法规对实物债券的格式予以明确规定。实物债券由于其发行成本较高，将会被逐步取消。

②凭证式债券。凭证式国债是指国家采取不印刷实物券，而用填制“国库券收款凭证”的方式发行的国债。我国从 1994 年开始发行凭证式国债。凭证式国债具有类似储蓄，又优于储蓄的特点，通常被称为储蓄式国债，是以储蓄为目的的个人投资者理想的投资方式。凭证式国债从购买之日起计息，可记名、可挂失，但不能上市流通。凭证式国债与储蓄类似，但利息比储蓄高。

③记账式债券。记账式债券是指没有实物形态的票券，以电脑记账方式记录债权，通过证券交易所的交易系统发行和交易。我国近年来通过沪、深交易所的交易系统发行和交易的记账式国债就是这方面的实例。如果投资者进行记账式债券的买卖，就必须在证券交易所设立账户。因此，记账式国债又称为无纸化国债。因为记账式国债发行和交易均无纸化，所以交易效率高、成本低，是未来债券发展的趋势。

（4）按是否可以转换为公司股票划分，债券可以分为可转换债券和不可转换债券。

①可转换债券。可转换债券是指在特定时期内可以按某一固定的比例转换成普通股的债券。可转换债券具有债务与权益双重属性，属于一种混合性筹资方式。由于可转换债券赋予债券持有人将来成为公司股东的权利，因此其利率通常低于不可转换债券。若将来转换成功，在转换前发行企业达到了低成本筹资的目的，转换后又可以节省股票的发行成本。根据《中华人民共和国公司法》的规定，发行可转换债券应由国务院证券管理部门批准，发行公司应同时具备发行公司债券和发行股票的条件。

②不可转换债券。不可转换债券是指不能转换为普通股的债券，又称为普通债券。因为不可转换债券没有赋予债券持有人将来成为公司股东的权利，所以其利率一般高于可转换债券。

（5）按付息的方式划分，债券可以分为零息债券、定息债券、浮息债券。

①零息债券。零息债券也叫贴现债券，是指债券券面上不附有息票，在票面上不规定

利率，发行时按规定的折扣率，以低于债券面值的价格发行，到期时按面值支付本息的债券。从利息支付方式上来看，贴现国债以低于面额的价格发行，可以看成利息预付，因此又可以称为利息预付债券、贴水债券，是期限比较短的折现债券。

②定息债券。定息债券也叫固定利率债券，是将利率印在票面上并按其向债券持有人支付利息的债券。该利率不随市场利率的变化而调整，因此固定利率债券可以较好地抵制通货紧缩风险。

③浮息债券。浮息债券又叫浮动利率债券，浮动利率债券的息票率是随市场利率变动而调整的利率。因为浮动利率债券的利率同当前市场利率挂钩，而当前市场利率又考虑到了通货膨胀率的影响，所以浮动利率债券可以较好地抵制通货膨胀风险。浮动利率债券的利率通常根据市场基准利率加上一定的利差来确定。浮动利率债券往往是中长期债券。

（6）按是否能够提前偿还划分，债券可以分为可赎回债券和不可赎回债券。

①可赎回债券。可赎回债券是指在债券到期前，发行人可以以事先约定的赎回价格收回的债券。公司发行可赎回债券主要是考虑到公司未来的投资机会和回避利率风险等问题，以增加公司资本结构调整的灵活性。发行可赎回债券最关键的问题是赎回期限和赎回价格的制定

②不可赎回债券。不可赎回债券是指不能在债券到期前收回的债券。

（7）按偿还方式不同划分，债券可以分为一次到期债券和分期到期债券。

①一次到期债券。一次到期债券是发行公司于债券到期日一次偿还全部债券本金的债券。

②分期到期债券。分期到期债券是指在债券发行的当时就规定有不同到期日的债券，即分批偿还本金的债券。分期到期债券可以减轻发行公司集中还本的财务负担。

（8）按债券的计息方式分类，债券可以分为单利债券、复利债券、累进利率债券。

①单利债券。单利债券是指在计息时，不论期限长短，仅按本金计息，所生利息不再加入本金计算下期利息的债券。

②复利债券。复利债券与单利债券相对应，是指计算利息时，按一定期限将所生利息加入本金再计算利息，逐期滚算的债券。

③累进利率债券。累进利率债券是指年利率以利率逐年累进方法计息的债券。累进利率债券的利率随着时间的推移，后期利率比前期利率更高，呈累进状态。

5. 债券的发行

（1）债券发行的条件。根据《中华人民共和国公司法》的规定，我国债券发行的主体主要是公司制企业和国有企业。企业发行债券的条件如下：

①股份有限公司的净资产额不低于人民币 3 000 万元，有限责任公司的净资产额不低于人民币 6 000 万元。

②累计债券总额不超过净资产的 40%。

③最近3年平均可分配利润足以支付公司债券1年的利息。

④筹资的资金投向符合国家的产业政策。

⑤债券利息率不得超过国务院限定的利率水平。

⑥其他条件。

（2）债券的发行价格。债券的发行价格是指债券原始投资者购入债券时应支付的市场价格。债券的发行价格与债券的面值可能一致也可能不一致。

在理论上，债券的发行价格是债券的面值和要支付的年利息按发行当时的市场利率折现所得到的现值。由此可见，票面利率和市场利率的关系影响到债券的发行价格。当债券票面利率等于市场利率时，债券发行价格等于面值；当债券票面利率低于市场利率时，企业仍以面值发行就不能吸引投资者，因此一般要折价发行；当债券票面利率高于市场利率时，企业仍以面值发行就会增加发行成本，因此一般要溢价发行。

在实务中，根据上述原理计算的债券发行价格一般是确定债券实际发行价格的基础，还要结合债券发行公司自身的信誉情况。

6. 债券的交易方式

上市债券的交易方式大致有债券现货交易、债券回购交易、债券期货交易。目前在深、沪证券交易所交易的债券有现货交易和回购交易。

（1）现货交易。现货交易又叫现金现货交易，是债券买卖双方对债券的买卖价格均表示满意，在成交后立即办理交割，或者在很短的时间内办理交割的一种交易方式。例如，投资者可以直接通过证券账户在深圳证券交易所全国各证券经营网点买卖已经上市的债券品种。

（2）回购交易。回购交易是指债券出券方和购券方在达成一笔交易的同时，规定出券方必须在未来某一约定时间以双方约定的价格再从购券方那里购回原先售出的那笔债券，并以商定的利率（价格）支付利息。目前深、沪证券交易所均有债券回购交易，但只允许机构法人开户交易，个人投资者不能参与。

（3）期货交易。债券期货交易是一批交易双方成交以后，交割和清算按照期货合约中规定的价格在未来某一特定时间进行的交易。目前深、沪证券交易所均不开通债券期货交易。

7. 债券投资的收益和风险

（1）债券投资的收益。人们投资债券时，最关心的就是债券收益有多少。债券投资收益主要来源于三个方面，即利息收入、偿还盈亏（资本利得）和利息再投资所得的收益。为了精确衡量债券收益，一般使用债券收益率这个指标。债券收益率是债券收益与其投入本金的比率，通常用年率表示。债券收益不同于债券利息。债券利息仅指债券票面利率与债券面值的乘积。由于人们在债券持有期内，可以在债券市场上进行买卖，赚取价差，因此债券收益除利息收入外，还包括买卖盈亏差价。

决定债券收益率的主要因素有债券的票面利率、期限、面值和购买价格。最基本的债券收益率计算公式为：

债券收益率=(到期本息和-发行价格)/(发行价格×偿还期限)×100%

由于债券持有人可能在债券偿还期内转让债券，因此债券的收益率还可以分为债券出售者的收益率、债券购买者的收益率和债券持有期间的收益率。计算公式如下：

债券出售者的收益率 =（卖出价格-发行价格+持有期间的利息）/（发行价格×持有年限）×100%

债券购买者的收益率 =（到期本息和-买入价格）/（买入价格×剩余期限）×100%

债券持有期间的收益率 =（卖出价格-买入价格+持有期间的利息）/（买入价格×持有年限）×100%

【案例 6-3】A 君于 2017 年 1 月 1 日以 102 元的价格购买了一张面值为 100 元、利率为 10%、每年 1 月 1 日支付一次利息的 2011 年发行 5 年期国库券，并持有到 2018 年 1 月 1 日到期。请分别计算债券购买者和债券出售者的收益率。

债券购买者的收益率=（100+100×10%-102）/（102×1）×100%=7.8%

债券出售者的收益率=（102-100+100×10%×4）/（100×4）×100%=10.5%

【案例 6-4】B 君于 2013 年 1 月 1 日以 120 元的价格购买了面值为 100 元、利率为 10%、每年 1 月 1 日支付一次利息的 2012 年发行的 10 年期国库券，并持有到 2018 年 1 月 1 日以 140 元的价格卖出。计算债券持有期间的收益率。

债券持有期间的收益率=（140-120+100×10%×5）/（120×5）×100%=11.7%

以上计算公式没有考虑把获得的利息进行再投资的因素。把所获利息的再投资收益计入债券收益，据此计算出来的收益率，即为复利收益率。

影响债券投资收益的因素主要包括以下几个方面：

①债券的利率。债券利率越高，债券收益也越高；反之，收益越低。形成利率差别的主要因素是利率、残存期限、发行者的信用度和市场性等。

②债券价格与面值的差额。当债券价格高于其面值时，债券收益率低于票面利息率；反之，则高于票面利息率。

③债券的还本期限。还本期限越长，票面利息率越高。

④市场供求、货币政策和财政政策。市场供求、货币政策和财政政策对债券价格产生影响，直接影响到投资者的成本，成本越高则收益率越低，成本越低则收益率越高。因此，除了利率差别会影响投资者的收益之外，市场供求、货币政策和财政政策也是我们考虑投资收益时不可忽略的因素。

（2）债券投资的风险。尽管与股票相比，债券投资安全很多，但是同样存在着风险，债券投资面临的风险主要如下：

①利率风险，即利率的变动导致债券价格与收益率发生变动的风险。

②价格变动风险。债券市场价格常常变化，若其变化与投资者预测的不一致，那么投资者的资本必将遭到损失。

③通货膨胀风险。债券发行者在协议中承诺付给债券持有人的利息或本金的偿还，都是事先议定的固定金额。当发生通货膨胀时，货币的实际购买能力下降，就会造成在市场上能购买的东西却相对减少，甚至有可能低于原来投资金额的购买力。

④信用风险。在企业债券的投资中，企业由于各种原因，存在着不能完全履行其责任的风险。

⑤转让风险。当投资者急于将手中的债券转让出去，有时候不得不在价格上打折，或者要支付一定的佣金。

⑥回收性风险。有回收性条款的债券，因为其常常有强制收回的可能，而这种可能又常常是市场利率下降、投资者按券面上的名义利率收取实际增额利息的时候，投资者的预期收益就会遭受损失。

⑦税收风险。政府对债券税收的减免或增加都影响到投资者对债券的投资收益。

⑧政策风险，即由于政策变化导致债券价格发生波动而产生的风险。

例如，突然给债券实行加息和保值贴补。

8. 债券投资的原则

投资债券既要有所收益，又要控制风险，因此根据债券的特点，投资债券原则如下：

（1）收益性原则。不同种类的债券收益多少不同，投资者应根据自己的实际情况选择。例如，国家（包括地方政府）发行的债券，一般认为是没有风险的投资；而企业债券则存在着能否按时偿付本息的风险，作为对这种风险的报酬，企业债券的收益必然要比政府债券的收益高。

（2）安全性原则。投资债券相对于其他投资工具要安全得多，但这仅仅是相对的，债券投资的安全性问题依然存在，因为经济环境有变、经营状况有变、债券发行人的资信等级也不是一成不变，所以投资债券还应考虑不同债券投资的安全性。例如，就政府债券和企业债券而言，企业债券的安全性不如政府债券。

（3）流动性原则

债券的流动性强意味着能够以较快的速度将债券兑换成货币，同时以货币计算的价值不受损失；反之，则表明债券的流动性差。影响债券流动性的主要因素是债券的期限，期限越长，流动性越弱，期限越短，流动性越强。另外，不同类型债券的流动性也不同。例如，政府债券在发行后就可以上市转让，因此流动性强。企业债券的流动性往往就有很大差别，对于那些资信卓著的大公司或规模小但经营良好的公司，其发行的债券流动性是很强的；反之，那些规模小、经营差的公司发行的债券的流动性要差得多。

【案例 6-5】

公司公募债券违约及处置案例

Q 公司 2012 年 4 月发行了 4.8 亿元的公司债（以下简称“12Q 债”），存续期为 5 年、附第 3 年末投资者回售选择权，发行利率为 6.78%，每年的 4 月×日为债券付息日。2015 年 4 月，因 Q 公司无法按时、足额筹集资金用于偿付“12Q 债”本期债券应付利息及回售款项，构成对本期债券的实质违约。

发行人及债券基本情况

Q 公司于 2009 年 11 月在交易所上市，实际控制人为 M。公司原主营业务为高档餐饮业，是国内第一家在 A 股上市的民营餐饮企业，后经多次转型，主营业务涉及餐饮服务与管理、环保科技、网络新媒体以及大数据处理。

2012 年 4 月，Q 公司发行了 4.8 亿元存续期为 5 年、附第 3 年年末发行人上调票面利率选择权及投资者回售选择权的公司债，发行利率为 6.78%，每年的 4 月×日为债券付息日。

风险暴露过程

Q 公司 2013 年全年亏损 5.64 亿元，2014 年上半年亏损 659 万元，经营风险增大，业务转型困难，并存在业绩真实性等质疑。

2014 年 10 月，P 资信公司披露对“12Q 债”的不定期跟踪评级报告，将其主体及债项评级均由 A 下调至 BBB，触发交易所风险警示条件。交易所于 10 月×日对债券进行停牌处理，并于复牌后实行风险警示处理，债券更名为“STE 债”。

2015 年 4 月，因 Q 公司无法按时、足额筹集资金用于偿付“12Q 债”本期债券应付利息及回售款项，构成对本期债券的实质违约。

因 Q 公司 2013 年、2014 年净利润分别为−5.6 亿元、−6.8 亿元，连续两年亏损，“STE 债”于 2015 年 6 月暂停上市。

违约风险事件处置情况

“12Q 债”违约处置难度大。从经营角度看，一是传统餐饮业务业绩继续亏损，并且 Q 公司转型的新业务发展停滞；二是 Q 公司前期形成的大额应收及预付款项约 1.5 亿元无法收回；三是因涉及房屋合同纠纷等情况，Q 公司 7 个银行账号被冻结，日常经营无法正常进行。从重组角度看，一是 Q 公司市值约为 60 亿元，估值较高，增加了借壳重组的难度；二是 Q 公司被证监会立案调查未有明确结论，重组存在障碍；三是实际控制人 2014 年国庆节期间出国后迄今未归，更为重组增添难度。

鉴于上述原因，Q 公司于 2015 年 6 月启动债务重组有关事项。因涉及相关利益方较多，涉及相关法律法规复杂，Q 公司需同相关各方多次沟通协调。通过 2015 年下半年重大资产出售和债务重组，Q 公司完成“12Q 债”债券兑付资金的筹集工作。2016 年 3 月×日，偿债资金划入结算公司分公司的指定银行账户，结算公司已于 2016 年 3 月×日完成派发工作。其中，本金为 2.92 亿元，利息为 353 万元，违约金为 1 722.95 万元，合计 3.13 亿元。至此，“12Q 债”违约事件处置完毕。

（案例启示）

（三）产品三：基金

1. 基金的定义

基金，即证券投资基金，是指通过发售基金份额，将众多投资者的资金集中起来，形成独立资产，由基金托管人托管，基金管理人管理，以投资组合的方法进行证券投资的一种利益共享、风险共担的集合投资方式。具体来说，基金就是通过发行基金单位，集中投资者的资金，由基金托管人托管（一般是信誉卓著的银行），由基金管理人（即基金管理公司）管理和运用资金，从事股票、债券等金融工具的投资。基金投资人享受证券投资的收益，也承担因投资亏损而产生的风险。我国基金暂时都是契约型基金，是一种信托投资方式。

证券投资基金是一种间接的证券投资方式。基金管理公司通过发行基金单位，集中投资者的资金，由基金托管人（即具有资格的银行）托管，由基金管理人管理和运用资金，从事股票、债券等金融工具投资，然后共担投资风险、分享收益。根据不同标准，可以将证券投资基金划分为不同的种类。

根据基金单位是否可增加或赎回，基金可分为开放式基金和封闭式基金。开放式基金不上市交易，一般通过银行申购和赎回，基金规模不固定；封闭式基金有固定的存续期，其间基金规模固定，一般在证券交易场所上市交易，投资者通过二级市场买卖基金单位。

证券投资基金在美国称为“共同基金”，在英国称为“单位信托基金”，在日本称为“证券投资信托基金”。

2. 证券投资基金的分类

（1）股票基金。股票基金是以股票为投资对象的投资基金，是投资基金的主要种类。股票基金的主要功能是将大众投资者的小额投资集中为大额资金，投资于不同的股票组合，是股票市场的主要机构投资者。

与其他类型的基金相比，股票基金具有以下特点：

①与其他基金相比，股票基金的投资对象具有多样性，投资目的也具有多样性。

②与投资者直接投资于股票市场相比，股票基金具有分散风险、费用较低等特点。对一般投资者而言，个人资本毕竟是有限的，难以通过分散投资种类而降低投资风险。若投

资于股票基金，投资者不仅可以分享各类股票的收益，而且可以通过投资于股票基金而将风险分散于各类股票上，大大降低了投资风险。此外，投资者投资了股票基金，可以享受基金大额投资在成本上的相对优势，降低投资成本，提高投资效益，获得规模效益的好处。

③从资产流动性来看，股票基金具有流动性强、变现性好的特点。股票基金的投资对象是流动性强的股票，基金资产质量高、变现容易。

④对投资者来说，股票基金经营稳定、收益可观。一般来说，股票基金的风险比股票投资的风险低，因此收益较稳定。不仅如此，封闭式股票基金上市后，投资者还可以通过在交易所交易获得买卖差价。基金期满后，投资者享有分配剩余资产的权利。

⑤股票基金具有在国际市场上融资的功能和特点。就股票市场而言，其资本的国际化程度较外汇市场和债券市场低。一般来说，各国的股票基本上在本国市场上交易，股票投资者也只能投资于本国上市的股票或在当地上市的少数外国公司的股票。在国外，股票基金则突破了这一限制，投资者可以通过购买股票基金，投资于其他国家或地区的股票市场，从而对证券市场的国际化具有积极的推动作用。从海外股票市场的现状来看，股票基金投资对象有很大一部分是外国公司股票。

（基金一览）

2. 债券基金

债券基金顾名思义是以债券为主要投资标的的共同基金，除了债券之外，尚可投资于金融债券、附买回债券、定存、短期票券等，绝大多数以开放式基金形态发行，并采取不分配收益方式，合法节税。目前，我国国内大部分债券基金属性偏向于收益型债券基金，以获取稳定的利息为主。因此，收益普遍呈现稳定成长。

（1）债券基金的优点。债券基金的优点如下：

①低风险、低收益。由于债券收益稳定、风险也较小，相对于股票基金，债券基金风险低但回报率也不高。

②费用较低。由于债券投资管理不如股票投资管理复杂，因此债券基金的管理费也相对较低。

③收益稳定。投资于债券定期都有利息回报，到期还承诺还本付息，因此债券基金的收益较为稳定。

④注重当期收益。债券基金主要追求当期较为固定的收入，相对于股票基金而言缺乏

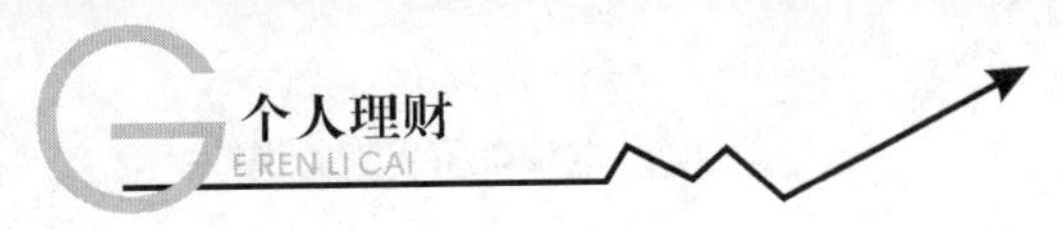

增值的潜力，较适合于不愿过多冒险、谋求当期稳定收益的投资者。

（2）债券基金投资策略。债券基金投资策略如下：

①确定投资有正确的理由。如果买债券基金的目的是为了增加投资组合的稳定性，或者获得比现金更高的收益，这样的策略是行得通的。如果认为买债券基金是不会亏损的，那就需要再考虑一下。债券基金也有风险，尤其是在升息的环境中。当利率上行的时候，债券的价格会下跌，这样债券基金可能会出现负的回报。在国内，多数债券基金持有不少可转债，有的还投资少量股票，股价尤其是可转债价格的波动会加大债券基金回报的不确定性。

②了解债券基金持有些什么。为了避免投资失误，在购买前需要了解债券基金都持有些什么。对于普通债券而言，两个基本要素是利率敏感程度与信用素质。债券价格的涨跌与利率的升降成反向关系。利率上升的时候，债券价格便下滑。

③了解债券基金的信用。债券基金的信用取决于其投资债券的信用等级。投资人可以通过基金招募说明书了解对所投资债券信用等级有哪些限制，通过基金投资组合报告了解持有债券的信用等级。

④对于国内的组合类债券基金，投资人还需要了解其投资的可转债及股票的比例。基金持有比较多的可转债，可以提高收益能力，但也放大了风险。因为可转债的价格受正股联动影响，波动要大于普通债券。尤其是集中持有大量转债的基金，其回报率受股市和可转债市场的影响可能远大于债市。

⑤震荡市中的避险工具。投资者在选择股票基金的时候，将承受较大的波动风险。在这种市场格局下，流动性好、风险低且回报率高于储蓄利率的债券基金可以降低投资者的风险。目前市场中债券基金的资产中80%以上都是由国债、金融债和高信用等级的企业债组成的，基本不存在信用风险。在控制好利率风险之后，债券基金净值下跌的风险很小，收益非常稳定。因此，债券基金是较好的替代银行存款的理财品种，迎合了我国居民理财的稳健收益和低风险需求。

当然，债券基金并非纯粹投资债券，因此债券基金并不保本，同样有亏损的风险，只是债券基金的投资风险远远低于股票基金。

3. 货币市场基金

货币市场基金是指投资于货币市场上短期有价证券的一种基金。该基金资产主要投资于短期货币工具，如国库券、商业票据、银行定期存单、政府短期债券、企业债券等短期有价证券。

货币市场基金最早创设于1972年的美国。到1986年年底为止，美国共有400多个货币市场基金，总资产超过2 900亿美元。在美国，货币市场基金按风险大小可划分为以下三类：

（1）国库券货币市场基金。国库券货币市场基金是主要投资于国库券、由政府担保的有价证券等。这些证券到期时间一般不到1年，平均到期期限为120天。

（2）多样化货币市场基金。多样化货币市场基金就是通常所说的货币市场基金，通常投资于商业票据、国库券、美国政府代理机构发行的证券、可转让存单、银行承兑票据等各种有价证券，其到期时间同前述基金类似。

（3）免税货币基金。免税货币基金主要投资用于短期融资的高质量的市政证券，也包括市政中期债券和市政长期债券。免税货币基金的优点是可以减免税收，但通常比一般的货币市场基金的收益率低（大约低30%~40%），税率不高时投资者选择该基金并不划算。

货币市场基金与传统的基金比较具有以下特点：

（1）货币市场基金与其他投资于股票的基金最主要的不同在于基金单位的资产净值是固定不变的，通常是每个基金单位1元。投资该基金后，投资者可以利用收益再投资，投资收益就不断累积，增加投资者拥有的基金份额。例如，某投资者以100元投资于某货币市场基金，可以拥有100个基金单位，1年后，若投资报酬是8%，那么该投资者就多8个基金单位，总共108个基金单位，价值108元。

（2）衡量货币市场基金表现好坏的标准是收益率，这与其他基金以净资产价值增值获利不同。

（3）流动性强、资本安全性高。这些特点主要源于货币市场是一个风险低、流动性强的市场。同时，投资者可以不受到期日限制，随时可以根据需要转让基金单位。

（4）风险性低。货币市场工具的到期日通常很短，货币市场基金投资组合的平均期限一般为4~6个月，因此风险较低，其价格通常只受市场利率的影响。

（5）投资成本低。货币市场基金通常不收取赎回费用，并且其管理费用也较低，货币市场基金的年管理费用大约为基金资产净值的0.25%~1%，比传统的基金年管理费率（1%~2.5%）低。

（6）货币市场基金均为开放式基金。货币市场基金通常被视为无风险或低风险投资工具，适合资本短期投资生息以备不时之需，特别是在利率高、通货膨胀率高、证券流动性下降、可信度降低时，可以使本金免遭损失。

（货币市场基金一览）

3. 基金定投

定期定额投资基金，即基金定投，是基金申购业务的一种方式，投资者可以通过基金的销售机构提交申请，约定每期扣款时间、扣款金额以及扣款方式，由销售机构于约定扣款日，在投资者指定资金账户内自动完成扣款及基金申购。

基金定投的特点如下：

①平均成本、分散风险。普通投资者很难适时掌握正确的投资时点，常常可能是在市场高点买入，在市场低点卖出。而采用基金定期定额投资方式，不论市场行情如何波动，每个月固定一天定额投资基金，由银行自动扣款，自动依基金净值计算可买到的基金份额数。这样投资者购买基金的资金是按期投入的，投资的成本也比较平均。

②适合长期投资。由于定期定额是分批进场投资，当股市在盘整或下跌的时候，由于定期定额投资基金是分批承接的，因此反而可以越买越便宜，股市回升后的投资报酬率也胜过单笔投资。对于中国股市而言，长期看应是震荡上升的趋势，因此定期定额投资基金非常适合长期投资理财计划。

③更适合投资新兴市场和小型股票基金。中长期定期定额投资绩效波动性较大的新兴市场或小型股票型海外基金，由于股市回调时间一般较长而速度较慢，但上涨时间的股市上涨速度较快，投资者往往可以在股市下跌时累积较多的基金份额，因此能够在股市回升时获取较佳的投资报酬率。根据理柏（Lipper）基金资料显示，截至 2005 年 6 月底，2002 年以来三年持续扣款投资在任一新兴市场或小型公司股票类型基金的投资者至少有 23%的平均报酬率。

④自动扣款，手续简单。定期定额投资基金只需投资者去基金代销机构办理一次性的手续，此后每期的扣款申购均自动进行，一般以月为单位，但是也有以半月、季度等其他时间限期作为定期的单位的。相比而言，如果自己去购买基金，就需要投资者每次都亲自到代销机构办理手续。因此，定期定额投资基金也被称为“懒人理财术”，充分体现了其便利的特点。

（定投方案轻松选）

任务二　分析与选择证券理财产品

投资规划是根据客户投资理财目标和风险承受能力，为客户制订合理的资产配置方案，构建投资组合来帮助客户实现理财目标的过程。

投资与投资规划很难严格区分开来，概括而言，投资更强调创造收益，而投资规划更强调实现目标。投资技术性更强，要对经济环境、行业、具体的投资产品等进行细致分析，进而构建投资组合以分散风险、获取收益；投资规划程序性更强，要利用投资过程创造的潜在收益来满足自己或家庭的财务目标，投资只不过是工具，当然两者的界限是模糊的。

从总体上来说，个人或家庭证券投资理财规划的步骤如下：

一、确定投资目标

不同的投资者由于各自的具体情况不同，其投资目标自然不同。机构投资者投资目标一般由管理层决定，不同的管理人员有不同的风格，因此需要通过深入分析和综合平衡做出最合理的决策。个人投资者的决策受个人经济状况、性格、知识层次与结构等方面的影响。无论哪种投资目标，投资人都要在风险与收益之间做出全面的平衡，才能做出最后的决策。

二、选择投资品种和市场

不同的投资品种和市场有不同的风险和收益特征，对投资人的资本额和个人素质等的要求是不同的，因此适用于不同的投资目标。

三、确定风险因素和程度

投资人依据自身综合状况确定了投资品种之后，即进入具体投资对象的风险收益分析评价阶段，投资人要运用各种知识和手段分析其投资交易物的现在与未来面临的风险状况。

四、合理配置资金

不同的投资者有不同的资金配置侧重点。个人投资者要确定可供投资的资金数量和具体操作资金的分配，如每一资金配置方式各投资多少，长期与短期投资占用资金比例等。对机构投资者而言，由于相对不缺乏资金及操作技巧，问题主要集中在资金来源和运用上。

五、投资方案的确定与实施

每个投资方案都是动态的，在不同的时期要根据环境的变化进行适当的调整。投资方案的调整主要来源于对环境的分析。一般情况下，我们主要从宏观环境、行业环境以及公司或个人的环境出发，来进行投资方案的调整。

【案例 6-6】谢女士今年 37 岁，其丈夫 40 岁，其孩子 10 岁。谢女士家庭收入为 22.2 万元，夫妻双方都有社保，每年缴纳商业保费 9 000 元，每月偿还车贷 2 862 元，还有 10

个月将结束车贷。谢女士夫妻双方父母养老费每年10 000元，孩子兴趣班费用每月1 000元，车费、油费每月1 000元，生活费每月5 000元，每年旅游费用10 000元。剩下的钱，每月存在“宝宝类”理财中，累积到5万元就购买其他理财产品。谢女士现在手头的基金有20 000元，亏损1 000元；理财产品60 000元，收益率约为5%；美金6 000美元。谢女士家有定期存款30 000元，现金（含活期存款）8 000元。谢女士家有一套自住房，价值160万元，无房贷。

根据谢女士一家的经济状况，分析其家庭投资方案。

（案例分析）

任务三　证券产品理财规划

确定科学的个人证券投资规划，应主要考虑个人投资者的年龄和构建投资组合两个因素。

一、个人投资者的年龄

不同年龄段的个人投资者，应该采取不同的证券投资理财策略。

（一）青年段

40岁以前的青年段的个人投资者具有的特点主要表现为：从生理上看，身体健康，精力充沛；从职业上看，都有了一定的职业，并且随着年龄的增长而逐渐稳定；从生活上看，从单身一人到恋爱建立家庭，再到孩子出生成长，一切都在有条不紊地发展着，长辈们也都处于事业的巅峰状态之中；从经济上看，资金实力相对有限，未来的前景充满了变数；从负担情况看，从上到下都比较轻。因此，在这个年龄段上的个人投资者，其证券理财行为不妨选择一种由保守向激进发展，并逐渐偏向激进的方式。我们还可以把40岁以下的个人证券投资者再细分为三类，每一类型的投资者又可以有不同的配置策略。

第一类是刚刚走上工作岗位的人。这类投资者主要的理财目标是积累经验。以货币市场基金或其他低风险证券理财产品作为他们的投资对象较为合适。之所以选择货币市场基金，理由有四个：第一，货币市场基金本身就是基金管理公司的专业证券理财产品之一。个人投资者在初涉证券市场的时候，选择这种具有专业理财背景的产品，是一种合理借助外力、扬长避短的个人证券理财策略。第二，货币市场基金本身是一种低风险的理财品种，比较适合刚刚接触证券理财产品的个人投资者购买。第三，货币市场基金的收益较高，通常可以超过商业银行定期一年存款的税后收益。第四，货币市场基金的流动性很好。

第二类是已经有了一定的积蓄并计划结婚成家的人。这类投资者在经历了入门阶段的证券理财实践后，就可以进入第二个阶段。进入这个阶段的标志如下：第一，个人投资者已经积累了一定量的资金，有了可以做分散投资理财的资金基础。第二，个人投资者通过货币市场基金的理财，对证券理财活动和证券理财对象已经有了一定的认识和了解。在这种情况下，个人投资者应该在一定的投资理念的指导下，逐步了解和投资其他类型的基金，如股票基金、偏股型基金和债券类产品。买入风险较高的股票基金，还有另外一个目的，就是个人投资者通过对投资对象风险与收益的比较，对投资对象较高风险的实际承受，可以逐渐了解股票，也可以体会基金管理人在股票理财方面的理念和方法，从而为自己进行股票理财奠定基础。

第三类是已经结婚成家的人。这类投资者通过之前阶段的理财活动，资金实力进一步增强，风险承受能力进一步提高。具有一定理财分析能力、掌握一定理财分析方法的个人投资者，可以由浅入深地开始自己的股票理财选择，在较有把握之后，可以逐渐扩大股票的投资理财规模。

（二）中年段

40~60 岁的中年段的个人投资者具有的特点主要表现为：从生理上看，体魄依然健壮，精力依然充沛；从心理上看，生活的历练已经使人成熟，做人做事都趋于稳重；从职业上看，基本已经定型，并已经取得相应的成就；从生活上看，家庭十分稳定，子女正在成长或已经成人，而长辈已经年迈，需要多多关心照顾；从经济上看，资金实力充裕，人生中的黄金收入期在此阶段；从负担情况看，负担虽然不重，但未来的生活计划是必须要考虑的事情。因此，这个年龄段的个人投资者，其证券理财行为不妨选择一种偏向于稳健的方式。按照个人投资者的年龄跨度及家庭生活情况和个人工作情况，可以把 40~60 岁中年段的投资者分为以下两类：

第一类是子女尚未工作的个人投资者。这种情况的个人投资者的主要特征有三点：一是家庭虽已建立了一段时间，但经济实力还比较有限；二是子女教育的费用快速提高，已经成为家庭支出的重要项目；三是个人的投资风险承受能力进一步提高。这个阶段的个人投资者，其理财策略应该是坐收货币市场基金收益的同时，伺机动用部分资金投资于股票和股票基金理财产品。不过，股票和股票基金的投资理财应该是阶段性的，通常情况下不长期持有。

第二类是子女长大成人后的个人投资者。这种情况的个人投资者的主要特征有两点：一是孩子已经长大成人，走上社会，开始工作，有了收入；二是个人的收入也基本到了最高点，个人的积蓄迅速增长。这个阶段的个人投资者在具体的理财过程中，要投资一定数量的国债，同时继续投资于货币市场基金。因为这种基金是一个以不变应万变的理财品种。当然，有了以前的股票理财，再加上股票市场有博取高收益的机会，对于股票和股票型基金的投资还是少不了的。

（三）老年段

60岁以上的老年段的个人投资者具有的特点主要表现为：从生理上看，衰老已是不争的事实；从心理上看，虽然已经退休在家，但在忙碌了大半辈子之后，闲了下来总是觉得不习惯，因此还有找点事情做做的心态；从生活上看，子女已经长大成人，并都建立了自己的家庭；从经济上看，收入较退休前有一定下降甚至明显下降；从负担情况看，在收入减少但用于看病等方面的支出增加的情况下，家庭负担也有可能呈现出相对加重的趋势。因此，这个年龄段的个人投资者，其证券理财行为可以选择一种偏向保守的方式。60岁以上老年段的个人证券理财的资产配置策略应为：国债40%左右，基金40%左右，股票20%左右。

处于老年段的个人投资者，一切行事都应该遵循保守的原则，包括个人证券理财。到了这个年龄段之后，收入只有退休金，健康状况也呈下降趋势，精力大不如前。因此，在个人证券理财的资产配置策略方面，也应遵循健康原则，投资对象以货币市场基金和固定收益类债券等低风险产品为主，甚至将全部投资都用在货币市场基金、中短期债券等低风险产品上。至于股票投资，20%的资产配置比例为上限。个人投资者可以选择股票基金或股票投资，但如果精力有限，则干脆既不投资股票，也不投资股票基金。总之，这个时候要做一个“守财奴”，守住钱财，尽量减少不必要的投资损失，以保证有充裕的资产安度晚年。

二、构建投资组合

投资学中的组合，通常是指个人或机构投资者拥有的各种资产的总称。如果个人投资者投资规模很大，就需要根据自己的投资收益预期目标、风险承受能力以及对流动性的要求，把投资资金分别配置到不同的金融理财产品上。如果是分散配置到银行、外汇、保险、证券等理财产品上，那么就是一种范围很大、投资品种较多的大组合概念；如果是分散配置到债券、股票、基金等证券理财产品方面，那么投资范围仅限于证券市场，就是一种小组合概念，这里讨论的是证券理财产品的组合。

个人投资者的证券组合策略，即证券资产配置策略，是证券理财策略的重要内容。之所以要构建证券组合，原因主要有两点：一是尽可能地降低投资风险。单一品种的证券，特别是某一上市公司的股票的投资风险是显而易见的。二是建立证券组合，实行分散投资。“不要把所有的鸡蛋都放在一个篮子里”，这样可以有效地分散风险，特别是降低非系统性风险。资产组合理论表明：首先，证券组合的风险随着组合包含的证券数量的增加而降低，不同证券资产之间关联性很低的多元化证券组合可以有效地降低非系统风险。其次，尽可能地增加投资收益，实现投资收益最大化。投资者的证券投资过程，就是在投资收益和投资风险之间寻求最佳平衡的过程。如果个人投资者仅投资于单个证券资产，则寻求这种平衡的空间相当狭小。而当投资者将各种不同的证券资产按不同比例进行组合时，其选择最佳平衡的空间就相当大，从而使其可以在投资风险水平既定的条件下，实现投资收益的最大化。

证券组合一般以投资者的投资目标为标准来进行划分。具体来说，证券组合通常可以分为收入型证券组合、增长型证券组合和混合型证券组合三种。收入型证券组合看中当期收益，以追求当期收益的最大化为目标；增长型证券组合看重长期增长，以追求未来的资本利得（即证券价格上升带来的价差收益）为目标；混合型证券组合试图两者兼顾，使两者达到某种均衡。个人投资者应根据自己的投资收益目标和风险偏好程度，在对未来证券市场走势进行例行判断的基础上，确定自己应选择哪一类证券组合。

项目小结

本项目介绍了有关投资规划的内容，帮助大家认识和理解了什么是投资、投资规划以及各种投资产品的特征。

投资是指投资者运用自己持有的资本，用来购买实际资产、金融资产或取得这些资产的权利，目的是在一定时期内预期获得资产增值和一定收入。投资规划是根据客户投资理财目标和风险承受能力，为客户制订合理的资产配置方案，构建投资组合来帮助客户实现理财目标的过程。

投资规划的整个过程是确定投资目标、选择投资品种和市场、确定风险因素和程度、合理配置资金以及投资方案的确定与实施。

个人或家庭投资理财时可以选择的投资产品很多，不同的产品具有不同的风险特征和收益性，本项目主要介绍了股票、债券、基金。

项目实训

金融消费案例——做合格金融消费者 防金融投资性风险

2015 年 8 月 28 日，D 君与甲证券公司签订管理合同，委托甲证券公司购买其发售的“××理财 1 号”集合资产管理计划，投资金额 10 万元。管理合同载明：委托人保证委托资产的来源及用途合法，并已阅知本合同和集合计划说明书全文，了解相关权利、义务和风险，自行承担投资风险。管理人承诺以诚实信用、谨慎勤勉的原则管理和运用本集合计划资产，但不保证本集合计划资产一定盈利，也不保证最低收益。托管人承诺以诚实信用、谨慎勤勉的原则履行托管职责，保护集合计划资产的安全，但不保证本集合计划资产投资不受损失，不保证最低收益。该合同还约定委托人义务包括按该合同约定承担集合计划的投资损失。管理合同签章页及说明书对投资风险、不保本保收益等事项进行了明确提示。之后D君投资发生亏损，2018年5月25日，D君同意将“××理财1号”展期，并于同年9月10日与甲证券公司签订了展期合同。D君认为甲证券公司在推销产品时进行了夸大宣传，误导其购买了涉案产品，遂诉至法院，请求判令甲证券公司承担其本金损失35 000余元及利息损失。

分析：

①证券公司对其产品的风险提示做了哪些揭示？

②D君作为投资人应具备哪些基本投资认知？

③集合资产管理计划作为理财服务创新产品，必须遵循哪些内容？

④作为投资者在购买类似理财创新产品时应注意哪些问题？

（实训答案）

项目七　房地产投资理财

学习目标

1. 了解房地产投资的相关知识
2. 了解个人住房规划

重点及难点

1. 正确评估房地产投资价值
2. 编制住房规划

【案例导入】

广州市天河区2015—2018年的房价走势如图7-1所示。

2018年天河区房价		更多>
2018年7月房价	45 926元/㎡	0.1%↑
2018年6月房价	45 882元/㎡	3.71%↑
2018年5月房价	44 224元/㎡	0.03%↑
2018年4月房价	44 404元/㎡	0.65%↓
2018年3月房价	44 693元/㎡	0.02%↓

2017年天河区房价		更多>
2017年12月房价	43 743元/㎡	0.01%↓
2017年11月房价	44 501元/㎡	1.45%↓
2017年10月房价	45 158元/㎡	0.02%↓
2017年9月房价	46 500元/㎡	0.3%↓
2017年8月房价	46 641元/㎡	0.8%↓

2016年天河区房价		更多>
2016年12月房价	36 221元/㎡	1.34%↑
2016年11月房价	35 743元/㎡	3.48%↑
2016年10月房价	34 543元/㎡	7.24%↑
2016年9月房价	32 213元/㎡	2.24%↑
2016年8月房价	31 506元/㎡	1.36%↑

2015年天河区房价		更多>
2015年12月房价	26 447元/㎡	--
2015年11月房价	26 427元/㎡	--
2015年10月房价	26 488元/㎡	--
2015年9月房价	26 577元/㎡	--
2015年8月房价	26 616元/㎡	1%↓

图7-1　广州市天河区2015—2018年房价走势

《广州市城镇非私营和私营单位就业人员年平均工资公报》数据显示：

2016年，广州市城镇非私营单位就业人员年平均工资88 136元，同比名义增长10.8%，扣除物价因素，实际增长7.9%；其中，在岗职工年平均工资为89 096元，同比名义增长 9.8%，扣除物价因素，实际增长 6.9%。广州市城镇私营单位就业人员年平均工资为 55 223 元，同比名义增长 11.9%，扣除物价因素，实际增长 9.0%。

2017 年，广州市城镇非私营单位就业人员年平均工资 97 522 元，同比名义增长 10.6%，扣除物价因素，实际增长 8.1%。其中，在岗职工年平均工资为 98 612 元，同比名义增长 10.7%，扣除物价因素，实际增长 8.2%。广州市城镇私营单位就业人员年平均工资为 61 241 元，同比名义增长 10.9%，扣除物价因素，实际增长 8.4%。（数据来源：广州市统计局）

分析：

①以广州市 2017 年非私营单位就业人员年平均工资与 2017 年广州市天河区平均房价为例，计算房价收入比例关系。

②结合所在城市（籍贯、读书、工作），分析当地房地产投资市场发展趋势。

“衣食住行”是人生四大基本需求，其中“住”又是花费金额最大的一项。在中国传统文化中，住宅是家庭得以存在、运行并发展的空间，是家庭人际关系得以维系、多功能活动得以顺利履行的基础。在某种程度上可以说，没有住宅就没有家庭。在个人理财规划中与“住”相对应的就是房地产规划。

任务一　认识房地产投资

一、房地产概述

在不同的社会形态中，房地产始终是人类赖以生存和生活的基本条件，是一切经济活动的载体和基础。在实际经济生活中，房产和地产有着不可分割的联系，尽管其权属关系可以不一致，但作为其实物形态的反映，房屋和土地是紧紧地结合在一起的。因此，人们习惯上将房产和地产合称为房地产（Real Estate 或 Real Property）。房地产也被称为不动产，是“房”和“地”涵盖的内容，即土地和在土地上建造的所有设施（建筑物和构筑物），而由此衍生出来的各种物权，则是“产”涵盖的内容。根据《房地产业基本术语标准》的规定，房地产被定义为：可开发的土地以及地上定着物、建筑物，包括物质实体和依托在物质实体上的权益。

（一）房地产的特性

房地产主要有以下几个特性：

1. 固定性

房地产的固定性包括自然地理位置的固定性、交通位置和社会经济位置的相对固定性。由于房地产位置的固定性，使得房地产的开发、经营等一系列经济活动都必须就地进行，从而使房地产具有区域固定性的特点。房地产的价值与位置有着直接的关系，影响位置的因素有很多，如交通、商业环境、人口流动等，这些因素使得房地产不同位置的价值差异很大。

2. 耐久性

一般认为，作为有形资产和合法权益的载体的土地成分是不可毁灭的。土地可能被开采、腐蚀、淹没或荒废，但是在地球表面上指定的位置是永远存在的。同时，土地在正常情形下是不会损坏的，具有永恒的使用价值。土地上的建筑物一经建成，只要不是天灾人祸或人为的损坏，其使用期限一般都可达数十年甚至上百年。因此，房地产相比一般商品具有更长久的使用期限。

3. 稀缺性

土地自然供给的绝对有限性决定了房地产供给的有限性。虽然人类可以不断地改变和提高土地利用的技术，如移山填海、提高容积率、利用地下空间等方式，但这并不能有效地增加土地面积总量。土地面积总量是固定的，使得附着于土地的房屋等建筑物不能无限地发展和扩张。

4. 异质性

由于每一栋房屋都会因用途、结构、材料和面积以及建造的地点、时间和房屋的气候条件等的不同而产生诸多的相异之处，因此不可能出现大量供应同一房地产的情况，这就是房地产的异质性。房地产的异质性产生了房地产投资的级差效益性，即地域的不同决定了房地产的价格的不同。例如，处于一个城市市区的房地产，其价格通常远远高于郊区的房地产。即使在市区，也会因离市中心的远近、人口的密集程度、文化教育的发展程度等不同而不同，黄金地段的房地产价格必然昂贵。

5. 权益可分割性

所有权是法定权利的结合体，它包括占有权、使用权、受益权和处置权。在必要及法律许可的情况下，所有权中的这些权利可以分别出售或转让给不同的生产者和消费者。例如，当国家将土地使用权以一定的方式赋予土地使用者时，其法律意义不仅仅是土地所有权和使用权的分离，而是将土地使用权的一部分有条件地转让了。根据《中华人民共和国城镇土地使用权出让和转让条例》的有关规定，土地使用者合法得到的土地使用权可以依法出售、交换、赠予、出租和抵押。这意味着，土地使用者在获得土地使用权的同时，也获得了该土地的部分处分权。同时，土地使用者通过这些处分行为又可以得到经济和非经济的利益，从而享有了一定的收益权。

6. 保值增值性

房地产的保值性是指投入到房地产领域的资金的增值速度能抵消货币的贬值速度，或者说将资金投入到某宗房地产一段时间后所收回的资金，多数时候能够买到当初的投资额可以购买到的同等的商品和服务。由于土地是不可再生的自然资源，随着社会的发展、人口的不断增长，经济的发展对土地的需求日益扩大，建筑成本不断提高，从这个角度看，房地产具有保值增值属性。

7. 投资和消费的双重属性

房地产可以为人们提供居住的场所，也具有投资价值，因此房地产的价格受投资需求和消费需求的总体影响。消费需求一般随着房价的上升而下降，但投资需求却随着房价的上升而上升。房地产的总需求则是消费需求与投资需求之和。当房价快速上涨时，有可能会造成总需求中投资需求所占的分量越来越重，从而可能会导致总需求曲线失真。

（二）房地产的分类

房地产根据不同的分类依据可分为不同的类型。

1. 按建筑高度分类

按建筑的高度和层数划分，可以将住宅分为低层住宅、多层住宅、小高层住宅、高层住宅和超高层住宅。低层住宅一般为 1~3 层，如平房和别墅；多层住宅一般为 4~6 层；小高层住宅一般为 7~12 层；高层住宅一般为 13~24 层；超高层住宅一般为 24 层以上的住宅。

2. 按工程进度分类

按工程进度划分，可以将房产划分为期房和现房两种。房屋的全面建成包括建筑工程、设备安装工程以及内外装修工程结束，通过竣工验收；达到“七通一平”，即上水通、下水通、排污通、配电通、气通、电话通、道路通、场地平整。房地产管理部门把在建的、尚未完成建设的、不能交付使用的、没有取得房地产产权证的房屋称为期房。现房是指通过竣工验收，可以交付使用，并取得房地产权证的房屋。

3. 按使用功能分类

按使用功能划分，可以将房地产划分为居住类房地产、商业类房地产、工业类房地产以及其他用途房地产等。

（1）居住类房地产。按照档次的不同，居住类房地产又可以分为普通住宅、高档住宅和简易住宅。普通住宅是为普通个人提供的、符合国家住宅标准的住宅。高级住宅是为满足市场中高收入阶层的特殊需求而建造的高标准豪华型住宅，包括高级公寓、花园住宅和别墅等。简易住宅主要指建筑年代较早、功能短缺、设备不全、设施陈旧、结构单薄的住房。按市场化程度不同，居住类房地产还可以划分为市场化商品住房和社会保障性住房。市场化商品住房包括向高收入家庭出售的实行市场价的公有住房，单位和个人在市场上购买的住宅商品房以及其他以市场价格交易的各类住宅。社会保障性住房是政府为了解决中低收入阶层居民的居住问题，由政府直接投资建造并向低收入家庭提供，或者是政府以一定方式向社会房屋建设机构提供补助，由建房机构建设并以低于市场平均水平的价格向中低收入家庭出售或出租的住房。目前保障性住房大致可以划分为以下几种：经济适用房、限价房、康住房、旧城住宅改造和农民拆迁安置房、农民工公寓等。

（2）商业类房地产。商业类房地产包括商店（商场、购物中心、商铺和市场等）、旅馆、写字楼、餐馆和游艺场馆（音乐城、歌舞厅、高尔夫球场等）。

（3）工业类房地产。工业类房地产主要包括厂房及工厂区内的其他房地产、仓库及其他仓储用房地产。

（4）其他用途房地产。其他用途房地产是指用于除上述居住、商业、工业目的以外的其他目的的房地产，如政府机关办公楼、学校、高尔夫球场、加油站、停车场、宗教房地产、墓地等。

目前，我国实行房地合一的房地产管理制度，房屋的用途是由土地的规划用途决定的，房、地用途必须一致。如果改变房屋原始设计用途，也就同时改变了土地用途，需经政府城市规划管理部门批准，然后到房地产管理部门办理变更登记手续。一般来说，住宅变为办公用房、商业用房、宾馆等经营性房屋的，需补缴土地使用权出让金或补缴土地使用费。

【案例 7-1】

广州城中村改造案例

2018 年 1 月 25 日上午 8 点多，广州市天河区冼村一二期回迁房的现场里一片人声沸腾。改建 8 年，冼村改建第一批分房工作终于在当日正式启动。整个分房工作从 1 月 25 日开始，到 2 月 2 日结束，包含资格预审、摇排队号、摇顺序号、户型申报、摇房号五个环节。幸运的村民，在春节前就可入住 552 套一期回迁新房。

目前冼村周边的商品房每平方米的价格大概在 8 万~10 万元，而房租价格大概是 80~100 元/平方米，这就意味着，一套 88 平方米回迁房价值就可能在上千万元左右，而房租至少在 8 000 元/月，可以说是广州“最贵城中村”。

二、房地产理财

（一）房地产理财的概念

房地产理财包括消费和投资两个方面。从消费的角度出发，“住”是人的一种基本权利与基本需要，住宅是休憩、居住的场所，住与衣、食、行并列成为老百姓最基本的生活需求。由于住宅具有使用年限长、价值量大、不可移动性和耐用性等特征，购买住房基本上已经成为百姓的一件终身大事。特别地，随着生活条件变得越来越好，人们往往会筹划更换更大、更好的住宅，或者是为子女、老人提前购置房屋。对于大多数人来说，买房不是一笔小数目，往往需要提前进行一定的规划。从投资的角度出发，房地产具有的特性与优点，决定了其存在升值的可能，投资商品房、商铺以及房地产基金等模式已经逐渐进入大众的视野，成为一种可行的理财渠道。

（二）房地产理财的方式

房地产理财的方式主要有以下几种：

1. 直接购房

用现款或分期付款的方式直接购置房屋，可自住也可出租或出售，以获得利润。这种方式适合资金实力较强的家庭。

2. 以租代购

签订购租合同，租户可在一定期限内买房，并以租金抵销部分房款。这种方式适合起初资金不够、以后收入增加有能力购买房产的家庭。

3. 以租养贷

如果租房和还贷的价格相当，那么可以通过以租养贷的方式实现从房客到房主的转变。一般来说，先付首期房款（一般是全部房款的20%～30%），其余部分通过银行贷款解决。然后出租此房屋，用租金来偿还贷款，贷款还清后将完全拥有此套房屋。此种方式与以租代购相反，适合当前已有相当大数量资金，但以后收入可能不稳定的家庭。

4. 房地产信托基金

房地产信托是指由专业化房地产信托公司或房地产企业，受托经营其他单位的自营房产、集体的合作房产和个人的私有房产。房产信托经营的业务范围包括信托出租、出售、维修、托管和监督等。2003年年初，上海国际信托投资有限公司推出了我国第一个房地产信托产品——上海国际大厦项目资金信托。通过发行股票或受益凭证募集资金，专门投资于房地产产业或项目，获取投资收益和资本增值的一种产业基金，称为房地产投资信托基金（Real Estate Investment Trusts，REITs）。

5. 房地产企业股票

房地产企业的股票代表了房地产开发运营公司的所有权。从投资的角度来看，房地产企业股票可以作为资产配置中的组成部分。

（三）房地产理财的优缺点

1. 优点

（1）收益性。房地产投资中，在有效使用信贷资金、充分利用财务杠杆的情况下，考虑到持有期内的增值，每年可能有5%～10%的收益。这相对于储蓄、股票、债券等其他类型的投资来说，收益水平是较高的。

（2）可以作为抵押品。房地产本身也是一种重要的信用保证。拥有房地产能提高投资者的信用评级，因此金融机构可以提供的贷款价值比例也相当高，而且常常还能为借款人提供利率方面的优惠。

（3）能抵御通货膨胀的影响。当发生通货膨胀时，房地产和其他有形资产的重置成本不断上升，从而使得房地产和其他有形资产价值的上升。

2. 缺点

（1）流动性相对较差。房地产不像其他金融产品那样可以随时变现或较容易变现，一般出售或出租都需要一定的时间。为了达到快速变现，可能要损失收益甚至亏损才行。因此，房地产作为固定资产投资，一般是长期投资项目。在急需资金时，可以把房地产抵押进行贷款。

（2）投资金额比较大。购买房地产的起点较高，首付款一般在数十万元，甚至上百万元。大量自有资金的占用，使得在宏观经济出现短期危机时，投资者的净资产迅速减少。

（3）投资回收期较长。房地产投资的回收期少则十年八年，长则二三十年，甚至更长时间。要承受这么长时间的资金压力和市场风险，要求投资者具有很强的资金实力。

（4）风险高。房地产投资是项政策性很强的经济活动，如土地政策、城市规划、房地产税收、租金管制等的变化都可能给房地产投资带来一定的政策风险。同时，国内房地产市场的不成熟，也给少数开发商及房产中介提供了违规、欺骗的机会，如房屋的质量问题、合同的不公正、产权的不完善等，都可能给房地产投资带来损失。这些道德风险在现阶段特别明显。

【案例 7-2】

房地产理财：买房还是租房

A 君从广州某高校毕业后工作于某省级重点中学，成为一名中学教师，每月收入12 000元。由于经济收入稳定，业余生活较为丰富，日常消费支出占据了收入的大半以上，生活质量较高。工作 4 年后，A 君在父母的资助下，在番禺区购置了一套二手两居室的房子，由于父母帮忙支付房款首付，A 君只负责每月 6 000 元的房贷。2018 年，为了方便上班，A 君在银行贷款购买了一部小汽车，每个月增加了 1 000 元的汽车月供款和 1 000 元的养车费。由于 A 君每月的固定支出达到 8 000 元以上，剩余的 4 000 元无法满足购房和购车前的生活质量，日子过得比以前紧张了。

B 君在武汉某高校毕业后，在广州某会计师事务所工作，任职审计助理，每月收入约 7 000~9 000 元，月收入受业绩影响。为了提升收入，须考取注册会计师证书，B 君业余时间主要投入复习备考，日常消费较少。工作 3 年后，B 君手中约有 12 万元积蓄，亲戚朋友建议其用积蓄作为首付，购买一套小居室住房，早点实现置业。但 B 君不愿意买房，更愿意租房子，认为目前居住的房子，离公司近，便于上班。当时房东购买该房的价格为 48 万元，目前月租金为 1 400 元，年租金收入为 16 800 元，投资回报率为 3.5%，如果计入前期装修费用和后期维修费用，投资回报率约为 3%。B 君觉得 3%的投资回报率比金融市场的理财产品投资回报率低，更愿意将资金购买理财产品，用理财赚来的钱去支付房租，还有结余。B 君认为租房的固定支出是 1 400 元，加上日常消费，月支出能控制在 2 500元以内，每月结余有 5 000 元以上，更适合自己作为理财的资金来源。

分析：你认为该买房还是租房？

任务二　分析与选择房地产投资

在房地产投资理财活动中，房地产价格构成、影响房地产价格的因素以及房地产估价是房地产理财规划的主要内容。

一、房地产价格构成及影响因素

（一）房地产价格构成的基本要素

房地产的价格构成的基本要素主要包含以下几个方面：

1. 土地价格或使用费

土地所有权转让或使用权出让的价格在房地产中占很大的比重，它主要取决于土地的地理位置、用途、使用时间、建筑容积率、建筑安装造价等因素。一般而言，地价在房产价格中所占的比重随着地价的上涨和房屋的陈旧而相应地提高，随着容积率和建筑安装造价的增加而下降。

2. 建筑成本

房屋建筑成本主要包括土地开发费、勘察设计费、动迁用房建筑安装工程费、房屋建筑安装工程费、管理费和贷款利息等。其中，土地开发费主要包括临时房屋搭建费，临时接水、电、煤气和平整土地费等。管理费主要是指房屋建设中支付的各项管理费用，包括员工工资、办公费、差旅费、车辆使用费和广告费等。

3. 税费

房地产开发企业在取得土地环节、建设开发环节、销售环节主要涉及的税种有增值税、城市维护建设税、教育费附加、地方教育附加、土地使用税、土地增值税、印花税、契税以及企业所得税等。

4. 利润

房地产开发企业作为一个相对独立的利益主体，其开发经营目标也和其他利益主体一样，追求利润最大化，因此，利润也就成了房地产价格不可或缺的一部分。

（二）房地产价格构成的其他要素

房地产价格的构成除了上述四项主要内容之外，还有其他一些次要内容，如房屋装修标准的高低及质量的好坏、房屋设备质量的好坏、房屋附属设施的完备程度等，这些因素在一定程度上也构成了房地产的价格。

1. 房屋装修费

随着精装房的普及，房屋装修标准也日益提高，房屋装修成为房地产价格的重要构成要素。

2. 建筑地段、楼层和朝向

地段差价是指同一地区的同类房地产，由于所处地段不同而引起的价格差异。楼层差价是根据高层或多层房屋的间距、总层数、提升工具、光照时间等具体情况的差异而引起的价格差异。朝向差价是根据当地的气候、主风向、光照以及当地人们生活习惯等确定的房屋朝向差价。

3. 房屋的折旧和完好程度

房屋的折旧主要是指因时间等因素造成的房屋价值的降低。房屋的完好程度主要是指在具体的使用过程中，由于使用方法不同而造成的相同房屋的不同磨损程度。

二、价格影响因素

房地产的价格主要受以下因素的影响：

（一）政策因素

影响房地产价格的政策因素是指影响房地产价格的制度、政策、法规等方面的因素，包括土地制度、住房制度、城市规划、税收政策与市政管理等方面。土地制度明确了土地使用权和所有权等方面的内容，对房地产的价格将产生直接的影响。经济适用房制度、安居工程等又对房地产的价格起到了调节的作用。城市规划中确定地块的规定用途、容积率、覆盖率等指标对房地产价格也有很大的影响。税收政策直接影响了房地产开发、购置和投资的成本，从而对房地产的供给和需求价格产生了双向的影响。此外，市政设施的配套程度和管理水平也将直接影响房地产的环境水平，并进而影响房地产的价格。

（二）社会因素

影响房地产价格的社会因素主要有社会治安状况、居民法律意识、人口因素、风俗习惯等方面。

1. 社会治安状况

社会治安状况直接影响到居民人身安全及财产的保障问题，从而对房地产的需求产生推动或抑制作用。

2. 居民法律意识

居民法律意识是指居民遵纪守法的自觉程度，这主要和居民的素质有密切关系。

3. 人口因素

人口因素包括人口的密度、人口素质和家庭规模等相关内容。房地产的需求主体是人，因此人口因素对房地产的价格影响至关重要。人口数量与房地产价格呈正相关。随着外来人口或流动人口的增加，房地产的需求也会上升。人口数量衡量的是人口密度。人口密度对房地产价格的影响是双向的：一方面，人口密度有可能刺激商业、服务业等产业的发展，提高房地产的价格；另一方面，人口密度过高会造成生活环境恶化，有可能降低房地产价格，特别是在大量低收入者涌入某一地区的情况下会出现这种现象。

4. 风俗习惯

在风俗习惯方面，一些地区的居民有“看风水”的习惯，凡是被判定为“风水好”的房产，购买者往往愿意付出高出正常价格水平的价格进行购买；否则，即使价格很低也有可能销售不出去。

（三）经济因素

经济因素对房地产价格的影响是多方面的，而且较为复杂，各种经济因素影响的程度和范围也不尽相同。影响房地产价格的经济因素主要有供求状况、物价水平、利率水平等。

1. 供求状况

房地产的供求状况是国民经济发展的重要反映，无论是供过于求还是供不应求，都不利于国民经济的发展和人民生活条件的改善。供求关系的平衡状况直接影响房地产价格的变动和走势，从而促使市场趋于供求均衡的状态。

2. 物价水平

物价水平的变动将直接影响货币的实际购买力状况和人们对商品的需求，并进而影响到房地产价格。

3. 利率水平

利率是资金使用成本的反映。利率的上升不仅带来房地产开发成本的提高，也将提高房地产投资者的机会成本，进而降低房地产的社会需求，导致房地产价格的降低。

（四）自然因素

自然因素主要是指房地产所处的位置、地质、地势、气候条件和环境质量等因素。房地产所处的位置是房地产区位的反映，位置的优劣直接影响房地产所有者或使用者的经济效益、社会影响和生活的满足程度。房地产业有一句名言：“第一是地段，第二是地段，第三还是地段。”一般而言，居住用房地产的价格通常与周围环境、交通状况以及距市中心的远近程度有密切的关系。商业用房地产的区位优劣则主要看其繁华程度及临街状况。房地产中的地段不单单指房地产的自然地理位置，更多的是指房地产的经济地理位置、环境地理位置和文化地理位置。

（五）其他因素

除了前述的几种影响因素外，房地产的价格还受住房质量、房型设计和相关配套等因素的影响。

1. 住房质量

建筑质量和装修标准是房地产的内在品质。建筑方面主要考查建筑商是否拥有相应的施工资质，是不是国内外知名企业等。在装修上则要考查大堂、过道、外墙、窗、电梯的档次和质量是否达到一定的水准。开发商的实力、信誉是一个项目成功与否的保障。

2. 房型设计

优质的房型首先讲究实用性与美观性兼顾，不仅满足自住更能兼顾出租的需要，其次要讲究房型设计的超前性，能适应未来家庭结构的变化。房型设计上做到厨、卫、卧、厅“四明”，动静分区、干湿分区，面积上讲究“有效面积最大化，无效面积最小化”。一般的家庭厨房面积 6~8 平方米，卫生间面积 5~7 平方米，卧室面积 12~20 平方米，起居室加餐厅面积 30~40 平方米，阳台面积 6~8 平方米，也就是二室二厅的总面积在 80~90 平方米，三室二厅的总面积在 100~140 平方米，设计合理就能称得上是好的房型设计。

3. 相关配套

居住区内相关配套是否方便合理，是衡量居住区质量的重要标准之一。随着社会竞争的日益激烈，家长不惜花费重金购置教育资源质量好的学区房。在学校附近购买房产居住，将有利于家长管理孩子的生活和学习，孩子也可以提高学习的效率。菜场、食品店、小型超市等居民每天都要光顾的商店配套也是需要考虑的一个因素。此外，居住区的物业管理、公共活动空间也是影响房地产价格的重要因素。相关配套具体包括：

（1）街道办事处、居委会、派出所等。

（2）菜场、粮油店、日杂店、理发店、超市、银行、邮局、医院、公用电房、垃圾站等。

（3）托儿所、幼儿园、小学、中学等。

（4）餐饮及娱乐休闲设施等。

【案例 7-3】

广州市的学位房与房地产

每年的 5 月，广州市各区纷纷公布小学招生地段，直接撬动了各区学位房的价格变动。

据海珠区 2018 年义务教育阶段学校招生工作方案显示，该区的重点小学“海珠区实验小学”接收富基广场教育配套。消息公布后，对富基广场的二手房交易有一定的带动作用，主要是增强了业主的信心，富基广场二手房南向户型很受欢迎，但放盘量较少，特别是较优质的盘源更少放盘。购买富基广场的买家，预算一般是购买 450 万元的三室住房。

华阳小学为省重点小学，位于天河北板块的中心区域，一直颇受家长们的关注。华阳小学拥有两个校区，在最新的小学招生地段划分中，华阳小学华城校区的招生地段划分有所变化，新增了广州大道中 1256 号。由于增加了招生班数，在天河北板块内可以入读华阳小学的楼盘有侨怡苑，其小区较大，可入读华阳小学本部，还有侨林苑也是入读华阳小学本部，但是价格较侨怡苑高一些，小区也较小，受欢迎程度没有侨怡苑高。

可见，在广州的二手房地产价格变动因素中，学位房起了极其重要的作用，每一所重点小学、中学招生地段对口入学的学位房，每到招生时段，往往会出现一房难求的现象。

三、房地产估价

房地产估价的方法主要有市场比较法、成本估价法、收益法、假设开发法、长期趋势法以及路线价法。

（一）市场比较法

市场比较法又称比较法，是指将待估房地产与同一供需圈内近期已经交易的类似房地产进行比较，并根据后者已知的成交价格，修正得到待估房地产在一定时点、一定产权状态下市场价值的一种估价方法。

这里所述的类似房地产又称比较案例，指在用途、所处地区等方面与被估房地产相同或相似的房地产。类似房地产在市场比较法中通常被称为交易实例房地产。因此，市场比较法适用于有较多可比案例且要求房地产市场比较发达、比较案例与待估房地产具有替代性的情况。

市场比较法直接依赖于现实的市场价格资料和房屋的品质资料，更符合当事人的现实经济行为，因此在房地产市场发达、交易活跃、存在大量的房地产实例的地区，其得出的评估价格具有客观性、可信性。

市场比较法具体步骤如下：

1. 广泛搜集市场交易资料

搜集大量的房地产市场交易案例资料，是运用市场比较法评估房地产价格的前提和基础。如果资料缺失，则难以保证评估结果的客观性，甚至无法采用比较法进行估价。因此，在搜集案例时要做到：一是搜集的交易案例资料内容应该全面，不能缺项漏项；二是交易案例资料的搜集要注意平时的积累；三是要注意案例资料搜集的多种途径。

2. 选择最符合条件的交易实例作为比较实例

在运用市场比较法进行房地产估价时，必须在众多的案例资料中进行筛选，以选取与待估房地产具有相当替代性的交易案例作为比较案例。案例的比选有以下标准：

（1）比较案例与待估房地产要具有相同的用途。

（2）比较案例房地产的价格类型与待估房地产的估价目的要相同。

（3）交易案例应该是正常的交易，或者是可以修正为正常交易的交易。

（4）比较案例与待估房地产的建筑结构要相同。

（5）比较案例房地产的交易日期与待估房地产的估价时点要尽量接近。

（6）比较案例与待估房地产应处于同一供需圈。

（7）比较案例应不少于三宗，一般以 3~5 宗为宜。

3. 比较案例修正

比较案例选取以后，还应分别对比较案例进行修正。

（1）交易情况修正。交易情况修正是指剔除交易过程中因为一些特殊因素而造成的房地产价格偏差。房地产市场是不完全市场，在交易过程中由于信息不对称、特殊交易情况等因素的存在，不可能做到完全竞争和绝对公平。因此，必须对具有一定偏差的比较案例进行交易情况修正。修正比率的计算公式为：

修正比率=正常交易情况（100）/实例交易情况（x）

当比较实例价格低于正常交易价格时，x 小于 100；反之，x 大于 100。

（2）时间差异修正。由于比较案例的交易时间不可能与待估房地产的估价时点完全一致，因此在两者之间会有一定的时差，时间差异修正就是要排除这种时差，以使比较案例与待估房地产在交易时间上没有差异。在估价实务中，一般采用与待估房地产在用途、区位、类型等方面相同的房地产价格指数来表示。计算公式为：

修正估价时点的交易价格=交易实例价格 x 估价时点指数/交易日期指数

（3）区域因素修正。区域因素修正是指剔除比较案例与待估房地产在所处位置及繁华程度、交通条件、基础设施等方面的差异。由于这些因素又有许多次级因子，因此区域因素修正系数的计算比较复杂。区域因素修正的方法包括直接比较法和间接比较法。

直接比较法是指以待估房地产的状况为基准，将比较实例的区域因素逐项与基准做比较并打分，以此求得因素修正比率。间接比较法是指以一个设想的标准房地产的状况为基准，可比实例和待估房地产都逐项与这个基准做比较，然后依据对比分值求得因素修正比率。

【案例 7-4】有两个可比实例 A 与 B，成交价分别为 7 800 元/平方米和 8 000 元/平方米。现分别以直接比较法和间接比较法对它们做区域因素修正，如表 7-1 和表 7-2 所示。

表 7-1　　区域因素修正表（直接比较法）

区域因素	待估房地产	实例 A	实例 B
自然条件	25	28	22
交通条件	25	23	27
规划限制	25	21	26
社会环境	25	24	28
总分值	100	96	103

修正比率计算如下：

实例 A=100/96

实例 B=100/103

修正后的成交价计算如下：

实例 A=7 800×100/96=8 125（元/平方米）

实例 B=8 000×100/103=7 767（元/平方米）

表 7-2　　区域因素修正表（间接比较法）

区域因素	实例 A	实例 B	待估房地产
自然条件	25	20	22
交通条件	21	24	23
规划限制	19	23	22
社会环境	23	28	25
总分值	88	95	92

修正比例计算如下：

实例 A＝92/88

实例 B＝92/95

修正后的成交价计算如下：

实例 A＝7 800×92/88＝8 154.5（元/平方米）

实例 B＝8 000×92/95＝7 747.4（元/平方米）

（3）微观因素修正。微观因素修正是指排除房地产本身使用功能、质量等方面的差异，这方面的因素主要有建筑面积、位置、形状、临街状况、容积率、土地使用权年限、建筑质量、楼层、楼高、朝向、室内平面布局、装修标准、附属设施等。与区域因素同样，微观因素本身也包含多个次级因素，因此两者的因素修正方法相同。

4. 计算待估房地产价格

通过上述各种因素的修正，便可以得到各个比较案例的修正价格，在对这些比较案例进行一定的数学处理后便可以得到待估房地产的最终价格。确定待估房地产的最终价格可以用算术平均法、加权平均法或去中位数等方法。

【案例 7-5】某一宗房地产经过筛选取出三个交易实例，根据三个实例修正得出对象房地产的价格分别为 100 万元、110 万元和 130 万元。该房地产的价格估计结果可以采用以下方法：

第一，算术平均法。

该房地产价格＝（100+110+130）/3＝113.3（万元）

第二，加权平均法。

如果上述三个交易实例的权数分别为 0.3、0.5 和 0.2，则该房地产的价格＝100×0.3+110×0.5+130×0.2＝111（万元）

第三，取中位数。

在三个交易实例中取一个数据在中间位置的，即 110 万元。

（二）成本估价法

成本估价法是以重新建造待估房地产或同类房地产的建筑物部分所需花费的成本为基

础，扣除与新建筑物相比价值损耗的部分，再加上房地产基础地价来确定待估房地产价格的一种估价方法。

1. 特征

成本估价法中的“成本”并非一般的会计成本，它具有非常独特的含义，即具有完全性、现实性和客观性。

所谓完全性，是指此处的成本对于房地产购买者而言是所需支付的全部金额，而不是指对于开发商而言的开发成本。因此，此处的成本包括显性成本（会计成本）和隐性成本（机会成本）。具体来说，此处的成本不仅包括开发商的成本，还包括开发商的正常利润和应纳税金。

所谓现实性，是指待估房地产在估价时点的重新建造成本，而不是其当初建造时发生的历史成本。

所谓“客观性”，是指在估价时点的经济、技术条件下，重新开发待估房地产所需花费的社会平均成本，而非实际花费的个别开发商的私人成本。在这种情况下计算出的房地产价格才是待估房地产在估价时的重置价格。

2. 适用范围和局限性

成本估价法主要适用于以下情况：

第一，由于房地产市场狭小，其市场可比实例不多，或者由于新开发地区形成独立的地域环境而无法用其他方法估价。

第二，有的房地产特殊性较大，无法在市场上找到比较理想的房地产可比实例时，如学校、政府机关大楼等。

第三，抵押贷款、房地产拍卖的“底价”和拆迁房地产补偿等特殊房地产的估价等。

成本估价法的局限性主要在于成本数据的可获得性和折旧估算的准确计量上。此外，对于设计式样及施工人员素质等因素造成的房地产质量上的差异性也很难用成本估价法准确地进行评估。

（三）收益法

房地产估价收益法又称房地产估价收益现值法、房地产估价收益资本化法、房地产估价收益还原法，是指通过预测房地产未来各年的正常纯收益，并利用适当的资本化率将这种预期收益折现求和，以求取待估房地产在一定时点、一定产权状态下的价格的一种估价方法。

1. 适用范围

从广义上讲，绝大多数房地产都是可以产生收益的，但房地产产生的收益有些可以用货币来度量，有些则无法用货币来度量，如住房给所有者带来的安全感、满足感等。收益法只能针对房地产产生的可以用货币度量的持续性收益进行价格评估。在经济生活中，一些主要用于自用与公益性质的房地产，如独立式住宅、学校等，其收益往往是难以用货币来度量的。而那些主要用来投资，以获得持续性经济收益的房地产，如公寓住宅、商业房地产（包括商店、办公楼、宾馆等）、企业用房地产（如仓库、厂房等）通常被称为收益性房地产，其收益一般是可以用货币来度量的。因此，收益法主要用于收益性房地产的价格评估。

总体来说，适用收益法进行评估的房地产主要包括以下两个方面的要求：第一，房地产未来的收益可以用货币计量。由房地产提供的收益包括有形收益（如租金收入）和无形收益（如生活便捷性），收益法的收益主要是指有形收益。第二，资本化率是可以确定的。资本化率反映了房地产投资的风险程度、投资者预期的投资回报率水平以及投资的机会成本。资本化率的数值的确定因投资者需求、市场回报率水平和风险状况的不同而不同。因此，在实际工作中的计算需要考虑多种因素的影响。

2. 局限性

尽管收益法具有充分的理论依据和广泛的市场运用空间，但是其本身的预期性理论基础的存在使得该方法存在以下几个方面的局限：

第一，收益及资本化率的准确预测比较困难。收益法是建立在对收益和资本化率的准确预测的基础之上的，但这是随着市场的发展变化而变化的。其数值的高低受诸多因素的影响，不仅宏观经济、政治等因素的变化会影响收益法的计算结果，个体的判断差异、金融工具的回报率水平、市场供求状况的变化也会对该方法的运用产生影响。

第二，收益法不能对非收益性房地产和无形收益进行评估。对于一些非收益性房地产，如学校、公园等，其收益具有无法计量性，而一些房 地产给人带来的一些主观上的无形收益（如舒适性和便捷性等因素）也无法进行严格的计量，这种情况下就不适宜用收益法进行房地产的评估。

（四）假设开发法

假设开发法又被称为剩余法，是指在求取具有开发潜力的土地的价格时，估计将其开发形成房地产可以实现的预期价格，然后扣除为建造和销售该房地产花费的必要成本费用（如建筑费、利息、税收、销售费用等）以及合理利润，所得的剩余作为土地价格的方法。在实际估价工作中，往往需要评估空地或因各种原因而需要开发土地的价格。对于具有开发潜力的土地或在开发的房地产，尤其是商业用地，其土地条件本身差异很大，开发方案、开发成本以及租赁潜力更是千差万别，这使得应用其他估价方法难以满足估价需要，而采用假设开发法可以对这些土地进行相对准确的估价。

（五）长期趋势法

长期趋势法又被称为外推法、趋势法等，是指依据某类房地产价格的历史资料和数据将其按时间顺序排列成时间序列，运用一定的数学方法，预测其价格的变化趋势，从而进行类推或延伸，做出对这类房地产价格在估价时间的推测与判断，估算出这类房地产的价格的方法。其具体计算方法有简易平均趋势法、移动平均趋势法和指数修正趋势法等。运用长期趋势法对房地产进行估价的前提是具有长期、足够和真实的房地产价格资料和数据。越是长期的数据，越能够消除短期变动和意外变动对房地产价格的影响。该方法适用于预测房地产的未来价格总体水平及其发展趋势和走势。

（六）路线价法

路线价法是指通过对面临特定街道而接近距离相等的市街土地设定标准度，求取在该深度上数宗土地的平均单价，并附设于特定街道上，得到某一街道的路线价，然后据此路线价，再配合深度指数表和其他修正率表，用数学方法算出临街同一街道的其他宗地地价。

路线价法基本计算公式为：

地价=路线价×深度指数×土地面积（或土地深度）±修正额

【案例 7-6】现有一块临街地，该地的临街深度为 17 米，宽度为 20 米，路线价为 1 500元/平方米，临街深度指数如表 7-3 所示。试用路线价法计算该地块的总地价。

表 7-3　临街深度指数划分表

深度（米）	0~4	4~8	8~12	12~16	16~17
临街深度指数（%）	130	125	120	110	100

根据上述深度指数表，临街深度指数对应的临街深度，将该地块划分为深度分别为 0~4米、4~8 米、8~12 米、12~16 米和 16~17 米的 5 个小地块，然后运用计算公式分别计算各地块的价格。

0~4 米地块的地价=1 500×130%×20×4=156 000（元）

4~8 米地块的地价=1 500×125%×20×4=150 000（元）

8~12 米地块的地价=1 500×120%×20×4=144 000（元）

12~16 米地块的地价=1 500×110%×20×4=132 000（元）

16~17 米地块的地价=1 500×100%×20×1=30 000（元）

该地块的总价=156 000+150 000+144 000+132 000+30 000=612 000（元）

任务三　房地产理财规划

一、房地产投资规划的意义

衣、食、住、行是人们的基本需求。房地产是多数人一生中最大的一项支出决策。由于房地产理财的长期性和高成本，花费多少资金、获得多少融资的决策会影响多年的现金流。因此，针对房地产理财做好相应的规划，是非常有必要的。

如果缺乏一份细致精密的规划，很可能会出现以下情况：

第一，目标重合，当前的资金不足以购房。这是指有可能在想购房的时候却遇到结婚或生子等其他需要资金的情况，这时的资金难以同时完成多项目标，因此势必会推迟甚至取消其中的部分计划。

第二，对未来的收支变化未能充分预期，导致购房计划难以实现。例如，在收入良好的时候超前购置房产，而没有预料到其后收入中断或意外导致支出增加的情况，致使付不起贷款而被迫拍卖房产。

第三，没有房产生涯规划的观念，只想一步到位。买房要自身可以承受一定的负担，在一生中可以随生涯阶段的改变逐渐升级换代。如果一开始就不切实际地追求高档住房，只会使自己陷入困境。

第四，没有事先规划房产投资现金流量，选择错误的贷款组合，导致资金流中断。

第五，盲目投资房产，导致投资出现亏损或失败。

个人房地产理财规划具体包括居住规划和房产投资两项内容，居住规划包括租房、购房和房贷规划；房产投资包括获取房租收入和通过出售赚取价差收入。

二、租房与购房

（一）决策分析

购房并非子女教育与退休那样具有不可替代性。购房与租房的居住效用相近，差别在于购房者有产权，因此有使用期间的自主支配权。

1. 租房的优缺点

（1）租房的优点如下：

①灵活机动。当决策者需要或应该更换居住地址时，租房能提供较好的灵活性。新的工作、租金上涨或希望住在不同的社区等都需要重新更换住址。这时租房比拥有房子更方便。

②负担小。承租人通常不用担心房屋的维护与修缮，因此比住房所有人的负担小。承租人的经济负担较小，他们主要的住房成本是租金和公用事业费，而购买住房的开销除了房价支出外，还包括房屋维修费等。

③初始成本低。租房的成本比购房低，虽然承租人通常需要支付押金，但新的购房者支付的首期款和房地产买卖手续费一般都要在几十万元甚至数百万元，远高于租房支出。

（2）租房的缺点如下：

①福利少。因缺乏对房屋的所有权，承租人不能享受住房所有人的诸多权益，不会因房价增值而受益，也无法控制房租的上涨。

②生活方式受限制。承租人在住宅开展的活动往往受到限制。例如，承租人常常不可以任意对房子进行改造。

③稳定性差。出租人与承租人双方签订的租赁契约往往是短期合同，一旦合同到期，能否续约将成为问题。

2. 购房的优缺点

（1）购房的优点如下：

①获得房屋的产权。购买住房就取得了对住房的产权及由此而来的收益、支配、处分、占有等种种权利，就可以运用这个产权为自己的生活开销、投资盈利乃至晚年的养老保障等发挥种种功用。购房居住时，一直居住的是自己的房屋，房屋的产权归属于自己，在心理安定、情感等方面都要好于租房。

②经济利益。购买住房的经济利益主要来源于房屋出租的租金收入，或者将房屋出售的买卖差价收入。随着时间的推移，如果房价出现上涨，住房的售价或房屋的租金也会随之升高。

③抵御通货膨胀。银行存款、债券资产的实际价值往往会受到通货膨胀的侵蚀。实物资产，如房地产等，往往能抵销通货膨胀造成的实际财富损失。

④自由的生活方式。虽然租房有一定的便利性，但住房所有权能使房主更好地享受个性化的生活。住房所有者可以随心所欲地装修自己的住宅。

（2）购房的缺点如下：

①需要大笔首期投资，还贷压力沉重。在购房过程中，通常需要有一笔首期投资额，如购买一幢价值 100 万元的住房，投资者一般需要支付 20%~30%的首期款，就是 20 万~30 万元，对刚刚工作的年轻人而言，这是一笔巨大的开支。同时，由于个人经济条件的限制，购房时可能很难申请到抵押贷款。另外，即使能负担首期投资，将来也会面临沉重的还贷压力。在还贷压力下，个人或家庭的生活将会处处受限制，生活质量受到影响。

②流动性差。拥有住房后，所有者就不可能像租房那样轻易地变动生活环境。当环境变化迫使所有者出售住房时，可能会找不到合适的买家，使住房难以变现或变现成本很高。

③高昂的生活成本。拥有自己的住宅的成本可能非常昂贵。住房所有人必须承担所有住房的维修、改建的各类成本。

对于租房和购房决策优缺点的具体比较如表 7-4 所示。

表 7-4　　　　租房和购房的优缺点比较

	租房	购房
优点	1. 有能力使用更多的居住空间	1. 保值，能够对抗通货膨胀
	2. 比较能够应付家庭收入的变化	2. 强迫储蓄，积累财富
	3. 资金较自由，可随时变更投资渠道	3. 提高居住品质
	4. 迁徙自由度较大	4. 信用增强效果
	5. 房屋瑕疵和损毁风险由房东承担	5. 满足拥有房产的心理效用
	6. 租房者的税负负担较轻	6. 自住兼投资，同时提供居住效用和资本增值机会
	7. 无须考虑房价下跌风险	
缺点	1. 非自愿搬离的风险	1. 缺乏流动性
	2. 无法按照意愿装修	2. 资金压力大
	3. 被动应对房租上涨风险	3. 维持成本高
	4. 无法运用财务杠杆追求房价利益	4. 财务风险大

（二）租房与购房的选择

分析了租房与购房的利弊，在实际情况中，左右我们最后决定的往往是两者成本的比较。年成本法和净现值法是较为常用的两种计算方法，下面介绍其中的一种计算方法——年成本法，来具体计算购房与租房的可变成本。

租房者的使用成本是房租，还要计算缴纳押金带来的利息损失（机会成本），因此租房年成本的计算公式为：

租房年成本=年租金（月租金×12）+押金机会成本（月租金×12×当年存款利率）

购房者的使用成本主要是首付款与房屋贷款利息（不考虑诸如物业费等使用成本），因此购房年成本的计算公式为：

购房年成本=利息支出（贷款额×房贷年利率）+首付款机会成本（首付款×当年存款利率）

【案例 7-7】M 先生看中一处物业，每年租金 3 万元，押金为 5 000 元。购买时的总价为 80 万元，首付 24 万元，银行贷款 54 万元。假设贷款利率是 6%，存款利率是 3%。请对比租房及购房何者更为合算。

案例分析：

租房年成本＝30 000+5 000×3%＝30 150（元）

购房年成本＝540 000×6%+240 000×3%＝39 600（元）

通过比较，租房比购房的年成本低 9 450 元，每月低 787.5 元，租房比较划算。

我们不能简单地把以上计算结果当成租房或购房的决策依据，只能当作参考，因为没有包含房价波动的预期因素。我们还应考虑以下因素：

（1）房租是否会调整。在通货膨胀的大环境下，月租也可能随着通货膨胀产生而进行调整，要进行具体比较。

（2）房价上涨潜力。若房价未来看涨，即使目前算起来购房的年居住成本稍高，未来出售房屋的资本利得也可以弥补居住期间的成本差异。

（3）利率高低。利率高低极大地影响到购房的年成本。如果预期未来利率下调，购房成本会降低，另外利率的下调也会推高房产价格，因此利率因素是影响购房和租房决策的重要原因。

一般来说，预计房价看涨时，购房比较合算；反之，则租房比较合算。银行贷款利率也会对购房成本产生直接影响，利率下调时，购房成本降低；反之，购房成本则升高。房租则相对稳定（体现房屋的真实使用价值），因此在利率下调时，购房比较合算；反之，租房比较合算。

【案例 7-8】租房与购房的决策

C 君看中广州市天河北一处物业，该地段的物业每年可获租金收入 3 万元。该物业目前购买总价为 80 万元，假设 5 年后售房所得为 100 万元。C 君要在该处住满 5 年，以存款利率 3% 为机会成本。请比较租房与购房哪一个更为合算。

（案例分析）

三、购房规划

投资者经过租房和购房比较后，经仔细权衡决定购房，就必须对购房安排做出正确规划。投资者先应该考虑的问题是准确衡量自己的负担能力、计算负担得起的房屋总价和单价、确定首付比例和购房区位。此外，投资者还要考虑购房所要支付的相关税费。

（一）衡量自己的负担能力

就理财的范畴而言，购房规划最重要的就是按照自己的经济能力确定购房目标和制订切实可行的付款计划。衡量自己的经济负担能力的方式包括以下两种：

1. 按每月的负担能力估算负担得起的房屋总价

可负担首付款＝目前年收入×负担比率上限×年金终值＋目前净资产×复利终值

年金终值＝年金金额×［$(1+r)^n-1$］/r（n＝离买房年数；r＝投资报酬率）

复利终值＝本金（现值）×$(1+r)^n$（n＝离买房年数；r＝投资报酬率）

可负担房屋贷款=目前年收入×复利终值（n=离买房年数；r=预估收入成长率）×负担比率上限×年金现值（n=贷款年限；r=房屋贷款利率）

可负担房屋总价=可负担首付款+可负担房屋贷款

可负担房屋单价=可负担房屋总价+需求面积

2. 按想购买的房屋价格来计算每月需要负担的费用

欲购买房屋总价=房屋单价×需求面积

需要支付的首付款部分=欲购买房屋总价×（1-按揭贷款成数比例）

需要支付的贷款部分=欲购买房屋总价×按揭贷款成数比例

每月摊还的贷款本息费用=需要支付的贷款部分+年金现值

年金现值=年金×［1-（1+r）$^{-n}$］/r（n=离买房年数；r 投资报酬率）

【案例 7-9】K 先生年收入为 8 万元，预计收入成长率为 3%，目前净资产是 12 万元，储蓄率上限为 40%。K 先生打算 5 年后购房，投资报酬率为 10%，贷款年限为 20 年。利率以 6%计算，K 先生可以负担的房屋总价是多少？

案例分析：

K 先生届时可以负担房价计算如下：

首付款部分=80 000×40%×6. 105+120 000×1. 611=38. 9（万元）

贷款部分=（80 000×11. 59×40%）×1. 147=42. 5（万元）

届时可以负担的房价=首付款+贷款=38. 9+42. 5=81. 4（万元）

可负担的最高首付比例=38. 9/81. 4=48%

【知识链接】购房能力评估计算模式（见图 7-2）

图 7-2 购房能力评估

（二）购房的各种税费

我国涉及购房交易的税费主要包括契税、印花税、个人所得税、增值税、房屋所有权登记费、房屋买卖手续费、公证费、律师费、中介费等，具体视房屋买卖的具体情况并根据合同的约定或有关的法律规定来确定。

（三）换房规划

对房屋的需求也会随着人的生涯阶段的改变而逐渐升级换代：单身或新婚时，受制于经济实力，以小户型住房为主；当小孩出生，尤其是到了受教育阶段，这时除了考虑户型大小外，还要注意教育条件和周边环境等因素；人至中年，如果经济实力许可，可以结合居住环境、休闲娱乐等方面考虑再次换房；退休时，子女已经独立，这时可以考虑医疗保健齐全、居住环境较好的小户型住宅颐养天年。如果需要换房，主要考虑以下两点：

（1）有无能力支付换房所必须支付的首付款，换房需要支付的首付款=新房净值-旧房净值=（新房总价-新房贷款）-（旧房总价-旧房贷款）。

（2）客户未来有无能力偿还换房后的贷款。

【案例7-10】D君现年40岁，看上了一套价值100万元的新房。D君的旧房当前市值50万元，尚有20万元未偿贷款。如果购买新房，D君打算55岁之前还清贷款。银行要求最高贷款成数是七成，贷款利率6%。考虑D君的换房规划。

案例分析：

D君换房必须支付的首付款=（100-100×0.7）-（50-20）=0（万元）

D君换房后每年应偿还贷款额=100×0.7/年金现值系数（$n=15$，$r=6\%$）=7.21（万元）

D君不换房，每年应偿还贷款额=20+年金现值系数（$n=15$，$r=6\%$）=2.06（万元）

可见，换房后D君的房贷压力增加了不少（每年增加了5.15万元）。如果D君未来有充裕的储蓄缴纳贷款，则可以考虑换房计划。

四、涉及税费

个人销售房产涉及以下几种税费：

（一）增值税

根据《财政部　国家税务总局关于全面推开营业税改征增值税试点的通知》（财税〔2016〕36号）附件1《营业税改征增值税试点实施办法》第一条的规定：在中华人民共和国境内（以下称境内）销售服务、无形资产或者不动产（以下称应税行为）的单位和个人，为增值税纳税人，应当按照本办法缴纳增值税，不缴纳营业税。

【知识链接】2016年营改增后个人销售房产增值税征收率

个人将购买不足2年的住房对外销售的，按照5%的征收率全额缴纳增值税；个人将购买2年以上（含2年）的非普通住房对外销售的，以销售收入减去购买住房价款后的差额按照5%的征收率缴纳增值税；个人将购买2年以上（含2年）的普通住房对外销售的，免征增值税。上述政策仅适用于北京市、上海市、广州市和深圳市。

（二）个人所得税

个人出售自有住房取得的所得应按照“财产转让所得”项目征收个人所得税，税率为20%。对转让住房收入计算个人所得税应纳税所得额时，纳税人可以凭原购房合同、发票等有效凭证，经税务机关审核后，允许从其转让收入中减除房屋原值、转让住房过程中缴纳的税金以及有关合理费用。合理费用是指纳税人按照规定实际支付的住房装修费用、住房贷款利息、手续费、公证费等费用。

（三）土地增值税

土地增值税的计税依据是纳税人转让房地产取得的增值额。增值额是纳税人转让房地产取得的收入减除税法规定的扣除项目金额后的余额。土地增值税采用30%~60%的四级累进税率计算征收。扣除项目包括房地产原价和与转让房地产有关的税费。

个人将购买的普通标准住宅再转让的，免征土地增值税。普通标准住宅是指除别墅、度假村、酒店式公寓以外的居住用住宅。个人转让别墅、度假村、酒店式公寓，凡居住超过五年的（含五年）免征土地增值税；居住满三年不满五年的，减半征收土地增值税。

（四）城市维护建设税和教育费附加

城市维护建设税和教育费附加分别按实际缴纳增值税税额的1%和3%计算缴纳。

（五）印花税

签订的房地产买卖合同，属于“产权转移书据”征税项目，按合同所载金额的万分之五计税贴花。

五、住房贷款

目前，贷款购房主要有住房公积金贷款、个人住房抵押贷款和个人住房组合贷款三种方式。

（一）住房公积金贷款

住房公积金是指国家机关、国有企业、城镇集体企业、外商投资企业、城镇私营企业及其他城镇企业、事业单位、民办非企业单位、社会团体及其在职职工缴存的长期住房储金。

住房公积金贷款是缴存住房公积金的职工以其所拥有的产权住房为抵押申请的专项贷款。贷款期限最长为30年（不得超过法定退休年龄）。住房公积金贷款的利率是目前个人贷款中利率最低的品种，贷款额度根据所购房屋不同适用不同的比例。

相对于商业住房贷款，住房公积金贷款具有利率较低、还款方式灵活、首付比例低的优点，缺点在于手续烦琐和审批时间长。

1. 住房公积金贷款申请流程

住房公积金贷款申请流程如图 7-3 所示。

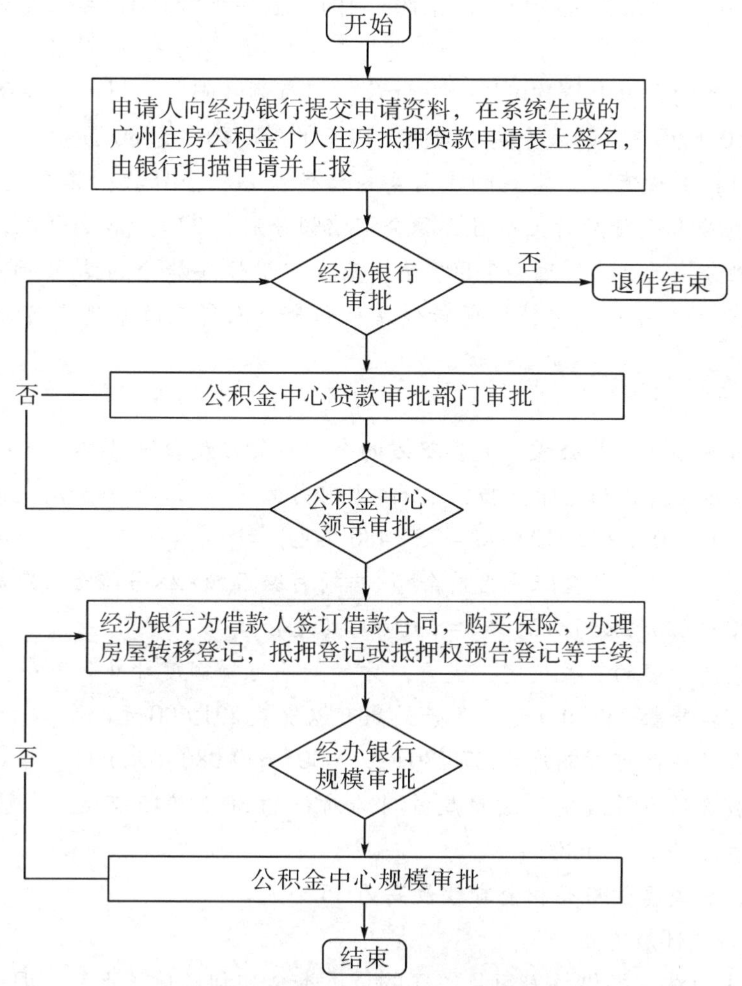

图 7-3 住房公积金贷款申请流程（以广州市为例）

2. 住房公积金贷款条件

住房公积金贷款对象是指住房公积金缴存人和汇缴单位的离退休职工。以广州市为例，广州市要求借款人需要具备以下条件：

（1）广州市常住户口的，申请住房公积金贷款时已连续缴存住房公积金 6 个月以上（含 6 个月）。

（2）非广州市常住户口的，申请住房公积金贷款时已连续缴存住房公积金 12 个月以上（含 12 个月）。

3. 住房公积金贷款金额限制

贷款额度有公式可循，以广州市为例：

个人可贷额度=（公积金账户当前余额+当前月缴存额×2×当前至法定离退休年龄总月数）×2

如果是两人或两人以上贷款可以合并计算，但有额度限制。目前，住房公积金贷款个人最高额度为50万元，申请人为两个或两人以上的最高额度为80万元。

【案例7-11】假设有一户家庭购房需要申请住房公积金贷款，其中丈夫28岁、妻子25岁，申请住房公积金贷款时上个月公积金汇储额分别为230元和200元，两人名下住房公积金本息金额分别为2 100元和1 800元，离法定退休年龄分别是32年和30年。若要购买一套50万元的一手商品房，按现行住房公积金个人贷款政策规定可以申请住房公积金贷款多少元?

案例分析：

①按个人可贷额度计算公式，夫妻双方的个人可贷额度分别计算如下：

丈夫可贷额度=（公积金账户当前余额+当前月缴存额×2×当前至法定离退休年龄总月数）×2=（2 100+230×2×32×12）×2=357 480（元）

妻子可贷额度=（公积金账户当前余额+当前月缴存额×2×当前至法定离退休年龄总月数）×2=（1 800+200×2×30×12）×2=291 600（元）

②按贷款最高额度的有关规定，夫妻双方的最高可贷额度计算如下：

丈夫最高可以贷款357 480元，妻子最高可以贷款291 600元。

夫妻双方合计最高可贷额度=357 480+291 600=649 080（元）

③按贷款成数的有关规定，该房屋首付为房价的30%（15万元），剩下的70%（35万元）可申请住房公积金贷款。

综上所述，该夫妻住房公积金贷款最高为35万元。

4. 公积金贷款还款方式

（1）等额本息法，即借款人每月偿还的贷款本金和利息总额不变，但每月还款额中贷款本金逐月增加，贷款利息逐月减少的还款方式。

（2）等额本金法，即借款人每月偿还的本金固定不变，贷款利息逐月递减的还款方式。

借款人可以选择其中一种还款方式，并在合同履行期限内不会变动。

【知识链接】公积金贷款计算模式（见图 7-4）

公积金贷款计算器

还款方式	◉ 等额本息 ○ 等额本金
计算方式	◉ 根据面积、单价计算 ○ 根据贷款总额计算 单价：　元/平米 面积：　平方米 按揭成数：1成
按揭年数	10年（120期）
年利率	3.25 % * 默认显示最新公积金贷款基准利率 4.50 %，您可以重新填写。

开始计算　重新计算

贷款类型	开始时间	3-5年（年利率）	5-30年（年利率）
商业贷款	11.02.09后	6.40%	6.55%
公积金贷款	11.02.09后	4.00%	4.50%

注：首套房贷款利率8.5折，二套房房贷利率1.1倍。

计算结果

图 7-4　公积金贷款计算器

（二）个人住房抵押贷款

住房公积金贷款限于缴存了住房公积金的单位员工使用，限定条件多，因此未缴存住房公积金的人无缘申贷，但可以申请商业银行个人住房抵押贷款，也就是商业银行按揭贷款或称商业贷款。只要缴纳银行规定的购房首期付款，并且有贷款银行认可的资产作为抵押或质押，或者有足够代偿能力的单位或个人作为偿还贷款本息并承担连带责任的保证人，那么就可以申请使用银行按揭贷款。商业贷款的发放对象较为广泛，手续相对简单，但贷款时间较短，利率比住房公积金贷款的利率高。商业贷款方式包括：

（1）一次性还本付息。根据各银行的规定，贷款期限在 1 年之内（含 1 年）的，还

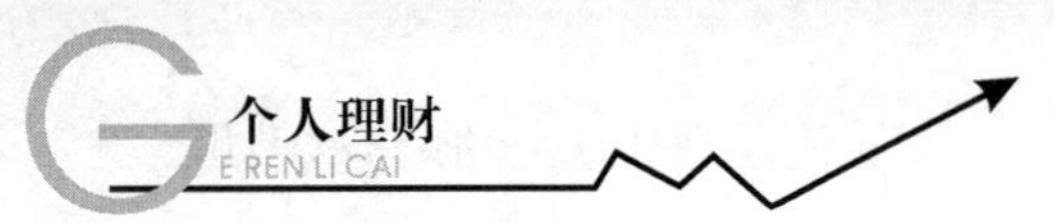

款方式采取一次性还本付息，即一次性还清贷款本金加上整个贷款期的利息总额。其计算公式如下：

到期一次还本付息额=贷款本金×［1+月利率（%）×贷款期（月）］

月利率=年（名义）利率/12

（2）等额本金还款法。等额本金还款法是一种计算简便、实用性强的还款方式。基本原理是还款期内按期等额归还贷款本金，并同时还清当期未归还的本金产生的利息。等额本金还款可以是按月或按季还款，按照惯例，大都采用按月还款的方式。其计算公式如下：

每月还款额=贷款本金/贷款期月数+（本金-已归还本金累计额）×月利率

【案例 7-12】D 君的个人住房抵押贷款总额为 50 万元，贷款期限为 20 年，贷款利率为 6%。D 君选择等额本金还款法还款，请计算各月还款额。

案例分析：随着时间的推进，已归还本金累计额不断增加，每月应还利息逐渐减少。因此，各月还款额计算如下：

第 1 月：4 583.33 元。

第 2 月：4 572.92 元。

第 3 月：4 562.50 元。

……

第 238 月：2 114.58 元。

第 239 月：2 104.17 元。

第 240 月：2 093.75 元。

因为每月偿还额不断减少，最开始还款额比后期还款额高很多，因此这种方法适用于经济能力较为宽裕的借款人。

（3）等额本息还款法。个人住房抵押贷款期限一般都在 1 年以上，除了等额本金还款法外，大部分人选择等额本息还款法，即每月以相等的额度平均摊还贷款的本金和利息。其计算公式如下：

每月等额还本付息额=贷款本金×$\frac{i\ (1+i)\ n}{(1+i)^{n-1}}$，其中，$n$ 为还款期数=贷款年限×12，i 为月利率。

以【案例 7-12】中 D 君为例，如果选择等额本息还款法，则还款额计算如下：

每月等额还本付息额为 3 582.16 元。

由于等额本息还款法每月还款额是固定的，这适合收入稳定的年轻人，目前大部分人都选择这种方式。

需要注意的是，等额本金还款法和等额本息还款法由于计算方法的区别，会导致最后还款总额的区别，如上述案例中，等额本金还款法还息总额为 30 万元，而等额本息还款法还息总额为36万元，两者相差近6万元。因此，选择哪种方法需要借款人慎重考虑。

3. 个人住房组合贷款

个人住房组合贷款是指向缴存公积金的购房借款人同时发放个人住房公积金贷款和个人住房抵押贷款的一种贷款方式。

住房公积金管理中心可以发放的住房公积金贷款，最高限额一般为10万～29万元，如果购房款超过这个限额，不足部分要向银行申请个人住房抵押贷款。这两种贷款合起来成为组合贷款。组合贷款利率较为适中，贷款金额较大，因此被较多贷款者选用。

【知识链接】组合贷款计算模式（见图7-5）

图7-5　组合型贷款计算器

六、个人支付能力评估

购房者的个人支付能力评估主要从以下几个方面着手：

（一）目标和需求分析

房地产理财规划的第一步是确定期望的目标和需求，这要通过数据收集和分析来确定。一般而言，个人对于房地产购置的需求取决于年龄、收入水平、家庭成员数量、交通便利程度等因素。在确定目标和需求时，必须把握以下原则：

第一，要分清影响目标和需求的因素的重要性。要找到符合所有期望的房地产理财项目是不可能的，我们会面临对于各种因素的权衡和取舍，因此应该分析哪些因素对于自己是最重要的，按重要性程度进行排列，以便在这些因素发生冲突的时候做出合理的选择。

第二，要具有前瞻性。随着个人的成长和际遇，收入、债务以及责任都会随之发生变化，因此在确定房地产投资目标和需求时应该将这些因素考虑进去，以便能够灵活地对待这些变化。

（二）动机分析

房地产理财具有投资大、周期长的特点，因此事前仔细地评估和计划必不可少，而动机的差异将会对整个投资计划产生关键性影响。个人房地产理财的动机有以下几个方面：

1. 用于自己居住

用于自己居住时首要考虑的是居住质量，可以选择具有成熟居住氛围的社区，如拥有便捷的交通、宜人的环境、配套的生活设施等。

2. 用于出租获取收益

用于出租获取收益时首先要考虑的是方便出租，可以选择流动人口多的小型住宅进行投资，或者购买适宜出租给经营者的沿街店铺。

3. 用于投机获利

如果是为了获取差价收入，适合投资现时房价相对便宜，但未来规划前景看好、有升值潜力的住宅或店铺。

4. 用于减免税收

如果国家鼓励居民置业，会出台相应的鼓励政策，如规定购房者支出可以用来抵扣个人所得税等，这时进行房地产投资无疑是一举两得的投资方式。

（三）个人支付能力分析

投资房地产前必须正确估量个人资产，再根据需求和实际支付能力来具体选择哪一种房地产投资计划。

个人资产的估量主要是对个人净资产的估量和对个人综合支付能力的评估。

1. 个人净资产

估算个人支付能力的核心是审慎地计算个人净资产，即个人总资产减去个人总负债的余额。个人总资产及个人拥有的所有财富，包括自用住宅、家具、艺术收藏品、交通工具、现金、债券、股票等。其中有些固定资产，如住房、家具，应该以能够脱手变现的价格加以计量。这类资产的取得，是为了让个人和家庭可以长期使用与享受。因此，自住性房地产属于个人资产，不属于长期投资。

就财务规划的观点而言，自住以外的房屋或土地只有在以赚取租金收入或将来的差价为购置目的时，才算是投资性房地产。对中国的工薪阶层来说，个人资产中还包含已缴存的住房公积金。住房公积金是职工在其工作年限内，由职工本人及所在单位分别按职工工资收入的一定比例逐月缴存至职工个人住房公积金账户的资金。该项资金全部归职工个人所有，由政府设立的公积金法定机构统一管理，用于以贷款形式支持职工购房。个人总负债是个人应偿还的债务，包括按揭贷款、汽车消费贷款和其他短期借款。对于普通工薪阶层来说，实际总负债不宜超过 3 个月家庭日常支出的总和。

2. 个人综合支付能力评估

确定个人投资房地产的综合支付能力时，不仅要看个人的净资产，还要分析个人的固定收入、临时收入、未来收入、个人支出和预计的未来支出。

如果个人净资产为正数，投资者首先要确定能用来投资房地产的资金数额。然后再根据自己家庭月收入的多少及预期，最终确定用于购买房地产、偿还银行按揭贷款本息的数额。基本原则仍然是量力而行，既满足个人的房地产投资需求，同时又不必给自己带来沉重的债务负担。

项目小结

个人或家庭消费中所占比重最大的就是购买住房。本项目详细介绍了个人理财过程中应该如何进行住房规划。

对于一个家庭来说，购房前的资金准备、购房后的贷款偿还等问题有必要做出妥善的安排，以达到合理利用家庭财务资源，实现在购房准备中及购房后家庭（或个人）的财务状况保持健康和安全的目标。一般来说，一个全面的购房规划应该包含的内容有确定家庭的购房目标、收集财务资料，进行购房资金的准备，对比资金的积累和资金的需求，判断住房规划的可行性，根据还款能力进行合理的贷款融资安排。房地产除了自住功能之外，还是一种良好的投资品。

项目实训（教材纸质）

L 君的商业性个人住房贷款总额为 20 万元，贷款期为 10 年，假设采取按季等额本金还款法，年名义利率为 5.58%。请计算 L 君每个季度的还款额。

请计算分析：

（1）每个季度归还本金=

（2）第1个季度利息=

（3）第1个季度还款额（本金和利息）=

（4）第2个季度利息=

（5）第2个季度还款额（本金和利息）=

（6）第40个季度利息=

（7）第40个季度还款额（本金和利息）=

项目八　教育规划

学习目标

1. 了解教育资金的主要来源
2. 正确认识子女教育规划

重点及难点

1. 掌握主要的长期子女教育规划工具
2. 正确选择和应用子女教育规划工具

【案例导入】

来自汇丰集团财富管理国际及跨境业务董事、总经理孙女士关于子女教育规划的一些想法：我的女儿今年6岁了，我们现在不仅已经在考虑她应该去哪所中学，而且已经在衡量哪个国家的大学会更适合她。

我是上海人，现在和我先生生活在伦敦。因此，我们的女儿非常有可能会在中国以外读大学，比如英国或美国。可以说我们的情况是目前一个大趋势的缩影——目前全世界有大约450万国际留学生，其中近六分之一来自中国。中国人向来尊师重教。中国多年来的经济增长培育出了不断壮大的中产阶层和更为富裕的阶层。他们对子女满怀信心和期待，并且也有财力和动力为更好的教育买单。作为父母可以有很多不同的理由希望子女海外留学，有的只是希望子女学习新的语言和开阔视野，有的认为国际化的教育有助于铺垫理想的前程和更为成功的职业生涯。

根据汇丰集团最新的《教育的价值》调查报告显示，对于有计划安排子女大学阶段海外留学的父母来说，最有可能考虑的是美国的大学，接下来是英国、澳大利亚、加拿大和德国的大学。很多大学之间互相竞争以吸引最优秀、最聪明的国际留学生。上进、有能力的学生有助提高大学的学术标准。同时，接收留学生的大学和国家可以获得直接的经济收益。在2014—2015学年，有大概100万外国学生进入美国大学学习。国际教育协会（Institute of International Education）估计因此而产生的学费和生活开支为美国经济贡献了308亿美元。

尽管美国和英国仍然是吸引最多国际学生的留学目的国，然而很多亚洲国家的教育质量正在不断提升，这意味着一些亚洲学生可以选择离家更近的海外大学。《泰晤士高等教育》（*Times Higher Education*）发布的2015—2016学年世界大学排名显示，名列前100名的大学中有9所位于亚洲。

一些大学提供助学金和奖学金来吸引国际留学生。尽管如此，很多情况下，父母承担着留学所需的大部分费用。值得一提的是，这可能是一笔不菲的开销。美国的国际留学生本科年均学费约为33 000美元。在英国、澳大利亚和加拿大，这一数字可能在26 000~30 000美元。如果再加上住宿、伙食、机票和其他开支，为留学准备的总预算需要明显增加，这些都值得好好规划。父母规划子女教育并做出重要抉择时，除了经济状况以外，当然还有其他多重因素需要考量。留学目的地是不是方便保持联络和回家？在海外是否有家人和朋友可以在子女留学时给予他们支持？除了学业以外，是否有机会发展体育和音乐等兴趣爱好？毕业之后能否留下工作？

无论如何，了解所需成本、规划和妥善安排财务在留学准备中都是非常关键的，这不仅降低留学方面的财务负担，也让留学生的父母们在远离子女时更为安心从容。

任务一　子女教育规划概述

“望子成龙，盼女成凤”是每位父母的心愿。如何为子女筹集一笔充足的教育经费成为父母们的心头大事。据中国人民银行的调查显示，城乡居民储蓄的目的，子女教育费用排在首位，所占比例接近30%，位列养老和住房之前。由于教育支出逐年上涨，家长们积攒子女教育经费的压力陡增，子女教育费用已经成为仅次于购房的一项重大家庭支出。子女教育费用需求也成为家庭理财的重要需求，家长们应该尽早规划。

一、子女教育规划的意义

调查表明，在城乡居民储蓄目的中，子女教育费用需求已成家庭理财的第一需求，居民储蓄的首要目的就是“攒教育费”。在我国，子女接受教育的费用确实成为现代社会中每个家庭的阶段性高支出，而且也是家庭的最主要支出项目之一。对于一个普通的家庭来说，孩子的教育开支是在十多年后的大学阶段才进入高峰期的，但是到了孩子的大学学习阶段，子女教育金却是最没有时间弹性与费用弹性的了。因此，子女接受教育的费用最重要的就是要预先规划，在子女年龄较小的时候，如果能为子女准备一个好的教育理财计划，相信会对整个家庭的理财事业添加比较成功的一笔。

在孩子的总经济成本中，教育成本仅低于饮食营养费，占子女总支出的平均比重为21%，但是自子女读高中起，教育费用在子女总支出中的比重超过饮食费用，这一比重在高中阶段为34%，大学阶段为41%。学前教育的花费也显著高于义务教育阶段，幼儿班的学杂费占子女总支出的比重为30%。有少数家庭还支出了高额的择校费与赞助费。对于大多数家庭来说，提前对子女教育金进行规划的意义非常重大。

二、子女教育规划的分类

家庭在子女教育上进行的有计划的资金投入，分为家庭个人投资和自我扩张性、发展性教育投入两个方面。

（一）家庭个人投资

家庭个人投资主要是指孩子在校学习期间，家庭应分担的学校教育的合理费用，即培养一个学生一年所需要的费用中，家庭应当负担的费用。在我国，义务教育阶段原则上是由国家承担大部分培养费用，不存在个人家庭投资问题，家庭主要负担的是非义务教育的投资。由于在非义务教育阶段受教育者接受教育层次越高，人力资本、晋升机会、择业机会等个人收益就越高，因此家庭应该分担一部分学费和其他费用。

（父母为供给子女教育费所做的牺牲）

（二）自我扩张性、发展性教育投入

自我扩张性、发展性教育投入是一种选择性教育投入，其实质是家庭为买到优质的教育资源而付出的费用，即购买教育服务所缴纳的费用。家庭购买的教育服务一般包括优质教育服务、名牌教育服务和适合个性发展的教育服务。在一般情况下，择校费、报课外辅导班的费用、购买和教育相关书籍的费用以及在校外付出的为培养孩子某一方面的爱好、技能而参加培训班的费用都属于自我扩张性、发展性教育投入。

（“起跑线”的竞争）

三、子女教育规划的特点

教育金值得投资，但关键在于提前规划。研究表明，用于子女教育的支出并非是一种简单的消费性支出，而是一种生产性投资，即教育投资。教育投资将增加子女的知识和技能，并为了增加子女能获得较好的职业适应性、较多的就业机会、较高的收入等教育投资的收益。理财专家指出，如果从小学开始算起，国内培养一个大学生的平均开销需要 20

万~50万元，按照现在大学生平均月薪和增长速度来计算，快的话，5~7年就可以收回投资，因此哪怕是单独从个人收入的角度来看，教育投资也还是划算的。鉴于目前教育投资的风险在不断增加，而其边际效用却不断在减少，因此孩子能否成为有价值的“生产品”，关键还是在于做好子女教育投资的规划。

子女高等教育期间的开支属于阶段性高支出，不事先准备，届时的收入将难以应付。有民间调查机构的数据表明，中国家庭子女教育的支出比重已接近家庭总收入的三分之一。城乡贫困人群中有40%~50%的人提道：“家里穷是因为有孩子要读大学。”另外，家庭准备子女高等教育经费的阶段与父母准备自己退休经费的时期高度重叠，因此应避免顾此失彼。

高等教育学费的上涨率高于通货膨胀率，储备教育资金的报酬率要高于学费增长率。近20年，什么价格上涨最快？很多家长会异口同声地回答：“子女教育费用。”仅以子女教育费用中的高校学杂费为例，20年前，大学学费200元/年，现在已经上涨至平均6 000元/年。近20年时间里，上涨了30倍。学费的涨幅远远超过了国民收入的增长速度。

子女教育金是最没有时间弹性和费用弹性的理财目标，因此更要预先规划，才不会有因财力不足而阻碍子女上进心的遗憾，子女的教育投资策划与退休规划和购房规划相比，最缺乏弹性。退休规划若财力不足，降低退休后的生活水平还熬得过去；购房规划若资金不够，选择地点偏远一点的、房价较低的地段还可以将就；但子女的教育投资规划，因为缺乏时间弹性，并且学费也相对固定，因此务必要提早准备。

(教育费用知多少?)

四、子女教育规划的原则

子女教育规划要考虑子女的兴趣爱好转换很快，学习成绩和以后的发展方向也未定型，父母应该以较宽松的角度使准备的教育金可以应付子女未来不同的选择。例如，上普通大学还是艺术院校，是在国内上学还是出国留学。如果子女独立性较强，可能会以假期打工赚取生活费或可以获得奖学金，但是由于这是不确定因素，作为父母还是不能做这样的假定。父母在筹集资金时多一些为好，多余的资金可以当成自己未来的退休金，降低退休后对子女的依赖程度。

子女教育规划要充分利用定期定额计划来实现子女教育基金的储蓄。每月存一点，别看存得不多，正是这样的习惯性储蓄计划能为子女教育打下坚实的基础。目前，很多工具可以用来强制储蓄，如教育储蓄、教育保险等。

子女教育规划投资时注意以保守投资为主，不要太冒险。父母不能因为筹集资金的压力大而选择高风险的投资工具。因为如果本金遭受损失对以后子女的教育安排的不利影响会更大，所以投资还是要以稳健为原则。

（及早筹划）

任务二　教育规划的步骤

既然孩子的教育资金是不得不花的，而父母又无法预知这些资金具体的金额支出，那么未雨绸缪当然是尤其重要的了。作为一项重大工程，孩子的教育投资规划也不单单只是“攒钱”可以解决的。我们把教育规划分为四个步骤，父母可以遵循这四个步骤计算一下自己的家庭到底需要积累多少教育金以及如何筹措这些费用，并找到适合的投资方式。

一、确定子女教育要达到的程度及目前所需的费用

每个家长都要根据自己孩子的特点，制定理财目标。例如，有的孩子今后准备到国外读书，那就要有比较大的资金储备和比较高的理财目标。另外，大多数孩子都会按照幼儿园→小学→初中→高中→大学这样中规中矩的模式成长。因此，孩子接受普通的学历教育所需要的花费也是必不可少的支出。

二、设定一个通货膨胀率，计算未来子女入学时所需的费用

随着经济的发展，教育的费用越来越高，教育费用的增长率一般要比通货膨胀率高，因此计算时应该在通货膨胀率上加 2～3 个百分点。假如未来某一阶段的通货膨胀率为 5%，则教育费用的增长率就为 7%～8%。因为教育费用没有弹性的特点，为了避免到时资金不足的情况出现，所以一般都会预计多一点的费用。

三、计算出现在需要的投资金额和资金缺口

通过对未来所需费用的贴现，可以计算出一次投资所需费用或分次投资所需资金。假如按现在投资的金额去投资而未来金额不足的话，可以通过调低子女未来教育目标、增加初期投资金额或调整理财工具来实现。由于这一步的计算涉及理财方面的计算公式，非专

业人士很难操作，可以通过银行专业人士来处理。

四、选择适当的投资工具并进行投资

一般情况下，投资工具的回报率越高，初期投资的金额就越少，与之相适应的风险就越高。假如没有足够的本金进行投资的话，可能就要降低教育目标或选择高风险、高收益的投资产品，在进行投资时就要对风险管理投入更多的时间和精力。另外，假如初期没有足够的单笔投资资金，利用定期、定额计划来实现子女教育基金的积累也是一种比较科学的方式。对父母而言，选择定期、定额业务的好处是分散风险、减轻压力、强制储蓄，即在不加重经济负担的情况下，做小额、长期、有目的性的投资，以应付未来对大额资金的需求，从而达到轻松储备子女教育金的目标。

【案例 8-1】

汇丰银行财务需求在线分析工具

教育需求分析

我们希望为您提供更准确的理财分析，请提供...

现时每月收入　人民币　30,000
包括薪金及其他收入，如利息收入，股息等。

现时每月开支　人民币　10,000
包括个人及家庭开支，房屋租金或物业按揭贷款等。

预计通胀率　3.00　%年率
所有目标需求分析的计算都将使用此通胀率。(1999-2008年中国平均通胀率为3.3%。此数据仅供参考，不代表我行建议。)

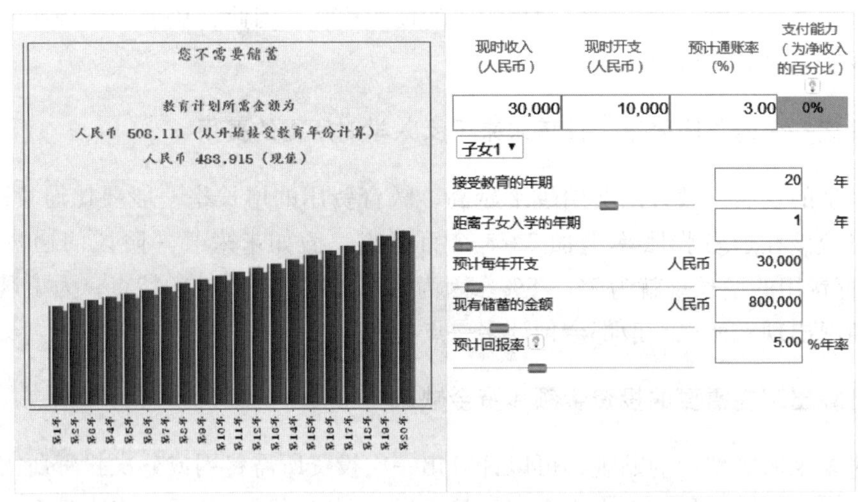

图 8-1　教育需求分析

关于教育规划的几个实务问题：
①您为孩子制定了何种教育规划？
职业教育、大学教育、研究生教育。
②您愿意投入多少？
您是否全部负担您孩子的生活费及学费？
③您希望孩子在何处学习？
国内或国外，如果出国，要去哪个国家？
④您何时需要这笔资金？
再过多长时间，您的孩子需要动用这笔教育储备资金？
⑤您为孩子准备了何种教育储备规划？
一次性投入或定期存款计划，单一资产或多元化投资组合。

任务三　了解当前的教育收费水平和增长情况

了解当前的教育收费水平和增长情况，就要了解包括学前教育、义务教育、大学教育和其他支出的所有内容。这是基础步骤，也是最关键的步骤，尽管最后计算出来的金额可能会让人感到惊讶。如今的教育费用正处在持续增长的阶段，如果没有前期准备，那么到时候付不起孩子的学费也不是不可能发生的状况。

通常孩子的成长过程包括幼儿园期（学前教育期）、小学教育期、中学教育期、大学教育期和出国留学期五个阶段。我们来看看每个阶段所需要的费用大约是多少。

1. 学前教育（幼儿园）费用

我们以广州市目前执行的《2012 年秋季及以后入园的幼儿月托费标准》为例，一般公立的幼儿园收取月托费为 729 元/月（市一级），1 050 元/月（省一级）；而私立幼儿园的费用就远远不止这些。稍微好一点的私立幼儿园，包括保育费、伙食费等在内，价格通常在 2 000 元/月左右，如果按孩子在园时间为 4 年计算，仅支付幼儿园月托费这一项 4 年下来就需要 96 000 元。

2. 义务教育费用

义务教育费用主要包括小学 6 年和初中 3 年的费用。如果选择上民办学校，费用还要显著增加。

小学 6 年的费用（按二期课改的收费标准计算），每生每学期 210 元，包括杂费 50 元、课本和作业本费 160 元，6 年 12 个学期一共 2 520 元。

初中 3 年费用（按二期课改的收费标准计算），每生每学期代办费 280 元，包括杂费 80 元、课本和作业本费 200 元，3 年 6 个学期共 1 680 元。

3. 区县重点高中费用

重点高中的学费是 1 200 元/学期、代办费 386 元/学期，3 年 6 个学期共计 9 516 元。

4. 大学教育费用

这是父母负担中最沉重的一项。目前普通高等院校（除去师范类、军事类等院校外）的学费每学年都在 5 000 元以上，民办院校更是在 10 000 元以上，加上大学生在校的生活费同样是一大笔开支，由于大学生社会活动越来越丰富，他们的月生活开支都达到 1 000 元以上。这样父母每年在一个大学生身上需要投入 15 000 元，4 年共需要 60 000 元，如果是民办本科院校在校生，4 年共需要 100 000 元以上。如果继续攻读 3 年制全日制研究生，那么这笔费用则需要 120 000 元。

5. 其他费用

除了上述费用外，课外书、兴趣班和家教的费用也是一大笔开支。例如，学钢琴的费用就要几万元，即使不学钢琴，这样那样的费用加起来没有 10 万元也肯定是不够的。另外，用于孩子的医疗费用我们按 3 万元计算，这个数字绝对不算高，因为现在孩子看病往往比大人还贵。

通过上述分析，一个孩子一生接受教育的费用总计大约为：学前教育费用+义务教育费用+高中教育费用+大学教育费用+其他费用≥30 万以上。

【知识链接】广州地区各个教育阶段的教育费用情况：

（1）幼儿园的费用（3~6 岁，见表 8-1）。

表 8-1　　**广州市公办幼儿园保教费收费标准表**　　单位：元/人·月

级别		全日制	寄宿制
省一级	财政拨款类	865	1 115
	自收自支类	995	1 285
市一级	财政拨款类	650	845
	自收自支类	745	970
区一级	财政拨款类	485	635
	自收自支类	560	730
未评级	财政拨款类	365	475
	自收自支类	420	545

（注：财政拨款类幼儿园包括财政全额核拨的公办幼儿园和财政核补的公办幼儿园）

在寒暑假、周六、周日及国家规定的公众假期继续对在园幼儿提供保育教育的，保教费可在平时收费标准基础上上浮 50%。

民办幼儿园在完全放开收费的情况下，不同幼儿园之间收费额度差异较大。以广州市为例，民办幼儿园保教费基本是 2 000 元/月以上，加伙食费和接送费等，每月可达3 000~5 000元。如果是高级住宅小区配套幼儿园和双语（国际）教学幼儿园收费更高。

（2）小学时期的费用（6~11 岁，见表 8-2）。

表 8-2　小学时期的费用

费用项目	预计每年开支	费用开支合计	备注
学校教育费用	6 000 元（每月 500 元）	36 000 元	包括各种学杂费、补习费以及活动费
特长教育支出	12 000 元（每月 1 000 元）	72 000 元	钢琴、英语、奥数以及益智类教育
生活开支	14 400 元（每月 1 200 元）	86 400 元	包括零花钱、服装费、交通费用
旅游开支	3 000 元	18 000 元	寒暑假带孩子外出旅游和学校夏令营
医疗开支	2 000 元	12 000 元	日常生病费用
额外开支	12 000 元	12 000 元	买电脑、手机
小学期间合计开支		236 400 元	小学 6 年

（3）中学时期的费用（12~17 岁，见表 8-3）。

表 8-3　中学时期的费用

费用项目	预计每年开支	费用开支合计	备注
教育费	10 000 元	60 000 元	包括各种书杂费、补习费以及活动费
补习班费用	3 000 元	18 000 元	学校和家庭为孩子安排的各种补习课
生活开支	18 000 元（每月 1 500 元）	108 000 元	孩子逐渐长大，生活开支逐渐增加
旅游开支	3 000 元	18 000 元	寒暑假带孩子外出旅游和学校夏令营
医疗保健	2 000 元	12 000 元	日常滋补品
额外开支	15 000 元	15 000 元	买电脑、手机
中学期合计开支		231 000 元	中学 6 年

(4) 大学时期的费用（18~21 岁，见表 8-4）。

表 8-4 大学时期的费用

费用项目	预计每年开支	费用开支合计	备注
学杂费	20 000 元	80 000 元	
生活开支	12 000 元	48 000 元	
选修考证开支	1 000 元	4 000 元	
服装费	3 000 元	12 000 元	
探亲交通费	1 000 元	4 000 元	
其他开支	2 000 元	8 000 元	
大学期间合计开支		156 000 元	大学本科 4 年

(5) 出国留学费用（22~24 岁，见表 8-5）

据 2017 年汇丰《教育价值》在香港的数据调查，香港的父母考虑孩子首选的留学国家是：

表 8-5 出国留学费用

国家	现在每年费用	3 年总费用
英国	20 万~28 万元	84 万元
澳大利亚	18 万~25 万元	75 万元
美国	18 万~30 万元	90 万元
新加坡	15 万~20 万元	60 万元

除了经济费用负担之外，父母在孩子出国留学后，必须迎接和适应新的挑战。根据汇丰银行关于出国留学家庭的调查数据分析，父母在子女出国留学后要面对的主要障碍如图 8-2 所示。

根据幼儿园、小学时期、中学时期、大学时期的教育费用分析，孩子成长教育总费用（出国前）如表 8-6 所示。

表 8-6 单位：元

时期	幼儿园	小学时期	中学时期	大学时期	总计
费用	50 000 元	236 400 元	231 000 元	156 000 元	673 400

由此可见，以广州普通家庭的标准来看，从孩子 3 岁到 21 岁，要为子女成长教育支出约 68 万元，可以完成在国内上大学的支出费用；如果是去美国读研再加约 100 万元；

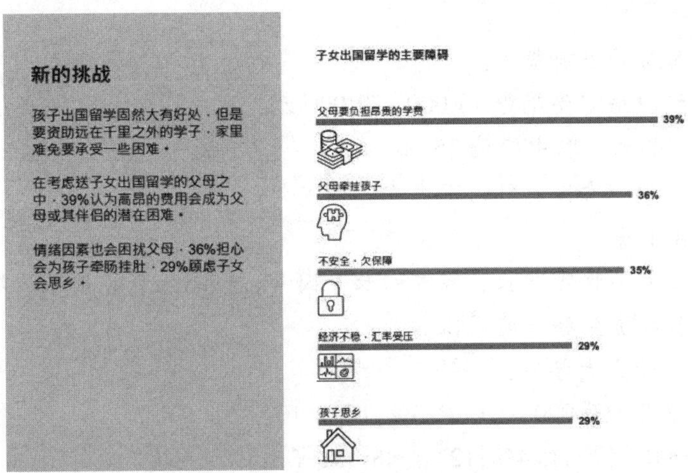

图 8-2 父母在子女出国后要面对的主要障碍

从幼儿园到研究生毕业需要的总费用约为 168 万元。家长需要准备约 170 万元的孩子成长教育储备金，是以目前的物价水平和汇率水平来测算的。事实上在未来 20 年里，相关的教育费用、生活费用、留学费用等都将随着通货膨胀而增长，甚至还要高于通货膨胀率的增长，因此未来孩子实际支出的成长教育开支远远高于 170 万元。

算一算自己从入学到现在的教育费用大致有多少。

任务四 子女教育规划实务

由于子女教育开销的差异性较大，因此必须针对个人所在地区的实际收费情况、个人对子女的期望以及家庭的经济承受能力，选择是否借读、择校，是否上兴趣班、请家教，甚至是否上私立学校或出国留学，以制定详尽、科学的子女教育规划。

一、教育投资分析

在对子女教育全过程所需资金进行估算的基础上，依照子女目前的年龄，如何计算未来需要支付的子女教育金的现值、每年应该准备的教育准备和应该投资于有多高报酬率的产品才能实现教育目标呢？以下通过一个案例来说明。

【案例 8-2】A 君的儿子今年 6 岁。A 君估计儿子上大学之前的教育费用不多。A 君的子女教育投资规划目标是在儿子 18 岁上大学时能积累足够的大学本科和硕士的教育费用。A 君目前已经有 3 万元教育准备金，不足部分打算以定期定额投资基金的方式来解决。A 君投资的平均回报率大约为 4%。为实现这一教育目标，请为 A 君做一个教育投资规划。

案例分析：

①确定实现教育目标的当前费用。

我国目前大学本科四年需要花费48 000~72 000元，取中间值60 000元；硕士研究生需要花费30 000~40 000元，取中间值35 000元。

简便起见，假设学费一次性支付，不考虑学费支付的时间差异。

②预测教育费用增长率。

结合通货膨胀率、大学收费增长、经济增长等因素，预测教育费用年均增长率为5%。

③估算未来所需教育资金和当前现值。

12年后，A君的儿子上大学时：

应准备大学教育费用=60 000×(F/P,5%,12)= 107 751（元）

已准备金额=30 000×(F/P, 4%,12)= 48 031（元）

尚需准备金额=107 751− 48 031 =59 720（元）

每年应提存金额=59 720÷(F/A,4%,12)= 3 975（元）

每月应提存金额=3 975÷12=331（元）

（简便起见，不考虑每月提存金额的时间价值差异。）

16年后，A君的儿子读硕士时：

应准备硕士教育费用=35 000×(F/P,5%, 6)= 76 401（元）

每年应提存金额=76 401 ÷(F/A,4%,16)= 3 501（元）

每月应提存金额=3 501 ÷12=292（元）

我们再来分析以下两个问题：

1. 实现A君的子女教育投资规划目标的费用是多少？

2. 考虑教育费用年均增长率和A君的投资平均回报率比较关系，你有什么建议？

①实现A君的子女教育投资规划目标的费用是多少？

A君的子女教育投资规划目标的费用=107 751+76 401=184 152（元）

②考虑教育费用年均增长率和A君的投资平均回报率比较关系，你有什么建议？

A君的投资平均回报率是4%，低于教育费用年均增长率5%。经过折现率换算，意味着A君要准备的子女教育规划费用要高于184 152元。

此时，要以真实报酬率为折现率。

真实报酬率=（1+投资报酬率）/（1+教育金支出增长率）−1

建议：A君必须选择投资平均回报率高于教育费用年均增长率5%的投资产品，否则在将来需要准备高于目标的费用，超出预期目标，陷入被动局面。

二、教育投资产品

子女的教育投资规划涉及对投资产品的选择，以达到最稳妥的教育投资。因此，教育投资应以稳健为主，教育规划更应重视长期的低风险投资产品。目前比较适合做教育理财的金融产品主要有教育储蓄、基金定投、教育保险和子女教育信托等几大类。

（一）教育储蓄

教育储蓄是指个人按国家有关规定在指定银行开户、存入规定数额资金、用于教育目的的专项储蓄，是一种专门为学生支付非义务教育所需教育金的专项储蓄。教育储蓄采用实名制，开户时储户要持本人（学生）户口簿或身份证，到银行以储户本人（学生）的姓名开立存款账户。到期支取时，储户需凭存折及有关证明一次支取本息。

（1）开户对象：开户对象为在校小学四年级（含四年级）以上学生。

（2）存期与起点金额：教育储蓄存期分为一年、三年、六年；教育储蓄 50 元起存，每户本金最高限额为 2 万元。

（3）服务特色：税收优惠，按照国家相关政策的规定，教育储蓄的利息收入可以凭有关证明享受免税待遇；积少成多，适合为子女积累学费，培养理财习惯。

（4）存款利率：一年期、三年期教育储蓄按开户日同期同档次整存整取定期储蓄存款利率计息；六年期教育储蓄按开户日五年期整存整取定期储蓄存款利率计息；教育储蓄在存期内遇利率调整，仍按开户日利率计息。

（5）利率优惠：一年期、三年期教育储蓄按开户日同期同档次整存整取定期储蓄利率计息，六年期教育储蓄按开户日五年期整存整取定期储蓄存款利率利息（储户提供接受非义务教育的录取通知书原件或学校开具的相应证明原件，一份证明只能享受一次优惠利率，按一般业务办理）。

（6）相对其他储蓄存款而言，教育储蓄有以下三方面好处：

①家庭可以为其子女（或被监护人）接受非义务教育（指九年义务教育之外的全日制高中、大中专、大学本科、硕士和博士研究生）在储蓄机构通过零存整取方式积蓄资金。

②符合规定的教育储蓄专户，可以享受整存整取利率的优惠。

③教育储蓄存款的利息免征个人所得税。

按照有关规定，开立教育储蓄的对象必须是我国在校小学四年级（含四年级）以上学生；享受免征利息税优惠政策的对象必须是正在接受非义务教育的在校学生，其在就读全日制高中（中专）、大专和大学本科、硕士和博士研究生的三个阶段中，每个学习阶段可以分别享受一次 2 万元教育储蓄的免税和利率优惠。也就是说，一个人至多可以享受三次优惠。教育储蓄存款的优惠利率具体如表 8-7 所示。

表 8-7　　教育储蓄存款的优惠利率

期限	零存整取利率	零存整取税后利率	整存整取利率
一年期	1.35%	1.29%	1.75%

表8-7(续)

期限	零存整取利率	零存整取税后利率	整存整取利率
三年期	1.55%	1.47%	2.75%
六年期	1.55%	1.47%	2.75%

(二) 基金定投

基金定投是国际上通行的一种类似于银行零存整取的基金理财方式，最大的好处是可平均投资成本，自动逢高减筹、逢低加码。在这种情况下，时间的长期复利效果就会凸显出来，可以让平时不在意的“小钱”在长期积累之后变成“大钱”。

采用基金定投储备教育金，不会给家庭的日常支出带来过大压力，又可以获得复利优势。投资者应选择过往业绩表现稳健的股票基金，关注中长期排名而淡化短期排名。

(基金收益计算器)

【知识链接】了解基金定投收益

根据新浪网进行的“子女成长费用调查”结果显示，多数家庭认为教育费已经成为孩子成长费用中最大的一项开支。有六成家庭愿意尝试基金定投的方式来储备子女教育费。调查结果显示，多数家庭认为养大一个孩子至少需要 20 万~30 万元的费用，68%的受调查者认为在孩子成长过程中，教育费用所占比例最大。调查数据表明，多数家长对亲子理财很有兴趣，而在众多理财方式中，基金定投所具备的长期复利、纪律投资、门槛较低等特点，是他们倾向这一理财方式的原因。

【案例 8-3】30 岁的 B 君，属于白领一族，家庭月收入 20 000 元，房屋月供 4 000 元，孩子刚出生不久，对于孩子的教育经费储备经济压力比较大。请为 B 君制定教育理财规划。

案例分析：B 君可以制订一个基金定投子女教育的理财计划。

第一个五年，由于花销较大，每月仅拿出 1 000 元来定投。

第二个五年，由于事业的发展，工资收入会有较大上涨，将每月投资额度上调为2 500元。

最后一个五年，由于更换住房、准备养老金等需求逐渐扩大，调整子女教育经费为每月 1 500 元。

按照上述“智能定投”的方法模拟定投上证指数为例，假设在 1999 年 1 月开始定投以上证指数为标的的模拟基金，15 年后，即到 2013 年 12 月 28 日，基金账户将有 122 万元。

需要注意的是，进行基金定投要掌握以下投资技巧：

（1）用基金定投筹集子女教育经费要趁早开始。因为投资时间越长，复利效果越明显，累积的财富也越多。

（2）要坚持长期投资。基金定投采用平均成本概念降低了投资风险，但相应地也需长期投资，才能克服市场波动风险，并在市场回升时获利。

（3）基金净值低时停止扣款要慎重。基金净值有高低波动，最悲观的时候往往也是最低点的时候，由于低点时可以买进较多的基金份额，等到股市回升后可以享受更丰厚的回报。

（三）教育保险

子女教育保险又称子女教育金保险，也叫作少儿教育险，是针对少年儿童在不同生长阶段的教育需要提供相应的保险金。

（1）教育保险的分类。从产品保障期限来看，教育保险主要分为非终身型教育保险和终身型教育保险。非终身型教育保险一般属于真正的专款专用型的教育保险产品。也就是说，在保险金的返还上，完全是针对儿童的教育阶段而定，通常会在孩子进入高中、进入大学两个重要时间节点开始每年返还资金，到孩子大学毕业或创业阶段再一次性返还一笔费用以及账户价值，以帮助孩子在每一个教育的重要阶段都能获得一笔稳定的资金支持。终身型教育保险会考虑到一个人一生的变化，保险金仅是其中考虑问题之一。

（2）教育保险的特点如下：

①专款专用。子女教育要设立专门的账户，就像个人养老金账户用于退休规划，住房公积金账户用于购房规划一样，只有这样才能做到专款专用。

②没有时间弹性。子女到了一定的年龄就要上学（如 6 岁左右上小学，18 岁左右上大学），不能因为没有足够的学费而延期。

③没有费用弹性。各阶段的基本学费相对固定，这些费用对每一个学生都是相同的。

④持续周期长且总费用庞大。子女从小到大将近 20 年的持续教育支出，总金额可能比购房支出还多。

⑤阶段性高支出。比如大学教育，平均每个孩子每年 2 万元，4 年就是 8 万元；出国留学费用，总价达几十万元。这些费用支付周期短、支付费用高都需要有提前的财务准备。

⑥额外费用差距大，必须准备充足。子女的资质不同，整个教育过程中的相关花费差距很大，因此宁可多准备不能少准备。

（3）教育保险的功能如下：

①保费豁免功能。所谓保费豁免功能，就是一旦投保的家长遭受不幸，如身故或全

残，保险公司将豁免所有未交保费，子女可以继续得到保障和资助。

②强制储蓄功能。父母可以根据自己的预期和孩子未来受教育水平的高低来为孩子选择险种和金额，一旦为孩子建立了教育保险计划，就必须每年存入约定的金额，从而保证这个储蓄计划一定能够完成。

③保险的保障功能。教育保险可以为投保人和被保险人提供疾病与意外伤害以及高度残疾等方面的保障。一旦投保人发生疾病、意外身故以及高度残废等风险，不能完成孩子的教育金储备计划，则保险公司会豁免投保人以后应缴的保险费，相当于保险公司为投保人缴纳保费，而保单原应享有的权益不变，仍然能够给孩子提供以后受教育的费用。

④理财分红功能。教育保险能够在一定程度上抵御通货膨胀的影响。教育保险分红一般分多次给付，回报期相对较长。

（4）教育保险的返还方式。教育保险现金返还方式一般可分以下三种：

①第一种是从缴费之日起，每隔几年返还一定数额。

②第二种是从特定时间点开始每年返还，如从孩子进入高中开始或进入大学开始。

③第三种是在约定时间点一次性返还，如进入大学或大学毕业。

（5）教育保险的投保建议。从保障内容上看，教育保险通常仅仅能够提供身故保障，意外伤害、疾病等都不在保险的范围内。因此，家长应考虑针对孩子的具体情况，选择附加高保障的意外险、重大疾病险、住院医疗保险等。这样就不至于出现买了保险却没有保障的尴尬。另外，教育保险应选择具有投资功能的险种，如分红型产品、投连型产品等。分红型教育保险收益并不高，但以稳定见长，保障功能非常明确；投连型教育保险增值账户预期收益较为可观，但风险也相对比较大。

（6）购买教育保险的注意事项如下：

①先重保障后重教育。很多父母花大量资金为孩子购买教育保险，却不购买或疏于购买意外保险和医疗保险，这将保险的功能本末倒置。

②应问清楚豁免条款范围。在购买主险时，应同时购买豁免保费附加险。这样一来，万一父母因某些原因无力继续缴纳保费时，对孩子的保障也继续有效。

③购买教育保险要小心流动性风险。教育保险的缺陷在于其流动性较差，而且保费通常比较高，资金一旦投入，需要按合同约定定期支付保费给保险公司，属于一项长期投资。

④购买教育保险时应兼顾保障功能，以应付孩子未来可能的疾病、伤残和死亡等风险。

⑤家长在为孩子购买教育金保险时应巧用组合，即在小学四年级前采用教育保险来做教育规划，在小学四年级后可采用“教育保险+教育储蓄”的组合方式。

⑥教育保险具有保险的保障功能，可以为投保人和被保险人提供疾病与意外伤害以及高度残疾等方面的保障。一旦投保人发生疾病、意外身故以及高度残疾等风险，不能完成

孩子的教育金储备计划，保险公司会豁免投保人以后应缴的保险费，相当于保险公司为投保人缴纳保费，而保单原应享有的权益不便，仍然能够给孩子提供以后受教育的费用。

【案例 8-3】

友邦子女教育保险产品实例

投保示例

30岁的邦先生和30岁的邦太太喜得贵子，夫妇俩注重生活品质，对0岁的儿子小邦非常宠爱，希望为孩子的成长提供充足的资金需求，不希望因任何家庭变故而导致这笔资金断档；而对于这笔资金的管理上，希望通过按时有序的形式将财富逐步给到子女，进行有效掌控，实现生前传承。

经过精心挑选，邦先生决定自己和太太作为投保人和投保人配偶，儿子小邦作为被保险人购买《友邦传世一家财富健康保障计划》，具体保障利益如下：

1. 宝宝成长规划

	基本保额	交费期限	保险期间	首年保险费（元）
友邦传世金生2018版年金保险（分红型）	10万元	20年	至被保险人105岁	53,092
友邦附加增利宝趸交年金保险（分红型）	100元	趸交	至被保险人105岁	
友邦附加万全无忧豁免保费定期寿险	详见合同	主合同交费期-1	主合同交费期-1	7,304
友邦附加加倍无忧升级版定期寿险	15万	15年	至被保险人65岁	

合计：60,396元

请分析现金红利、年金给付、总现金价值。

（案例分析）

教育保险相当于将短时间急需的大笔资金分散开逐年储蓄，投资年限通常最高为18 年。越早投保，家庭的缴费压力越小，领取的教育金越多；越晚投保，由于投资年限短，保费就越高。从理财的角度出发，教育保险也不宜多买，适合孩子的需要就够了。因为保险金额越高，每年需要缴付的保费也就越多。总体来讲，保险产品主要是保障功能，如果只看其投资收益率，甚至可能比不上教育储蓄。

（四）子女教育信托

子女教育信托是指委托人（即子女的父母）将信托资金交付给信托机构（即受托人），签订信托合同，通过信托公司专业管理，发挥信托规划功能。委托人与受托人双方约定孩子进入大学就读时开始定期给付信托资金给受益人（子女），直到信托资产全部给付完。教育信托一是可以让父母事先规划，事后无后顾之忧。二是财产受《中华人民共和国信托法》保障，产权独立，避免恶意侵占。也就是说，信托财产具有较强的独立性，既不受父母债权人追索，又不受信托公司债权人的追索。即使信托公司破产了，委托人的信托财产仍可以完整地交予其他信托公司继续管理。三是不会让子女过早拿到大笔财产，失去人生奋斗目标。另外，父母每年可以领取由信托公司代为管理和投资产生的收益。在新加坡、美国等国家，父母为子女设立专门的财产信托是一种非常普遍的现象。目前，子女教育信托在中国并不普遍。

【知识链接】教育储蓄操作指南

1. 开户

开户时，客户须凭客户本人（学生）户口簿或居民身份证到储蓄机构以客户本人的姓名开立存款账户，金融机构根据客户提供的上述证明，登记证件名称及号码。开户对象为在校小学四年级（含四年级）以上学生。

2. 存款

开户时客户须与银行约定每次固定存入的金额，分次存入，中途如有漏存，应在次月补齐，未补存者按零存整取定期储蓄存款的有关规定办理。

3. 支取

到期支取时，客户凭存折、身份证、户口簿（户籍证明）和学校提供的正在接受非义务教育的学生身份证明，一次支取本金和利息，每份证明只享受一次利息税优惠。客户如不能提供证明，其教育储蓄不享受利息税优惠，即一年期、三年期按开户日同期同档次零存整取定期储蓄存款利率计付利息；六年期按开户日五年期零存整取定期储蓄存款利率计付利息，同时应按有关规定征收储蓄存款利息所得税。

4. 提前支取

教育储蓄提前支取时必须全额支取。提前支取时，客户能提供证明的，按实际存期和开户日同期同档次整存整取定期储蓄存款利率计付利息，并免征储蓄存款利息所得税；客户未能提供证明的，按实际存期和支取日活期储蓄存款利率计付利息，并按有关规定征收储蓄存款利息所得税。

5. 逾期支取

教育储蓄超过原定存期部分（逾期部分），按支取日活期储蓄存款利率计付利息，并按有关规定征收储蓄存款利息所得税。

项目小结

对于大多数家庭来说，提前对子女教育金进行规划意义非常重大。作为一项重大工程，孩子的教育投资规划也不单单只是“攒钱”可以解决的。本项目把子女教育规划分为四个步骤：确定子女教育要达到的程度及目前所需的费用；设定一个通货膨胀率，计算未来子女入学时所需的费用；计算出现在需要的投资金额和资金缺口；选择适当的投资工具并进行投资。

目前比较适合做教育理财的金融产品主要有教育储蓄、基金定投、教育保险和子女教育信托等几大类。

项目实训

C 君的儿子现年 10 岁，C 君计划 5 年后送儿子到澳大利亚从高中念到硕士。假设教育费用增长率为 3%，澳大利亚每年学费约 10 万元人民币，共准备 9 年。在投资回报率为 8%的情况下，请为 C 君计算应准备多少教育资金来实现送儿子到国外读书的目标?

Z 君夫妇需要为他们的女儿做高等教育金规划。初步以广州“一本”高校的大学为目标，大学 4 年的学杂费、住宿费和生活费合计约为 8 万元，假设教育费用增长率为 3%，女儿在 12 年后读大学。在 Z 君夫妇的投资回报率为 6%的情况下，请为他们规划现在每月需要储蓄的专项教育金。

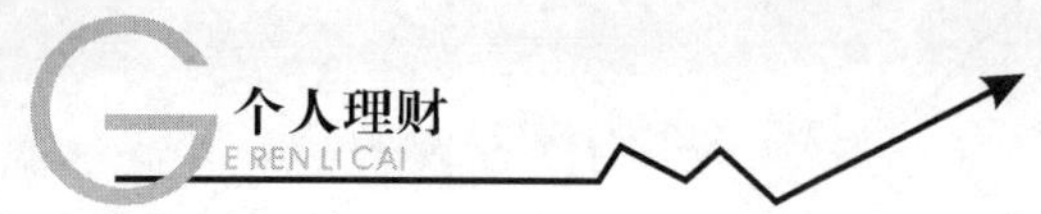

项目九　退休规划

学习目标

1. 认识到退休规划的必要性
2. 掌握如何设定退休目标

重点及难点

1. 熟悉退休规划的工具
2. 掌握编制退休规划的程序和方案

【案例导入】

中国的养老问题根源到底在哪里?

首先，中国的养老问题是人口老龄化问题十分严重，来得太早太快。

国际上通常的定义是，一个国家或地区60岁以上的老年人占总人口数量的10%，或者65岁以上的老年人占总人口的7%，即意味着这个国家或地区的人口进入老龄化阶段。而我国目前的实际情况是，截至2017年年末，60岁以上的老年人占总人口的17.3%，约2.41亿人；65岁以上的老年人占总人口的11.39%，约1.6亿人，我国的老龄化程度“超标”已近一倍。从1999年起，我国就已开始步入老龄化社会，近20年来一直呈上升趋势，没有丝毫减缓和停步（见图9-1）。据估算，到2050年前后，我国老年人口数将达到峰值的4.87亿人，占总人口的34.9%，占到了1/3，这是一个惊人的比例。请留意，这个1/3并不是说两个成年人养一个老人，如果去掉婴幼儿和未成年人的占比，差不多就是一个成年人养一个老人再加一个孩子。这就是我们的下一代30年后面临的严峻问题。“人类寿命不断延长，年轻一代生育意愿低，是造成这一后果的直接原因。”

其次，退休人员养老金增长过快。

2006年，养老金大幅上调了23.7%，此后8年，养老金一直以每年10%左右的幅度稳步上调，到2015年，养老金累计增长了3倍。许多大城市，甚至中小城市的退休人员都拿到了不低于当地普通白领收入水平的退休工资，退休人员对退休金的满意度普遍很高。

再次，数万亿元养老金缺乏保值增值手段。

我国每年收缴的城镇职工养老金都有数万亿元，2016年为35 058亿元，2017年为

42 794亿元，增长势头很猛。这么多钱，却缺乏保值增值的手段，任由账户上的巨额资金年复一年地贬值。统计数据显示，全国养老保险基金从2000年开始截至2014年年底，平均年化收益率仅为2.32%，甚至低于同期一年期的定期存款利息收益，要是再和2014年以来的通胀水平相比，某种程度上等同于“龟兔赛跑”。

社保基金报告显示，2014年我国城镇职工基本养老保险的缺口为3 548亿元，2015年缺口为4 716亿元，2016年缺口继续猛增，高达6 511亿元。

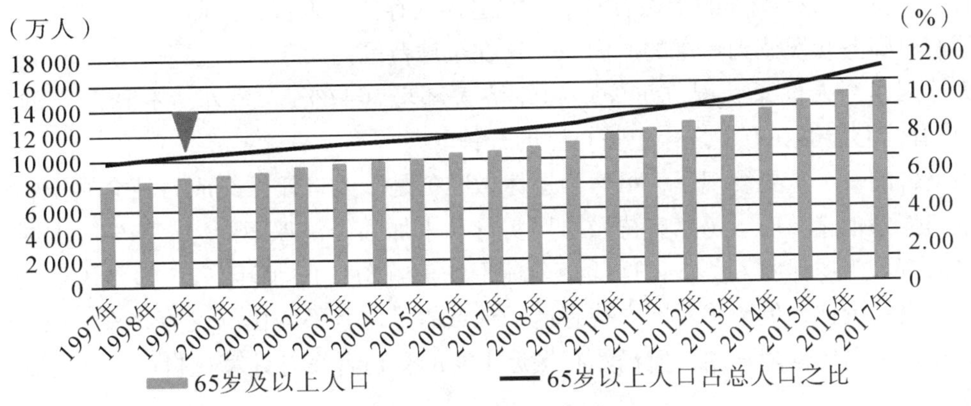

图9-1　65岁及以上人口数量与占总人口的比例

思考：随着老龄化人口越来越多，劳动力人口占比越来越少，资金缺口必然越来越大。请根据我国目前的退休养老金存在的问题，提出一些解决问题的建议。

任务一　退休规划概述

一、退休规划的意义

不管今年是20岁还是60岁，人们终会面临退休这件事。一般情况下，退休之后的收入肯定比正常工作时少，导致人们的生活水平会下降，甚至无法满足老年人对安全感和幸福感的需求。退休规划的意义就是提前帮助人们准备退休资金，保障人们将来有一个有自尊、自立、拥有并保持生活水准的退休生活。

二、社保解决不了养老生活的全部问题

世界卫生组织（WHO）发布的2017年统计数据显示，中国最新男女平均寿命：女性77.37岁，男性72.38岁。在中国，养老面临诸多挑战。中国人的人均寿命已延长至约75岁，到2050年，中国预计会有超过6亿退休人员。低生育率、低移民人口在加剧中国的

人口老龄化和养老压力。《金融时报》的一篇文章指出，中国人的养老金收益远低于收入水平。北京的平均月度养老金为3 573元，大约相当于55%的退休前收入。中国的整体养老金储蓄余额相当于国内生产总值的13%，显著低于美国（140%）、丹麦（209%）、英国（96%）、澳大利亚（113%）和日本（30%）。

《财务安全新举措》（*The New Imperatives for Financial Security*）报告指出，过半中国人认为无法为退休存够钱，对政府养老的依赖度全球最高，53%的受访者表示对自己的财务状况有焦虑感，只有43%的受访者有信心在退休前存够养老钱，然而只有29%的人认为这是让他们对财务状况感到焦虑的原因——这在全球范围内属于最低水平。引发中国人焦虑的两大原因是个人健康状况（56%）和经济大环境（47%）。另外，不到一半的受访者（49%）有信心能够在有生之年担负自己的开销。

该报告的一个重要发现是，虽然为退休做准备是个人责任已经成为社会共识，然而中国人依旧强烈依赖政府，仍然有待做出切实行动来加强经济保障能力。74%的中国成年人认为自己应该为退休收入负责，这低于全球平均值（81%），而且52%的受访者认为养老储蓄是政府的责任，但全球范围内持有这一观点的受访者平均比例仅为31%。91%的中国成年人投资了退休保障计划，但仍然有接近1/4的受访者没有计算过自己需要为退休准备多少资金。

现在人越来越长寿，导致很多国家进入老龄化社会。这里的很多国家，主要是指一些发达国家，但中国现在还是一个发展中国家，就已经率先进入老龄化阶段了。也就是说，我们面临一个“未富先老”的困境。在这样的大前提下，国家政府还可以完全地、无限度地支持退休民众的生活吗？社保还够不够呢？

这里有个广州市民李女士的例子：李女士54岁，每月收入4 000元，如果她明年退休，以她的现状，结合现有的社保政策，会给她多少退休金呢？大概2 000元。我们可以试想一下，那将是李女士理想的生活吗？今天每月4 000元，明天就变成每月2 000元，这样的落差，她的生活能够平衡吗？中国有句古话：“由俭入奢易，由奢入俭难。”所以说，养老仅靠国家、靠社保，也许只能解决我们的部分问题，没有办法实现我们期待的老年生活。

三、“养儿防老”观念的改变

“养儿防老”是我们国家的传统观念。目前在中国，仍有接近30%的人还是觉得在未来，他们的老年生活要靠子女，尤其是来自农村的家庭。而在西方国家，推崇的养老方式叫作接力式，即人们只负责抚养子女，在自己老年生活里面，加上自身所处的社会福利的情况，基本可以自己照顾自己的生活，不需要子女负担。在很多西方人的意识里面，也没有“养儿防老”的概念。目前存在一个事实，我们国家长期以来推行的计划生育政策，造成一个很重要的社会现象：“4-2-1”的家庭结构。也就是说，一个孩子最终要负担2位父母，然后再加上4位老人。一个人要抚养6个人，在这种结构里面，先不说子女孝不孝顺，就算孝顺也有可能心有余而力不足。尽管现在计划生育政策开始放松，但是人们的生育意识也已经发生了变化。还有长寿的问题，可能等我们到80岁需要更多的养老金的时候，我们的子女也要面临养老的问题了。另外，在今天的社会变革当中，还有很多值得关注的社会现象，这些社会现象都有可能会对未来的老年生活造成一些问题。十几年前，如果一个人30岁还不结婚，我们会怎么想？往往会认为这个人可能有问题，怎么不结婚呢？两个人结婚了长期不生孩子，我们往往会认为这两口子有问题，他们怎么不要孩子呢？但在今天的社会，独身主义是新型的名词，丁克一族规模越来越大，这就是社会的变化。那么，单身或丁克一族靠什么养老呢？靠子女养老并不科学。

四、养老金准备不足将无法事后补救

李嘉诚讲过一句话："每年存一笔钱，给出一定的报酬率，几十年的时间，每个人都会成为千万富翁。"现在应该去过一些更好的生活，至于老年问题以后再说——很大一部分的年轻人可能都有这样的想法。庞大的医疗费支出、庞大的生活成本，怎样来考虑？年轻人要不要考虑养老？很多人会说，现在的生活有太多压力，每月要还房贷、车贷，还要抚养子女等，因此养老的问题现在根本没有办法考虑，船到桥头自然直。也有不少人认为，现在我还没有养老规划，一代一代人不都是这么过来的嘛，到时候我也会有自己的办法。如果我们确认养老是今后每个人都将会面对的问题，这个问题如果今天不去解决，依然存在，那么当它出现的时候，有可能就会演变为更大的问题出现在我们面前，最终让我们无法接受。年轻时有压力不可怕，可怕的是到了老了的时候我们没有力气、没有能力、没有办法。年轻不怕苦，怕的是老来苦。因此，年轻的时候就要做好准备。每个月哪怕存100元、200元、300元，一些不必要的开支和应酬我们省下来放到养老的储备里面。然后，1年、5年、30年日积月累下来，也会变成一笔财富。因此，如果今天感觉有压力，更应该为未来做好准备。

五、用今天赚的钱来规划明天

今天有钱，不代表明天有钱。养老的钱是明天的钱，如何把今天的钱转移到未来，确实是一个技术问题。当我们有钱时，就可以开始准备养老金了，让我们不但现在有钱，未来也能有钱。因此，有钱更需要去做科学合理的养老规划。在证券市场回暖的环境下，很多人都把钱投资到证券市场，有可能会赚取很高的回报。但我们要知道，今天的财富是属于今天的，不一定属于未来。科学理财的实质是如何把今天的钱放到未来，要去选择很好的方法，这就需要科学的技巧。

任务二　退休规划的步骤

一个完整的退休规划主要包括职业生涯设计、退休后生活方式的设计和为弥补养老金缺口而进行的投资增值设计三个部分。退休规划的步骤就是由退休生活目标测算出退休后到底需要花费多少钱，同时由职业生涯状况推算出可以领多少退休金，然后计算出退休后需要花费的资金和可领取的资金之间的差距，即应该自筹的退休资金。

一、确定退休年龄

我国现行法定的企业职工退休年龄是男性年满60周岁，女性工人年满50周岁，女性干部年满55周岁。研究显示，退休人员的退休年龄普遍低于法定退休年龄。国外一些充满干劲的年轻人，都会很早开始进行储蓄和投资，然后便可以提早退休。退休规划的第一步就是要确定退休的年龄。退休年龄直接影响着个人工作积累养老基金的时间和退休后需要的生活费用。在个人预期寿命（全国平均寿命）不变的情况下，退休年龄越早，退休后生活的时间越长，而积累养老基金的时间则越短，这意味着每年要积累的资金越多，压力越大，甚至要降低当前生活质量。

二、设定退休生活方式

直接决定退休后所需费用的另一大因素是退休后的生活方式。退休后是只想过仅满足三餐温饱，并支付一些小病医疗费的生活，还是希望退休后依旧“想去哪旅游就去哪”，过着有品质的生活，做个“即使长着鱼尾纹也优雅美丽、有风度的老人”呢？答案恐怕是后者。因此，退休规划的第二步就是设定退休生活方式，以此推算出每年所需的退休费用，再结合第一步推出的退休后的生活时间，测算出退休后所需的总费用。

三、预测退休收入

构成退休收入的来源主要有社会保障收入、企业年金、商业保险、儿女孝敬、投资回报和兼职工作收入等。退休规划的第三步就是要计算退休时所能领到的退休金以及现在拥有的股票、基金、存款等，预计到退休时，共可积累多少可用资金。

四、计算退休资金缺口

根据前面对退休后所需费用的预算和退休收入的计算，可以确定在退休时是否有足够的退休金。如果资金充裕，那么注意资金的安全性是首要的；但大多数情况下，会存在退休资金缺口，即需要自筹部分退休资金，这意味着必须要开始储蓄更多钱，或者找寻更高的投资回报渠道。

五、制定理财规划，弥补资金缺口

第五步要针对退休资金缺口制定适当的理财规划，挑选报酬率和风险都适合的投资工具，以保证退休目的的实现。通常可以利用提高储蓄的比例、延长工作年限并推迟退休、进行更高投资收益率的投资、减少退休后的花费和参加额外的商业保险等方式来进一步修改退休养老计划。

【案例 9-1】D 君是一名男性白领，今年 35 岁，月薪 1 万元，目前个人养老金账户约 1.5 万元（已缴费 5 年），未来他的薪水年增长率为 5%，个人账户资金年平均收益率为 3%。D 君将于 60 岁（即再缴费 25 年）退休领取养老金，领取养老金的前一年社会平均月薪为 5 000 元，退休后平均期望寿命为 18 年，即 216 个月。

D 君 60 岁退休后每月领取多少养老金？

（案例分析）

依照上述计算方式，D 君从社会统筹账户领取养老金为 1 500 元/月。通过公式可以计算出个人账户积累额约 619 698 元，退休后每月可提取约 2 869 元（619 698 元÷216 月）。两个账户合计，D 君 60 岁退休后每月领取的养老金约为 4 369 元。

任务二　退休规划实务

一、设定退休目标

若要老有所养、退而无忧，甚至保持退休前的生活质量，更重要的还是依靠自愿性的个人储蓄投资来提供退休后的生活所需。因此，一个科学的退休规划，主要是财务上的规划。

在开始介绍这部分内容之前，请大家先回答如下两个问题：

第一，计划何时退休？

第二，你退休后期望达到什么样的生活水平？

由这两个问题衍生出来的是所有关于设定养老目标的方方面面。你计划何时退休？就是你准备在什么时候开始你的夕阳生活，那时你将很难指望大为减少的收入来满足养老需求。你期望退休得越早，你的养老金缺口会越大，需要积累的养老金会越多。这意味着你需要每年为养老预留更多的钱，或者为了弥补这个缺口而要在养老金投资中冒更大的风险。

在设定你退休后生活水平时，有很多人会非常茫然，毕竟十年后的状况是难以预料的。最简单的办法是，假设今天退休，你期望的生活水准如何？当然你不再需要职业套装、交际应酬、出差等与工作有关的支出，也不用考虑子女的抚养教育。但是，在退休后会有几个必须考虑的项目：日常开支、健康护理、休闲活动。

接下来，让我们结合实际案例进行分析。

【案例 9-2】E 君夫妇今年都是 40 岁，计划 60 岁退休，预期寿命 80 岁。当前家庭的月收入为 18 000 元，拥有一套价值 90 万元的自有住房，房贷 50 万元，每月还贷 5 000 元，有活期存款 3 万元，定期存款 8 万元，基金 15 万元，股票 6 万元。请分析 E 君夫妇的退休目标。

案例分析：根据 E 君对退休后老年生活的设计，得出其退休前后饮食与穿着方面的费用大致相当于当前费用的 70%，则 E 君夫妻目前的生活费用和退休后第一年的生活费用的变化情况如表 9-1 所示。

表 9-1　　E 君家当前月支出及退休后预期月支出情况　　单位：元

支出项目	当前月支出	退休后月支出
食品	2 000	1 200
交通	500	200
衣服	1 000	500
文娱	600	1 000
人际	500	200
房贷	5 000	0
医疗	200	500
保险	800	500
税费	2 000	0
合计	12 600	4 100

由表 9-1 可知，退休后各种生活费用的变化并不是一致的，有些费用可能会不再存在，如房贷的月还款额和税费；有些费用可能增加，如医疗保健方面的费用；还有些费用可能会减少，如一般的饮食。考虑到货币的时间价值等因素，可以预期 E 君夫妇退休后第一年的生活费用为 12 万元。

根据退休后第一年所需的生活费用 12 万元和退休后的预期寿命 20 年以及假设退休生

活费用增长率为5%和投资回报率为10%，则可以计算出E君夫妇整个退休期所需的养老金总额。

根据公式：整个退休期所需的养老金总额=12｛1-［（1+费用增长率）/（1+投资回报率）］^{n}｝/（投资回报率-费用增长率）

可以算出，E君夫妇整个退休期所需的养老金总额大约为145.34万元。

通过上述案例的计算可以发现，养老费用的数额确实庞大，因此必须尽早进行规划。当然，不同家庭的退休养老规划的具体情况不同，有的家庭可能还要添加其他复杂的项目。例如，退休后是否会把一套房子出租来增加收入，或者换一个较小的公寓以减少开支，甚至决定在退休后开一家洗衣店使可预期的每月有一笔可观的进账等。

二、选择退休规划产品

前面已经根据退休目标的设定计算出了退休期间养老费用总额，如果已有基本养老金、年金等养老投资，就可以从养老费用总额中扣除这部分，从而确定出养老金缺口。那么这部分缺口资金应如何准备呢?

选择适合的退休规划产品非常关键。市场中可供选择的退休养老方面的投资产品很多，个人应该从安全性原则、流动性原则和收益性原则出发来进行投资选择以下介绍一些常用的养老投资产品。

（一）储蓄

储蓄是指利用银行提供的现金储备理财产品，专门为退休生活积累现金。目前我国银行业尚没有专门为个人退休计划而设计的储蓄产品，但可以巧妙地将现有的整存整取、零存整取、存本取息、定期储蓄等不同的储蓄产品进行组合，以达到为退休计划理财的目的。该产品的主要特点是风险低、回报低，适用于风险承受能力较低的人，如接近退休年龄或已退休人员。

（二）保险

投保商业养老保险可以作为养老金缺口的有效补充。因为中途退保会损失，所以商业养老保险有强制储蓄的作用，使工薪阶层能长期坚持储备养老金，做到专款专用。若选择具有分红功能的商业养老保险，其复利增值作用具有抵御通货膨胀风险的作用。选择商业养老保险时，应同时兼顾意外保险、健康保险等保障类商业保险，以抵御人生中各种风险。作为规划可以从30岁开始，每年用年收入的10%~15%进行养老保险投资。许多保险公司都提供了灵活的领取方式，可以选择60岁退休时一次性领取，或者选择每月领取，也能部分弥补退休后的养老金缺口。

目前，市场上可覆盖养老需求的保险产品主要有以下几种：

1. 传统型养老险

传统型养老险预定利率固定，一般在2%~2.4%，什么时间开始领养老金、领多少，都是投保时就可以明确选择和预知的。

优势：回报固定。在出现零利率或负利率的情况下，也不会影响养老金的回报利率。

劣势：很难抵御通货膨胀的影响。若通货膨胀率较高，从长期看，存在贬值风险。

适合人群：较保守、年龄偏大的投资者。

2. 分红型养老险

分红型养老险通常有保底的预定利率，但这个利率比传统养老保险稍低，一般只有1.5%~2%。分红型养老险除固定生存利益外，每年还有不确定的红利获得。

优势：收益与保险公司经营业绩挂钩，理论上可以回避或部分回避通货膨胀对养老金的威胁，使养老金相对保值甚至增值。

劣势：分红具有不确定性，也有可能因该公司的经营业绩不好而受到损失。要挑选一家实力强、信誉好的保险公司来购买该类产品。

适合人群：理财较保守、不愿承担风险、易冲动消费、比较感性的投资者。

3. 万能型寿险

万能型寿险在扣除部分初始费用和保障成本后，保费进入个人投资账户，有保证最低收益，目前一般为1.75%~2.5%。除了必须满足约定的最低收益外，还有不确定的“额外收益”。

优势：其特点是下有保底利率，上不封顶，每月公布结算利率，目前大部分为5%~6%，按月结算，复利增长，可以有效抵御银行利率波动和通货膨胀的影响。账户较透明，存取相对较灵活，追加投资方便，寿险保障可以根据不同年龄阶段提高或降低。万能型寿险可以灵活应对收入和理财目标的变化。

劣势：存取灵活是优势也是劣势，对储蓄习惯不太好、自制能力不够强的投资人来说，可能最后存不够所需的养老金。

适合人群：较理性、坚持长期投资、自制能力强的投资者。

4. 投连险

投连险设有不同风险类型的账户，与不同投资品种的收益挂钩。投连险不设保底收益，保险公司只是收取账户管理费，盈亏由客户全部自负。

优势：以投资为主，兼顾保障，由专家理财选择投资品种，不同账户之间可以自行灵活转换，以适应资本市场不同的形势，只要坚持长线投资，便有可能收益很高。

劣势：保险产品中投资风险最高的一类，若受不了短期波动而盲目调整，有可能损失较大。

适合人群：较年轻、能承受一定的风险、坚持长期投资理念的投资者。

（三）基金

说到长期投资，恐怕没有什么比养老金储备更长期的了。养老金储备，一般储备期都在10年以上，年轻人储备养老金时间还会更长。基金定投是可以作为储备养老金的方式的，而且基金定投是最简单、最有效的投资方式之一。在社保体系逐步完善的情况下，对一般投资者来说，都可以在社保体系内获得基本的养老保障。因此，通过个人投资来储备养老金实际上是一种补充养老金，其目的是把日常收支余额做更有效管理，使这部分长期备用资产有效升值。如此前提下，10 年以上的养老金储备是可以承受较高风险的，也就是说完全可以忽略一段时间内的收益波动。虽然股市波动幅度大，但从长期来看，股票类资产提供的平均回报一般会高于债券类资产，因此股票基金可以作为定投养老的主投品种。养老金投资的期限通常能够涵盖一个或数个完整的“牛熊循环”，因此一段时间的涨跌不用特别在意。由于定投的平均时间和分散成本作用，中途亏损的幅度也是有限的。

对于定投养老金，有两点需要特别注意：一是养老储备金应主要来自日常收支结余，这样就不会因为收支压力而改变定投计划；二是定投计划一旦设定就应坚持，而不应因短期收益波动而改变，以避免错误择时导致收益受损。至于定投养老金的选择，可以采用被动+主动组合的方式。被动方式就是选一只指数基金，最好是市场代表性强的指数基金；主动方式是选一只优秀公司旗下的长期绩优偏股基金。

【知识链接】关于基金定投养老

基金定投养老的前提是看好未来资产价格，利用资产价格波动，通过长期定投降低持有成本。用于养老的定投属于长期投资，应选择资产价格波动大，但是长期向好的标的，可以有效降低成本。长期来看，我国经济发展向好，股市上会有所表现，同时为了避免行业和公司的风险，应选择指数基金进行定投。

（四）房产

一般来说，如果有两套或两套以上的房子，养老是没有什么问题的，如果只有一套房子，怎么办呢？其实，有一套房子也一样能够以房养老，以下是五种以房养老的方案。

方案一：可以采取“卖房”办法筹措补充养老金，但不是卖给外人，而是把房子卖给自己的子女。也就是说，老人可将自己的房子抵押给子女。老人每月可以从子女那里得到一笔退休金补助，而子女也能以远低于市场价的价格买下父母的房子。

方案二：可以采取“以房换养”方式筹措补充养老金。这是指当子女的生活也不宽裕时，老人可以将自己的房子租出去，拿着租金住进养老院，用收取的租金来支撑养老院的费用。老人不仅没有失去房子，而且在物质生活大为改善的同时，老人的精神生活也将更为丰富。

方案三：可以采取“以大换小”的方式筹措补充养老金。这是指大房换小房，在相同地段把原有的三室两厅或二室一厅换成一室一厅，得到的差价作为补充养老金。人越老，其活动空间就越小，老人不会因此产生失落感

方案四：可以采取“以近换远”的方式筹措补充养老金。这是指将位于市中心的房子置换到郊区去，把置换到的区域差价，作为未来的补充养老金。这种方法可能会使老人有

所不便，但总比没钱要好。

方案五：可以采取“以一换二”的方式筹措补充养老金。这是指在相同地段把原有的三室两厅或二室一厅换成两套一室一厅，或者将市区的一套房子换成郊区的两套房子，其中一套房子自己住，另一套房子出租，从而赚取稳定的养老金。

【案例 9-3】

“以房养老”案例分析

D 君的爸爸现年 58 岁，在广州市越秀区拥有一套 50 平方米的房子，假设按照广州市平均两万元左右的单价估算市值为 100 万元，向银行抵押该房产申请以房养老业务。

根据银行的规定，申请以房养老业务的老人或法定赡养人必须至少拥有 2 套房，其中 1 套用于抵押；贷款金额根据房产价值和养老人合理养老需求确定，最高不超过抵押住房评估价值的 60%，每月实际支付养老金额不超过 2 万元，贷款期限最长不超过 10 年，利率按照同档次基准利率或上浮执行。

因此，按照 60%的估值计算其贷款总额为 60 万元，贷款 10 年，约合每月获得 5 000 元养老金。对比广州市内同类情况，租金大约在 2 500 元，这确实比房屋出租要获得更多的现金。但是申请人实际拿到手的贷款金额要少一些，因为还要负担贷款利息。在此期间，有两套房的老人可以同时获得租金收益，因此每月最高可以拿到 7 500 元。

案例分析：这种模式适合 10 年之内经济负担较重，并且预期将来有还款能力的借款人。例如，55 岁的居民，未到领取养老金的年纪，但是孩子正在上大学，开支较大。这样的情况下，可以考虑抵押房屋，等将来孩子工作了，自己也有养老金了，就有能力偿还贷款了。从这个角度来说，这种方式的“以房养老”是一种过渡举措。

（“以防养老”不确性风险）

以房养老虽然看上去可以获得较为乐观的养老金收入，但对于申请人和银行、保险公司等金融机构而言，目前仍存在不确定性风险：我国房屋产权 70 年，是此类业务最大风险之一，有偿续期的费用将影响产品定价和申请人的收益水平；将房屋抵押银行获取养老金，申请人需要承担还贷压力，贷款的利率水平波动也会影响其实际获得的养老金；房屋的价值估算存在风险，贬值或增值部分的风险及收益归属需要明确；若所在城市的房产市场波动较大，导致房屋价值在未来几十年大幅度贬值，产品收益兑现风险值得关注。

（五）股票

退休规划中不应过多地持有低收益债券，适当增加股票持有比例可以保证自己有能力度过漫长的退休时光，在投资的组合中选择持续分红能力较强的大盘蓝筹股，行业选择方面以银行、电力和消费为上。在这些持续分红能力较强的股票中挑选大盘蓝筹股长期持有，便是养老股最好的挑选策略。相对收益较固定的债券而言，股票投资的风险和难度要大得多。那我们该如何尽早给自己挑选几只适合养老的股票呢？

与一般的股票投资相比，为养老而准备的股票投资具有如下三个鲜明的特点：

一是投资期限较长，因此更看重长期回报，而不是短期获利。如果我们 50 岁开始买入的话，那距离 60 岁退休开始逐步动用这笔钱还有 10 年的投资期限。如果我们的理财意识觉醒较早，在 30 岁就开始未雨绸缪，为了今后的养老支出而积极买入业绩优良适合养老的股票的话，就有长达 30 年的“缓冲期”。因此，养老股首先应该挑选企业持续盈利能力强、能给投资者带来长期回报的绩优股，而决不能追逐带有短线炒作性质的各种题材股、消息股和概念股。

二是作为一种刚性需求，为养老而进行的投资必须稳健第一、安全至上。这就要求养老股必须是一只股性不活跃、不容易被投机炒作的股票。从某种程度上说，养老股还需要有一定的“债性”。一般来说，股票的盘子越大，炒作难度越大，波幅越小，走势也越平稳，因此养老股就应该挑选大盘股，而不能是容易被炒作的中小盘股。

三是养老需要长时间的持续开支，因此养老投资必须采用一种“细水长流”类似存本取息的投资模式。这样的话，养老金的本金规模才不会随时间流逝而逐渐缩小。在股票投资上，“取息”就表现为股票分红，尤其是可以直接用于消费的现金分红。

【知识链接】如何判断养老股标准？

养老股标准 1：大盘蓝筹股

由于适合做养老股的股票必须具有较强的确定性和可预测性，因此我们与其费尽周折去“挖掘”一些被市场低估的成长股和“黑马股”，还不如直接选择目前已经奠定行业龙头地位，并且经营业务和业绩均具备较高确定性的大盘蓝筹股。

由于大盘蓝筹股大部分都是大型国有企业的股票，部分企业还带有垄断性质，因此经营业绩往往较为稳定，这种持续的盈利能力能够给投资者带来持续的投资回报。同时，这些国家控股或政策扶持的企业万一将来哪一天经营不善、业绩下滑，甚至濒临破产，往往也有政府“善后”，投资者投资这类企业就等于让国家做了“担保人”。这就给以股养老的投资者吃了一粒最大的定心丸。

更重要的是，由于市值巨大，导致大盘蓝筹股的炒作难度较大，使得股价波动相对较小，出现让心理承受能力较差的老年人无法接受的“过山车行情”概率也小。较少炒作也使大盘蓝筹股的市盈率与其他股票相比相对较低，相应的投资风险也会较低。对于投资者来说，长期持有会有非常稳定的收益，是挑选养老股的上佳品种。值得一提的是，比起数量众多的中小盘成长股，大盘蓝筹股的绝对数量较少，并大都具有较高的社会知名度和较好的行业口碑，因此挑选起来也相对容易。

养老股标准2：持续分红能力强

尽管市场上盘子大、业绩佳的大盘蓝筹股数量不多，但我们要想从这几十只股票中挑出一只或几只作为自己的养老股，依然不是件容易的事情。要解决这个问题，我们就需要考虑到养老投资的一个特性：细水长流，即养老股还必须具有较强的分红意愿和分红能力，以此来满足退休后持续不断的养老支出。

在西方发达国家，我们经常可以听到很多老年人长期持有优质股票，靠每年的现金分红来维持日常生活支出的故事。在股东回报意识较强的西方成熟股票市场，股票的高比例分红是司空见惯的事。有些股票平均每年分红高达3%，在牛市来临或业绩增长突出的年份，还会派发额外红利，使中小投资者一样可以分享公司成长的收益。因此，依靠股票分红来维持养老开支已经成为西方人的一种主流养老手段。需要特别注意的是，我们所说的“高分红股票”不只是一次分红特别多的股票，而是能够持续多年都有分红，而且每次分红的比例还不低的股票，这样才能真正做到“细水长流”。只有在牛市或业绩爆发性增长的年份才会想起为股东分红的股票，就不能算合适的养老股，而每股分红只有几分钱的“象征性分红”的股票也同样应被排除在外。

在中国股市中，投机性相对较强，大部分投资者还是通过股价波动导致的价差来实现收益，而非通过长期持有股票以获取红利来实现收益。当然，这在一定程度上也是由于中国上市公司的分红意识较差导致的。不过在这样的大环境下，我们还是能够找出一些具有持续分红能力的优质养老股。

养老股标准3：银行、电力与消费

在今天的A股市场中具有较强分红能力的股票分红企业大部分集中在银行股、电力子股以及与民生息息相关的消费类股票中。

作为关乎国计民生和国家安全的电力行业，一直以来都由国有企业垄断，可以预见的是，未来电力行业依然将是国有企业一家独大的局面。由此而产生的持续盈利能力是毋庸置疑的。尽管眼下电力行业正受到煤价上涨带来的冲击，但长期看，国家财政补贴不可能长期补贴发电厂，“煤电联动”也是必然的趋势，其长期盈利能力依然看好。此外，像高速公路板块、交通运输板块的一些股票和钢铁及电力股具有同样的优势。除了这类国有控股企业外，在我国居民消费能力升级的长期大环境下，具有明显行业优势地位的消费类股票也是养老股的不错选择。

除了上述投资产品以外，还可以购买黄金和收藏品等投资产品。总之，在选择退休投资产品时，一定要遵循两个基本的原则：一个基本原则是长期稳健投资，另一个基本原则是合理分配组合。

三、我国的养老保险制度

（一）现行养老保险制度的组成

我国现行的养老保险制度由三个不同层次的养老保险组成，即基本养老保险计划、企业补充养老保险计划和个人储蓄型保险计划，由此初步构建了我国现代养老保险体系的制度框架。

第一个层次的基本养老保险计划在养老保险体系中占了主要地位。我国对城镇企业职工强制实行统账结合、部分积累的基本养老保险制度，其保障水平较低，覆盖面较广。在部分有条件的地区，我国政府鼓励当地政府开展农村养老保险的探索和试点。

第二个层次的企业补充养老保险计划由政府政策鼓励，企业自愿建立，企业或企业和职工个人共同缴费为职工建立个人账户，通过商业机构运营，给付水平由缴费和投资收益率决定。目前我国只有极少数效益比较好的企业为职工办理了补充养老保险，尚处于零星发展的状态。2000 年，补充养老保险覆盖职工人数是 560 万人，不到全部企业职工的 5%。2004 年《企业年金试行办法》和《企业年金基金管理试行办法》的出台为企业年金的发展搭建了制度平台，无疑将对这一层次的养老保险计划产生重要的影响。

第三个层次的个人储蓄型保险计划由劳动者个人通过购买商业保险公司的养老保险产品等方式实现。目前，我国商业养老保险的发展仍处于起步阶段和附属地位，水平很低，商业保险在养老保险体系中的地位和作用没有得到充分发挥。保监会人身保险监管部统计数据显示，截至 2017 年年底，我国商业养老保险整体市场规模已超万亿元，达 10 254 亿元，不过这其中退休后分期领取的养老年金保险原保费收入仅 469 亿元，体量还很小。

我国现行的养老保险制度是公共选择与社会经济发展的结果，在提高制度效率和促进公平、保障社会平稳运行与防范老年贫穷方面发挥了一定的作用。一是在较短的时间内，运用创新思维探索出有中国特色的养老保障改革道路，初步形成了养老保险制度的多层次体系框架，与国际上流行的“三支柱”保障理论相契合；二是通过全面和渐进的改革实现了由传统保障制度向社会化的责任分担制度转变，改变了依靠政府和单位的传统保障观念，适应了经济与社会发展的要求；三是为一定数量的居民提供了养老保障，并开始形成了养老金的正常调整机制，使离退休人员能够分享经济社会的发展成果；四是有效改善了公众的消费心理预期，促进了即期消费，为经济社会的发展提供了有力的支持。

（二）社会基本养老保险金的筹集

基本养老保险基金由以下部分组成：

（1）用人单位和职工、城镇个体劳动者缴纳的基本养老保险费。

（2）财政投入。

（3）基本养老保险基金的利息等增值收益。

（4）基本养老保险费滞纳金。

（5）社会捐赠。

（6）依法应当纳入基本养老保险基金的其他资金。

县级以上人民政府每年应当安排一定比例的财政性资金投入基本养老保险基金，并列入财政预算。

职工个人每月按照本人上一年度月平均工资（以下称缴费工资）的8%缴纳基本养老保险费。

新参加工作、重新就业和新建用人单位的职工，从进入用人单位之月起，当年缴费工资按用人单位确定的月工资收入计算。

职工缴费工资低于上一年度全省在岗职工月平均工资60%的，按照60%确定；高于上一年度全省在岗职工月平均工资300%的，按照300%确定。全省上一年度在岗职工月平均工资，由省统计部门核定，由省劳动保障行政部门公布。

职工个人缴纳的基本养老保险费，由用人单位每月从职工工资中代扣代缴。

职工个人按规定比例缴纳的基本养老保险费不计入个人所得税的应纳税所得额。

企业、民办非企业单位等每月按照全部职工工资总额的一定比例缴纳基本养老保险费。国家机关、事业单位和社会团体每月按照参保人员工资总额的一定比例缴纳基本养老保险费。

用人单位的缴费比例一般不得超过20%。具体比例按照国家和省人民政府规定的权限确定。

用人单位缴纳的基本养老保险费按照规定列支。

城镇个体工商户、城镇灵活就业人员（以下统称城镇个体劳动者）每月按照上一年度月平均实际收入的20%缴纳基本养老保险费。其中，有雇工的城镇个体工商户，雇主的养老保险费全部由其本人缴纳；雇工的养老保险费，由雇工缴纳8%，雇主缴纳12%。

城镇个体劳动者上一年度月平均实际收入低于上一年度当地在岗职工月平均工资80%的，按照80%确定缴费基数；高于上一年度当地在岗职工月平均工资300%的，按照300%确定缴费基数。

省人民政府可以根据本省实际，对城镇个体劳动者的缴费标准进行调整。

城镇个体劳动者按规定比例缴纳的基本养老保险费依法不计入个人所得税的应纳税所得额。

用人单位应当自依法成立之日起30日内，向社会保险经办机构办理职工基本养老保险登记手续。城镇个体劳动者应当按规定向社会保险经办机构办理职工基本养老保险登记手续。用人单位、城镇个体劳动者在办理税务登记的同时，向税务机关办理职工基本养老保险缴费登记手续。

用人单位在办理职工基本养老保险注册登记后增员或减员的，应当自增员或减员之日起30日内，向社会保险经办机构办理职工增减登记手续。社会保险经办机构应当将用人单位基本养老保险登记情况及时告知税务机关。

用人单位应当在每月10日前按照规定自行计算应缴费额，向税务机关申报缴纳上月的基本养老保险费，并对申报事项的真实性负责。

职工个人应缴的基本养老保险费报经社会保险经办机构核定后，由用人单位代扣并向税务机关申报缴纳。

城镇个体劳动者凭社会保险经办机构核定的应缴费额向税务机关申报并缴费。

经税务机关和劳动保障行政部门确认后，用人单位、城镇个体劳动者可以直接向税务机关申报缴纳职工个人、城镇个体劳动者应缴纳的基本养老保险费。税务机关应当及时将职工个人和城镇个体劳动者的缴费基数、缴费金额等情况反馈社会保险经办机构。

用人单位伪造、变造、故意毁灭有关账册、材料，或者不设账册，致使基本养老保险费无法确定的，税务机关按该单位上月缴费数额的110%确定应缴数额。没有上月缴费数额的，税务机关根据该单位的经营状况、职工人数等有关情况，按规定确定应缴数额。

基本养老保险费应当以货币形式全额征缴，不得减免，不得以实物或其他形式抵缴。

用人单位分立、合并的，由分立、合并后的单位继续缴纳基本养老保险费。

用人单位改变名称、住所、所有制性质、法定代表人或负责人、开户银行账号等基本养老保险登记事项的，应当自变更之日起30日内向社会保险经办机构办理职工基本养老保险变更登记手续。

用人单位歇业、被撤销、宣告破产或因其他原因终止的，应当依法清偿欠缴的基本养老保险费，并在终止之日起30日内向社会保险经办机构办理基本养老保险注销登记手续。

用人单位在办理税务变更登记、注销登记的同时，向税务机关办理职工基本养老保险缴费变更登记、注销登记手续。

国有企业或城镇集体所有制企业职工的缴费年限，如有部分为视同缴费年限的，在国有企业或城镇集体所有制企业破产清算时，应当依法从其破产财产中提取尚未缴纳的视同缴费年限部分的基本养老保险费。视同缴费年限基本养老保险费的具体标准由省人民政府规定。

上述所称缴费年限，是指职工个人和其所在用人单位、城镇个体劳动者分别按规定足额缴纳基本养老保险费的年限。国有企业或城镇集体所有制企业参加职工基本养老保险社会统筹之前，职工参加工作的年限，经劳动保障行政部门审核，符合国家和本省有关规定的，为视同缴费年限。

基本养老保险基金实行收支两条线和财政专户管理，任何单位和个人不得挪用、截留。

基本养老保险基金按照国家规定的方式保值增值，其各项增值收益全部计入基本养老保险基金。

基本养老保险基金存入银行或购买国债的，在确保职工基本养老金等发放的同时，应当选择合理的存款期限或国债期限，提高基金的利息收益。

按国家规定建立省级基本养老保险调剂基金。各市、县应当按时足额缴纳省级调剂基金。省级调剂基金用于调剂基本养老保险基金支付困难的市、县。省级调剂基金建立和调剂使用的具体办法，由省人民政府规定。

基本养老保险基金免征税、费。

（三）社会基本养老金的待遇支付

目前，我国的企业职工法定退休年龄为：男性职工 60 岁；从事管理和科研工作的女性职工 55 岁，从事生产和工勤辅助工作的女性职工 50 岁。

职工领取基本养老金的条件：一是达到法定退休年龄，并已办理了离退休手续；二是所在单位和个人依法参加养老保险并履行了养老保险缴费义务；三是个人缴费至少满 15 年（过渡期内缴费年限包括且视同缴费年限）。

基本养老金由基础养老金和个人账户养老金组成。个人缴费不满 15 年的，不发给基础养老金，个人账户全部储存额一次支付给本人。

1. “新人”的基本养老金

1997 年后参加工作的职工称为“新人”，达到法定退休年龄且个人缴费满 15 年的，基础养老金月标准为省（自治区、直辖市）或市（地）上年度职工月平均工资的 $n\%$（n 为缴费年限）。基础养老金由社会统筹基金支付，个人账户养老金由个人账户基金支付，月发放标准根据本人账户储存额除以计发月数。计发月数根据职工退休时城镇人口平均寿命预期、本人退休年龄、利息等因素确定，具体如表 9-2 所示。

职工退休时的养老金主要由两部分组成（忽略过渡性养老金）。

个人养老金=个人账户养老金+基础养老金

个人账户养老金=个人账户储存额÷计发月数

基础养老金=（全省上年度在岗职工月平均工资+本人指数化月平均缴费工资）÷2×缴费年限

表 9-2　　**退休年龄与计发月数**

退休年龄（岁）	计发月数（月）	退休年龄（岁）	计发月数（月）
40	233	56	164
41	230	57	158
42	226	58	152
43	223	59	145
44	220	60	139
45	216	61	132

表9-2(续)

退休年龄（岁）	计发月数（月）	退休年龄（岁）	计发月数（月）
46	212	62	125
47	208	63	117
48	204	64	109
49	199	65	101
50	195	66	93
51	190	67	84
52	185	68	75
53	180	69	65
54	175	70	56
55	170		

【案例 9-4】某企业职工预计于 2035 年 1 月满 60 岁时办理退休手续，退休时其国家基本养老保险缴费年限已达 37 年，指数化月平均缴费工资为 7 000 元，个人养老账户为 258 200元，当时社会职工的平均工资为 4 500 元。假设按目前基本养老金制度，该员工到时可以拿多少退休金?

案例分析：

计算公式如下：

基础养老金=（4 500+7 000）÷2×37%=2 127.5（元）

个人账户养老金=258 200÷139=1 857.55（元）

待遇总额=2 127.5+1 857.55=3 985.05（元）

2. “中人”的基本养老金

1997 年统一全国企业职工基本养老保险制度前参加工作的人员，但在新政策实施后退休的职工，称为“中人”，其退休后在发给基础养老金和个人账户养老金的基础上，再发给过渡性养老金。

个人养老金=个人账户养老金+基础养老金+过渡性养老金

过渡性养老金=指数化月平均缴费工资×R×“中人”临界点之前的本人缴费年限（R 为计发系数，其值在1%~1.4%，由各地测算后确定）

【案例 9-5】某女干部 2007 年 7 月满 55 周岁退休。其于 1973 年参加工作，1981 年 7 月参加社保，从未中断缴费，缴费年限共计 26 年，视同缴费年限 15.5 年，平均缴费指数为 1.38，个人账户储存额为 57 698 元，计发系数为 1.3。2006 年当地在岗职工平均工资为 2 289 元。

案例分析：

计算公式如下：

基础养老金=（2 289+2 289×1.38）÷2×26%=708.22（元）

个人账户养老金=57 698÷170=339.40（元）

过渡性养老金=2 289×1.38×1.3%×15.5=636.50（元）

待遇总额=708.22+339.40+636.50=1 684.12（元）

3.“老人”的基本养老金

新政策实施前，即2006年1月1日前已经退休的人员，称为“老人”，仍按国家原有规定发给基本养老金，并随以后基本养老金调整而增加养老保险待遇。

项目小结

一个完整的退休规划主要包括职业生涯设计、退休后生活方式的设计和为弥补养老金缺口而进行的投资增值设计三个部分。退休规划的步骤就是由退休生活目标测算出退休后到底需要花费多少钱，同时由职业生涯状况推算出可以领多少退休金，然后计算出退休后需要花费的资金和可以受领的资金之间的差距，即应该自筹的退休资金。

本项目主要向大家详细介绍了退休规划的这几个步骤，帮助大家了解和掌握进行退休规划的方法。

技能实训

H君今年30岁，目前在广州外企任职会计主管，每月税后收入18 000元，每月平均支出10 000元。H君希望自己的退休年龄是60岁，生命期望目标是80岁，并且退休后生活品质保持原来的70%，每年能保持外出旅游至少一次，费用预计1 000元/年，保健费4 000元/年。请帮H君计算现在应该准备多少退休金？

第一步：确定H君的退休目标。

H君希望退休后生活品质保持原来的70%，旅游费用预计1 000元/年，保健费4 000元/年，按现在的生活消费水平，每年的费用需求=

第二步：预测资金需求。

计算退休后首年的费用需求。假设30年后每年的通货膨胀率为4%，H君30年后退休的首年费用需求=

计算20年退休期间所需的费用，在H君60岁时的现值。假设退休后H君的投资报酬率为8%，实际利率为4%（投资报酬率8%-通货膨胀率4%），20年退休期间所需的费用在60岁时的现值=

第三步：计算目前社会基本养老保险所能提供的退休金。

假设 30 年后，H 君每年可以领取的基本养老金约为 72 000 元［按基本养老金替代率为 59.2%（其中基础养老金 35%，个人账户养老金 24.2%）计算，6 000 元/月×12 个月］，则这部分退休金领取到 80 岁时，在其 60 岁时的现值=

第四步：计算退休金缺口。

退休金缺口=（20 年退休期间所需的费用在 60 岁时的现值-目前社会基本养老保险所能提供的退休金领取到 80 岁时，在其 60 岁时的现值）=

假设 H 君退休前的投资报酬率为 10%，在不考虑通货膨胀的情况下，H 君每年应定期定额投入金额=

项目十　个人综合理财规划实务

学习目标

1. 了解综合理财规划
2. 编制综合理财规划

重点及难点

能根据客户的信息编制综合理财规划

了解和掌握制定综合理财规划。

一、确定理财目标

理财的意义不是简单的金钱积累，而是在财务保值增值的基础上达到财务自由、资产合理配置，并最终实现经济和精神双重发展的高质量美好生活。个人综合理财规划方案是以个人目前家庭及财务等基本状况为依据，希望帮助个人实现现有资金有效增值，使长期生活有所保障，在物质生活与精神生活方面都得到发展。个人综合理财规划方案按照以下逻辑线索制定（见图10-1）。

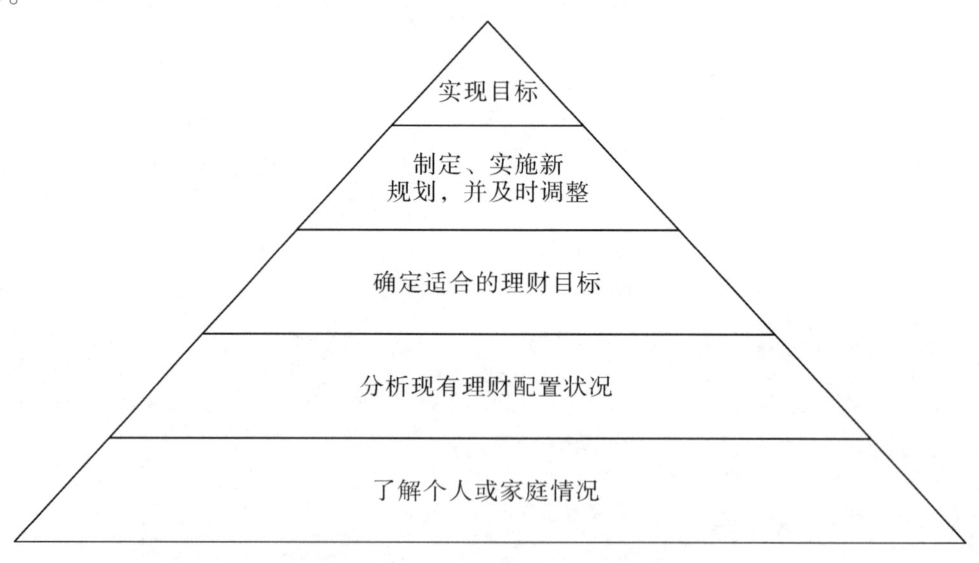

图 10-1　个人综合理财规划方案

在实施理财规划时，个人应该知晓并明确理财产品的一般风险，包括市场风险、本金风险、收益风险、流动性风险等因素，理财投资决定需经郑重考虑并及时做出调整以实现预期理财目标。个人综合理财方案的制订是基于目前市场的情况和对将来市场走势的假设，这些因素都会对日后该方案的执行产生影响。个人应该明确了解并定期对其理财方案进行重新评估，并结合自身生活和财务状况的变化做出调整以适应新的需要。

二、客户家庭及财务情况分析

（一）客户家庭情况

A 君：现年 40 岁，在上海从事外贸行业已十年，主要经营布料贸易，工作较忙，家庭资产已积累到一定水平。

A 君妻子：在外企从事行政管理，收入稳定。

A 君家庭现有一个 5 岁的女儿。

A 君的父母：目前与 A 君一家同住。

（二）客户财务状况

客户 A 君提供的个人财务情况介绍如表 10-1 所示。

表 10-1　　家庭每月收支状况　　单位：元

收入		支出	
本人月收入	0	房屋月供	0
配偶月收入	4 500	基本生活开销	8 000
其他收入	0	医疗费	0
合计	4 500	合计	8 000
每月结余	-3 500		

每月结余比例 = 每月结余 / 每月收入 < 0

一方面，由于 A 君自己打理生意，收入较不稳定，因此每月支出主要依靠妻子的收入；另一方面，家中有老人和孩子，因此每月消费较多。

表 10-1 反映出 A 君一家每月的收入来源较单一，应在收入来源的多元化配置方面多做考虑。

A 君一家年度收支情况如表 10-2 所示。

表 10-2 **家庭年度收支表** 单位：元

收入		支出	
年度收入	30 万~50 万	保费支出	6 230
其他收入	0	其他支出	10 000（探亲）
合计	30 万~50 万	合计	16 230
年度结余	28 万~48 万		

A 君的家庭是处于中等收入水平的家庭，年度结余较多（见表 10-3），但 A 君生意不是很稳定，目前的家庭保障支出主要集中在妻子身上，A 君自己和父母及孩子的保障不够，需要在长期及全面保障上多做配置。

表 10-3 **家庭资产负债状况** 单位：万元

家庭资产		家庭负债	
活期存款及现金	5	房屋贷款	0
定期存款	38	其他贷款	0
基金	20		
国债	0		
股票	0		
房产（自用）	200+200		
房产（投资）	0		
黄金及收藏品	0		
汽车	0		
合计	463	合计	0
家庭净资产	463		

家庭资产负债表分析如下：

（1）净资产状况。净资产为资产扣除负债之后的总额。根据表 10-3 可知，A 君家庭资产净值为 463 万元，属于中等偏上收入水平家庭。

（2）净资产流动比率。在 A 君家的资产中房产占到绝大部分，分配具有一个明显的特点，即资产种类较单一，固定实物资产占总资产的 86. 39%。

（3）净资产投资率。

净资产投资率=投资资产总额/净资产=13. 6%。

一般家庭净资产投资率较理想的比率为 50%，目前 A 君家的金融资产的盈利能力较低，并且投资方式较单一。

（4）债务偿还比率。客户目前没有任何债务偿还项目，家庭债务压力较小。

（三）客户的理财目标

1. 客户当前理财模式评估

（1）资产配置不合理：资产配置较单一，不动产占比过高，净资产投资率过低等（见表 10-4）。

表 10-4　　家庭资产负债数值对比分析

个人理财指标	客户 A 君数值	理想经验数值
资产负债率	0	小于 50%
债务偿还比率	0	小于 35%
净资产流动比率	86. 39%	15%
净资产投资率	13. 60%	大于 50%

（2）收入来源较单一：A 君每年收入绝大部分由其布料店取得，目前有两处房产处于闲置状态，未能有效利用以增加收入；金融工具投资经验较少，尚未有效利用多样投资工具。

（3）长期保障未跟进：A 君家中上有父母需要照顾、下有小孩需要培养，家庭经济支出较大，因为自营布料生意，收入波动性大，妻子收入增长性较差。这些因素要求 A 君应十分注重长期保障。

2. 理财变量假设

在制订该理财方案中涉及一些宏观金融数据和微观变量，结合客户基本情况及目前经济市场形势，对相关数据做出如下分析：

（1）最低现金持有量。一般情况下，个人或家庭应当持有 3~4 个月的月度支出作为日常最低现金储备，以此来应对意外情况和紧急之需。为了保障财务的稳定和安全，结合客户的家庭收支财务状况和生活情况，建议其最低现金持有量为 3 万元，另外需要注意的是该最低现金持有量应随着通货膨胀率及收入增长率的变化做出调整。

（2）生活支出增长率。日常支出的增长与家庭收入的增长有关，考虑到 A 君的父母随着年龄的增加医疗费用的花费要增加、5 岁的女儿教育费用的增加以及家庭生活质量的提高，同时结合预计的通货膨胀，因此把预计 A 君家庭的生活支出年增长率设定为 6%。

（3）住宅租赁价格增长率。本理财方案依据了当时最新《上海统计年鉴》中公布的房地产价格指数为依据来预计未来上海住宅租赁价格指数增幅，详见表 10-5。

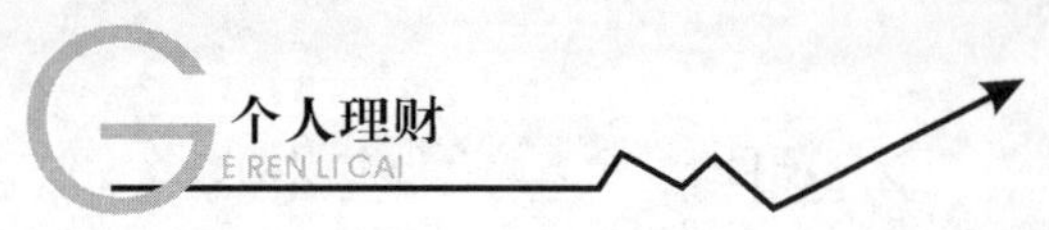

表 10-5　　房地产价格指数（2001—2006，以 2000 年价格为 100）

类别＼年份	2001	2002	2003	2004	2005	2006
房屋销售价格指数	104.4	112.0	134.5	155.9	171.1	168.9
商品房	101.8	110.1	132.7	153.7	167.8	162.8
住宅	102.1	111.0	134.7	156.0	170.4	165.0
非住宅	98.3	102.0	114.0	132.3	143.6	141.6
公房	107.4	108.2	108.2	108.2		
二手房	110.8	117.1	142.4	167.3	185.1	188.4
房屋租赁价格指数	104.9	103.9	106.0	111.9	115.9	120.6
住宅	107.4	107.4	108.7	110.1	113.7	116.4
公房	115.2	115.2	115.2	115.2		
办公楼	98.6	97.9	103.0	110.1	117.2	121.6
商业娱乐用房	107.2	104.0	102.8	110.4	111.4	118.2
工厂仓储用房	118.8	121.2	125.5	131.8	133.7	135.1
土地交易价格指数	97.2	103.3	118.9	143.1	153.0	154.8
居住用地	92.2	102.3	125.1	161.8	170.6	169.7
工业仓储用地	91.6	82.7	84.0	85.1	88.3	90.8

根据以上数据本理财方案绘出上海市房屋租赁价格指数（住宅）的柱状图，如图 10-2 所示。

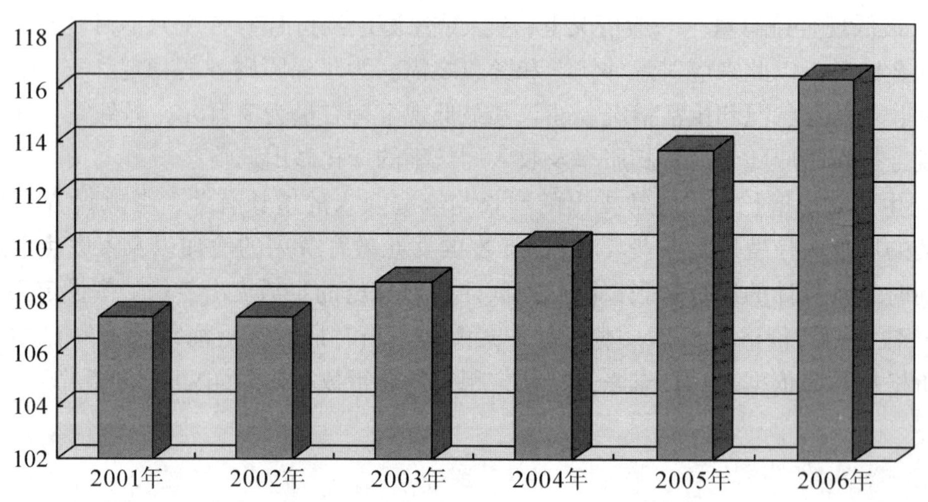

图 10-2　上海市房屋租赁价格指数（住宅）

3. 客户理财目标的确立

为客户制定合理的理财目标是理财规划中十分重要的一步，本方案主要依据以下理论：

（1）理财生命周期。生命周期理论是个人理财理论中十分重要的理论基础，它将人的生命周期和理财策略相联系。客户 A 君目前处于人生的中年期，其理财特点、目标、策略如表 10-6 所示。

表 10-6　　理财特点、目标、策略

	理财特点	理财目标	理财策略
中年稳健期	风险规避程度高，追求稳定的投资收益	财务独立自由，财富稳健累积	以稳健操作为主

（2）客户风险承受能力分析。通过填写风险评估问卷，分析得出客户的投资者类型及风险承受能力。风险评估与评估结果如下：

投资者类型：均衡。

（客户是一个愿意接受以少量风险换取较高及稳定回报的投资者。一般而言，可考虑分散投资在股票及债券组成的均衡型投资组合。）

资产组合：风险评估问卷中资产组合的高、中、低风险以一般商业银行较保守标准衡量。

结合上述分析，A 君理财目标可归纳如下：

第一，优化理财配置，多元化收入来源。

第二，提高防范风险能力，加强长期保障。

三、理财目标分析及理财方案设计

本理财方案的制订宗旨是在保持一定现金持有量的基础上，对现有资产进行多元化的投资组合，在保证生活质量和加强未来风险防范能力的前提下，有效运用多种投资工具和方式以实现资产的保值与增值。

目前 A 君家庭除去房产的可分配资产总计为 63 万元，将按如下比例投入不同理财资产配置项目中（见图 10-3）。

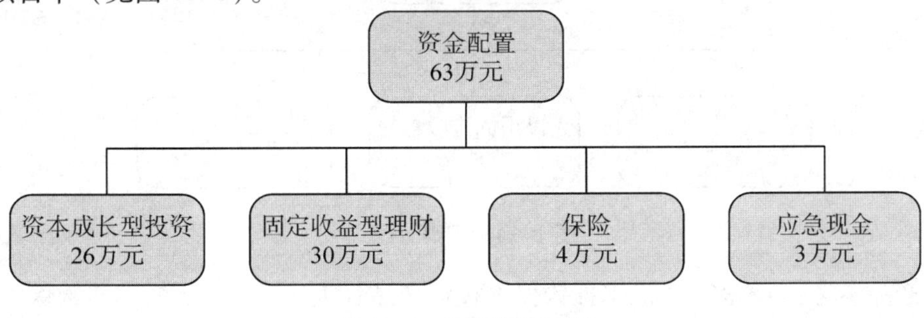

图 10-3　理财资产配置

为了解决客户目前存在的资产配置不合理、收入来源单一的问题，实现资产增值，配置优化的理财目标，为A君设计的理财方案具体从以下几方面着手：

（一）出租目前闲置的两处房产

A君可以选择与父母及家人居住在一套价值200万元的房屋，其余两套较小的房产可以考虑出租，以此来增加每月收入。结合房产地理位置及面积等因素，估定这两套房产租金可以达到6 000元/月。表10-6为实施方案后的收支表。

表10-6　　家庭每月收支表（新）　　单位：元

收入		支出	
本人月收入	0	房屋月供	0
配偶月收入	4 500	基本生活开销	8 000
其他收入	6 000	医疗费	0
合计	10 500	合计	8 000
每月结余	2 500		

（二）合理分配金融理财资金

根据理财方案中对于客户的基本情况分析，A君的资金应主要进行稳健型打理。主要侧重于两种投资模式，即固定收益型理财和资本成长型理财。

1. 固定收益型理财分配

概述：固定收益型理财，即保证收益型理财项目，投资产品到期银行会依据约定条款向客户支付承诺的固定收益，或者向客户支付最低收益，额外投资收益则按合同约定分配。投资对象包括短期国债、央行票据以及协议存款等。

理财预期年平均收益：3%~6%。

理财分配及举例如图10-4所示。

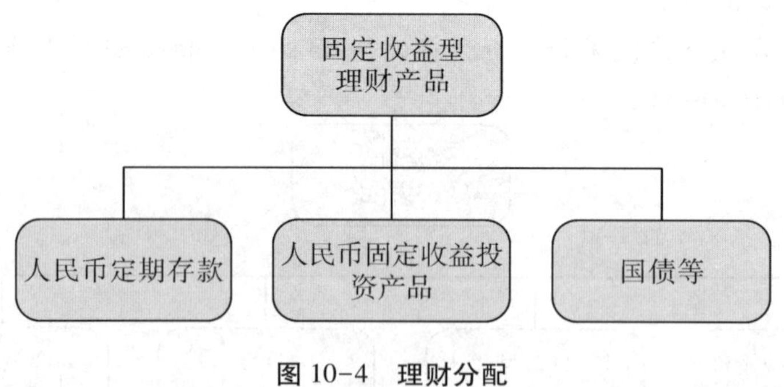

图10-4　理财分配

理财产品参考：××银行“汇率挂钩保本投资产品（人民币）”。汇率挂钩保本投资产品提供100%本金保障，如果在观察期内任何时间，预先设定货币组合的汇率曾触及或超出其限定范围，投资者便有机会赚取潜在收益。否则，投资者仍能获取保证收益。

汇率挂钩保本投资产品（人民币）的运作如下：

投资期：3个月。

货币组合：澳元/美元（以每1澳元兑美元的报价）。

投资收益如下：

假如在观察期内任何时间，货币组合的汇率曾触及或超出第2层限定范围的最高及最低限价，投资者于到期日将可以获取年收益率6.00%的潜在收益；否则，假如在观察期内任何时间，货币组合的汇率未曾触及或超出第2层限定范围的最高及最低限价，但曾触及或超出第1层限定范围的最高或最低限价，投资者于到期日将可以获取年收益率5.02%的潜在收益；否则，投资者于到期日将可以获取年收益率3.33%的保证收益。

第1层限定范围如下：

最高限价：开始价格 + 0.005 0

最低限价：开始价格 − 0.005 0

第2层限定范围如下：

最高限价：开始价格 + 0.400 0

最低限价：开始价格 − 0.400 0

2. 资本成长型理财分配

概述：在资本成长型理财项目中，根据不同的风险级别可以将其大致划分为保本浮动收益型和不保本浮动收益型。投资保本浮动收益型产品，客户的本金保证不会亏损，但需承担本金以外的投资风险；投资非保本浮动收益型产品，客户需承担损失本金的风险，但预期收益率较高。

理财预期平均年收益：10%~20%。

理财分配及举例：在投资市场上，资本成长型理财工具众多，它们分别具有不同的特点。结合客户的情况（理财经验少，审慎投资者），如保本理财产品或稳健型、历史表现良好、业绩浮动不大、投资于大盘蓝筹股的基金等。待积累了一定资本，并且具有更多投资经验时可以选择高风险、高回报类的投资工具。

在资本成长型理财产品中的非保本投资部分，客户已经有了一定配置，即20万元的基金。对于A君来说，投资基金是比较好的选择，但建议A君在配置基金时注意风险的控制，可以选择风险相对较低的债券或货币基金。另外，在保本浮动收益型产品中，A君可以多元化投资标地，如配置部分资金在投资商品、指数的挂钩产品中，做到分散投资，降低风险。

（三）长期保障方案（针对不同家庭成员的保险配置）

为了实现A君家庭“提高防范风险能力，加强长期保障”的理财目标，结合客户经济指标及家庭情况，A 君家庭保险费用的支出应当占家庭纯收入的 10%~15%，而保障应为纯收入的 5~10 倍，因此 A 君的大致保险费用应为每年 3 万~4 万元。

A 君的收入是家庭收入的主要来源，他也是全家的支柱，因此 A 君个人的人身保障和医疗保障显得尤为重要。为 A 君规划到 60 岁的定期寿险，附加意外伤害保险，年保费大概为 9 000 元，缴费 20 年。A 君一旦发生意外，其家人可以拿到 300 万元的保险费，足够整个家庭后半段的生计维持。虽然该保障是消费型，即 20 年的总保费约 20 万元是消费掉的，但是按照 A 君的年收入来算，如果 20 年中没有发生任何问题，收入至少是 800 万元，因此这份保障是很合理、很有必要的。另外在医疗保障方面，规划年保费约 8 000 元，保障为 20 万元的终身重大疾病保险，20 万元是作为对生病期间造成的收入损失的补偿。

A 君的妻子在家庭收入中所占比例较小，并且已经有了一定的社保和商业保险（社会保险基本忽略不计），因此可以不用考虑人身寿险，只为其规划年保费约 4 000 元，保障为 10 万元的重病保险，同样是为了补偿因重病而对家庭收入造成的损失。

将收入不稳定及养老问题统一规划，最好的办法是以子女为投资标的，为子女购买返还型储蓄+分红保险，年保费约 14 000 元，2 年返还或 3 年返还，年均返还约为 5 000 元，返还金可以由父母领取，可以基本解决部分养老的问题。

在女儿的教育经费方面，购买“宝宝型商业保险”，在孩子上小学、初中、高中都可以领到一笔返还金，可以保证孩子在读大学期间每年拿到一定现金。

对 A 君的家庭保险规划，前 5 年为积极存款期，年存相应较多，之后年存基本在 3.5 万元/年。

参考文献

［1］刘伟. 个人理财［M］. 3 版. 上海：上海财经大学出版社，2014.

［2］郭秀兰，王冬吾. 个人理财规划［M］. 2 版. 成都：西南财经大学出版社，2014.

［3］墨知行. 投资理财——从入门到精通［M］. 北京：中国商业出版社，2017.

［4］克拉森. 巴比伦富翁的理财课［M］. 比尔李，译. 北京：中国社会科学出版社，2005.

图书在版编目(CIP)数据

个人理财/赖金明,刘星辛,廖春萍主编 .—成都:西南财经大学出版社,2018.7

ISBN 978-7-5504-3539-1

Ⅰ.①个… Ⅱ.①赖…②刘…③廖… Ⅲ.①私人投资—高等学校—教材 Ⅳ.①F830.59

中国版本图书馆 CIP 数据核字(2018)第 136615 号

个人理财

主 编 赖金明 刘星辛 廖春萍

副主编 梁辉盛 陈孟君 廖旗平 陈倩媚

责任编辑:李晓嵩

责任校对:田园

封面设计:何东琳设计工作室

责任印制:朱曼丽

出版发行	西南财经大学出版社(四川省成都市光华村街 55 号)
网 址	http://www.bookcj.com
电子邮件	bookcj@foxmail.com
邮政编码	610074
电 话	028-87353785 87352368
照 排	四川胜翔数码印务设计有限公司
印 刷	四川新财印务有限公司
成品尺寸	185mm×260mm
印 张	13.5
字 数	296 千字
版 次	2018 年 9 月第 1 版
印 次	2018 年 9 月第 1 次印刷
印 数	1—2000 册
书 号	ISBN 978-7-5504-3539-1
定 价	35.00 元